400 RECETTES D'UN SEUL COUP D'ŒIL

À table !

400 RECETTES D'UN SEUL COUP D'ŒIL

GABRIELA SCOLIK ET SON ÉQUIPE / INFOGRAPHIE : NO.PARKING

hachette
CUISINE

Le matériel

À savoir

Techniques

Sans cuisson

Cuire

Rôtir

Mijoter

Frire

Griller

Au four

En conserve

À boire

Bon appétit !

092 Makis

Vous souhaitez réussir une tarte parfaite ? Préparer des tempuras traditionnels ? Réaliser un cocktail classique (n° 439) ? Ne cherchez plus ! Dans À TABLE ! 400 RECETTES EN UN CLIN D'ŒIL, notre équipe de cuisiniers et de graphistes ont uni leurs talents pour vous proposer des centaines de recettes illustrées pas à pas, qui vous permettront de créer un univers de saveurs. Que vous soyez un cordon-bleu à la recherche de nouveautés ou un récent amateur désemparé devant une grenade (voir n° 054), ce livre est fait pour vous. Asseyez-vous, servez-vous une boisson fraîche (le n° 446, par exemple) et commencez ce voyage culinaire. Cet ouvrage vous permettra d'éblouir Vos invités (succès garanti du n° 454), de confectionner des makis (n° 092), de réussir de succulentes profiteroles (n° 392) – voire de convier la Reine pour le thé (n° 457).

439 Martini classique

Dans ces pages, vous trouverez des centaines de recettes inédites ou traditionnelles, ainsi que des conseils sur le rangement en cuisine, la nutrition, la sécurité alimentaire, les ustensiles et même une astuce pour ôter les résidus de bouchon dans le vin (n° 435). Les recettes présentent un large panel de cuisines du monde comprenant des spécialités comme le pot-au-feu (n° 175), le curry thaï vert au poulet (n° 204) ou le poulet grillé à la canette de bière (n° 326, oui c'est très classe).

Prenez plaisir à cuisiner, déguster mets et boissons à travers ces pages. Bon appétit ! *Buon appetito ! Itadakimasu ! Eet smakelijk ! Guten Appetit !* (n° 038)

435 Ôter les résidus de liège dans le vin

038 « Bon appétit » dans plusieurs langues

À TABLE ! 400 RECETTES EN UN CLIN D'ŒIL se compose de 12 chapitres, organisés par technique culinaire. Si ça se grille, se frit, se cuit au four ou se rôtit, on le trouve sans doute ici.

Le matériel

Ce chapitre permet de bien démarrer en montrant comment équiper une cuisine et comment dresser la table.

À savoir

Pour choisir les meilleurs produits toute l'année, connaître les morceaux de viande et apprendre en s'amusant.

Techniques

Pour désacraliser quelques techniques culinaires comme les découpes, les cuissons simples et les pâtes fraîches.

Sans cuisson

Les recettes sans cuisson recouvrent tout un monde de condiments, de sandwiches, de salades, de desserts, etc.

Cuire

Voici le chapitre central pour tout ce qui se prépare sur la cuisinière, comme les soupes ou les sauces.

Rôtir

Pour tout savoir sur les viandes et les légumes rôtis, avec des astuces pour réussir la cuisson.

Mijoter

Ce chapitre recense les mets copieux comme le bœuf bourguignon, le chili con carne ou des plats végétariens.

Frire

Pour une poêlée équilibrée ou pour un donut aussi délicieux que gras, c'est ici que ça se passe.

Griller

Barbecue en extérieur ou grillades en intérieur, ces recettes de viande, de poisson, de poulet ou de légumes raviront tout le monde.

Au four

Ce chapitre présente une sélection de recettes salées ou sucrées à cuire au four, depuis les lasagnes jusqu'au cheesecake.

En conserve

Pour les conserves de fruits et légumes comme les cornichons, les confitures, les gelées ou encore les chutneys.

À boire

Tout savoir sur le café, les cocktails, avec des conseils pour accorder les vins. Santé ! Cheers ! Skål ! Afya ! Prost !

037 Trinquer dans toutes les langues

001 Mode d'emploi

Les recettes de À TABLE ! 400 RECETTES EN UN CLIN D'ŒIL sont illustrées. Elles sont numérotées afin de pouvoir être facilement repérées. Pour rechercher une recette ou un mot-clé en particulier, reportez-vous à l'index alphabétique en fin d'ouvrage.

LISTE D'INGRÉDIENTS Sur la planche se trouve la liste des ingrédients avec leurs quantités et leur préparation (par ex., un oignon, finement émincé). Cette liste fait aussi office de liste de courses. Les quantités sont indiquées pour 4 personnes. Les pointillés précisent les différentes étapes.

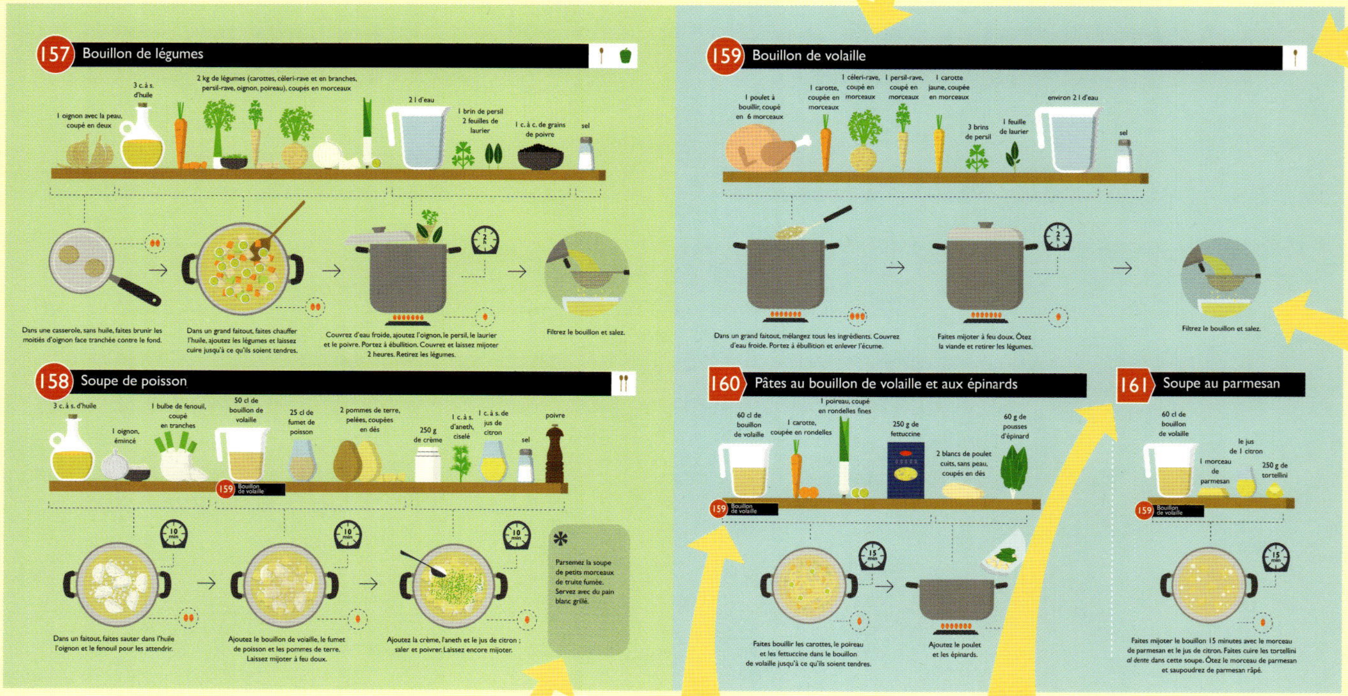

ASTUCES Trucs et astuces ou encore informations complémentaires sont signalés par un *.

RENVOIS Parfois, une chose en appelle une autre. Suivez les renvois vers des techniques, d'autres recettes ou des accompagnements. Le numéro se trouve dans la pastille.

159 Bouillon de volaille

161

VARIANTES Certaines recettes sont seulement des variantes, auquel cas leur numéro est indiqué dans une flèche.

ICÔNES :

Les cuillères en bois représentent le niveau de difficulté :

- facile
- moyen
- difficile

végétarien

Recettes rapides prêtes en moins de 30 minutes.

Nombre de bocaux pour les conserves.

ZOOMS Vues en gros plan des détails importants.

PICTOGRAMMES De nombreux symboles indiquent les informations importantes à propos d'une recette, comme le temps de cuisson, la puissance du feu ou la température du four. Voici les pictogrammes que vous rencontrerez dans le livre :

Le minuteur indique le temps de cuisson, de refroidissement ou de repos.

Quelle chaleur ? Feu doux, feu moyen ou feu vif – valable pour les cuisinières électriques, à gaz ou à induction.

La cuillère en bois indique qu'il faut mélanger sans cesse.

Température du four ou de la friteuse. Si vous avez un four à chaleur tournante, ôtez 20 °C de la chaleur indiquée.

Laissez refroidir au réfrigérateur ou au congélateur.

Le thermomètre indique la température de cuisson à cœur de la viande. Mesurez toujours à l'endroit le plus épais (loin de l'os). Attention : ne touchez pas le fond de la casserole avec le thermomètre. Un thermomètre à viande est un excellent investissement !

CONSEILS

- Lisez toujours bien la recette avant de commencer.
- Rassemblez l'équipement nécessaire avant de vous lancer (sans oublier maniques et torchons).
- Préparez les ingrédients comme indiqué dans la recette. Une bonne mise en place permet de cuisiner plus facilement !
- Les températures indiquées restent approximatives dans la mesure où tous les fours sont différents – à vous d'ajuster selon le vôtre. Même remarque pour les temps de cuisson, eux aussi approximatifs.
- Pour les recettes avec du zeste, préférez des agrumes bio et bien laver avant utilisation.
- Laissez les ingrédients conservés au réfrigérateur revenir à température ambiante avant utilisation, en particulier la viande et les œufs.
- N'ajoutez jamais en une seule fois la totalité des œufs en neige dans une préparation. Toujours le faire par petites portions.
- Un mixeur plongeant peut être remplacé par un blender. Attention aux soupes brûlantes !
- Pour les ingrédients nécessitant d'être fouettés longtemps, on peut utiliser un batteur électrique avec un jeu de crochets ou un robot de cuisine.
- Faites attention à la température du bain-marie. Certaines préparations forment des grumeaux si elles sont trop chauffées.
- Les huiles pressées à froid – autrement appelées vierges – ne supportent pas les fortes températures. Elles sont réservées aux salades et aux plats froids. Les huiles raffinées peuvent être chauffées et sont à privilégier pour la cuisson.
- Si des grumeaux apparaissent dans une sauce, filtrez-la au chinois.
- N'hésitez pas à ajouter du bouillon ou de l'eau dans un plat si nécessaire.
- Pour savoir si un gâteau est cuit, plantez un couteau en son cœur et retirez. Le gâteau est cuit lorsque la lame ressort propre.
- Les recettes sont faites pour être transformées. Variez les ingrédients selon le goût et la saison.

Le matériel

002 Matériel indispensable pour le feu

003 Matériel indispensable pour le four

004 Électroménager de base

005 Économies d'énergie

* Laissez refroidir les aliments avant de les mettre au réfrigérateur.

* Utilisez des poêles à fond plat.

* Faites cuire plusieurs plats en même temps.

* Ne lancez le lave-vaisselle que lorsqu'il est plein.

* Utilisez une bouilloire pour faire chauffer l'eau.

006 Équipements

007 Ustensiles

008 Coutellerie

009 Couverts

010 Pour les petits

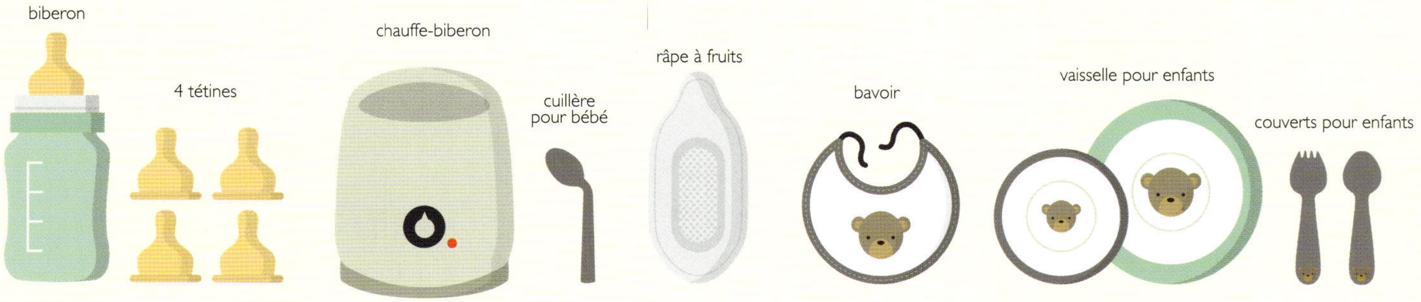

011 Le bon verre

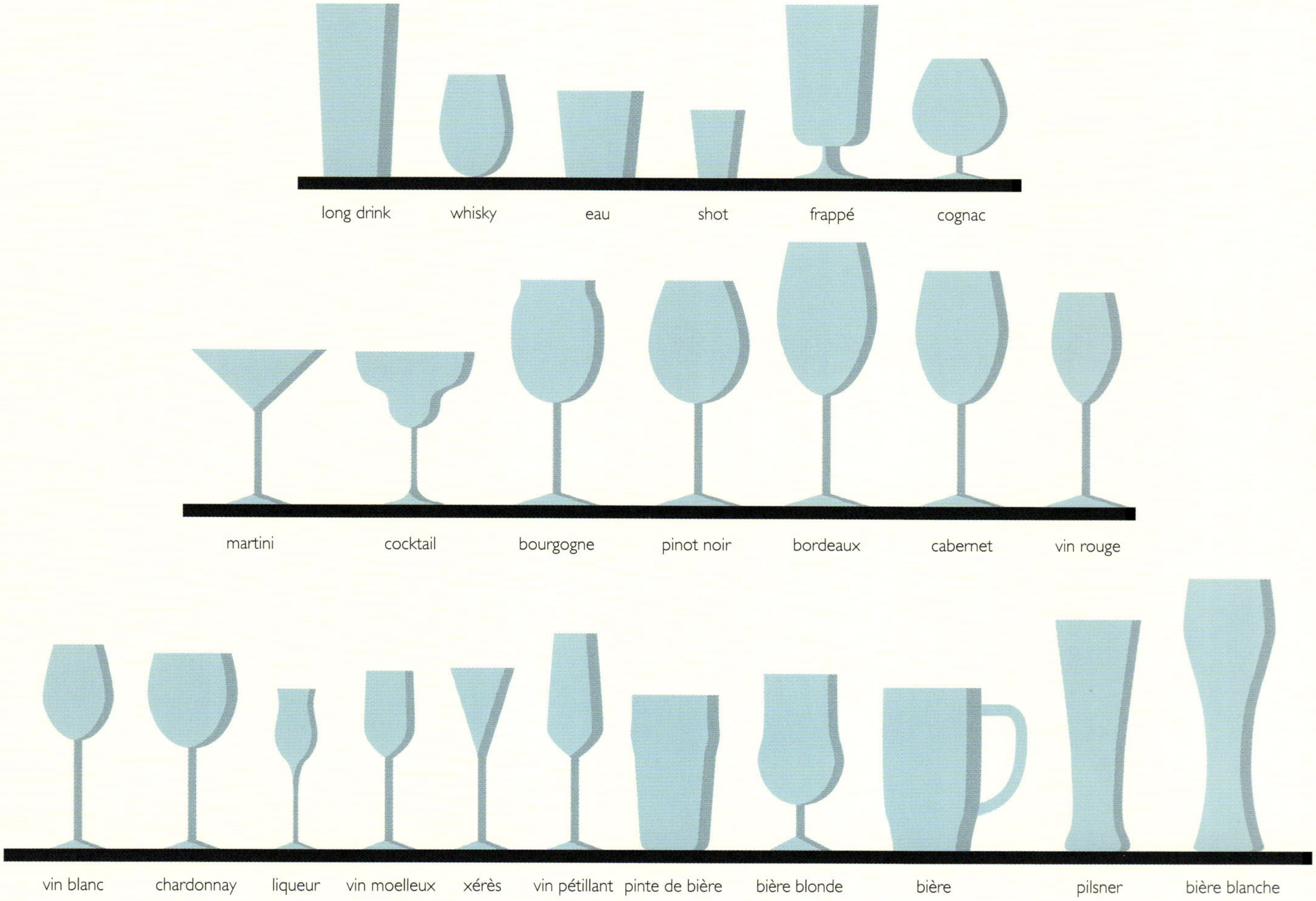

012 La table bien mise

013 La vaisselle indispensable

À savoir

014 Produits de saison

015 Températures de conservation

016 Aperçu des calories

- 1 grain de raisin 2 kcal
- 1 tasse de café 2 kcal
- 1 c. à c. de poivre noir 5 kcal
- 1 concombre 10 kcal
- 1 c. à c. de sucre 15 kcal
- 1 abricot 15 kcal
- 1 marshmallow 25 kcal
- 1 carotte 30 kcal
- lait écrémé 33 kcl (10 cl)
- 1 prune 35 kcal
- 1 tranche de lard 36 kcal
- lait demi-écrémé 43 kcal (10 cl)
- 1 biscuit 50 kcal
- 1 vodka 50 kcal
- 1 c. à s. de gelée 54 kcal
- 1 gin tonic 56 kcal
- 1 tranche de salami 58 kcal
- 1 c. à s. de vinaigrette 60 kcal
- 1 tranche de pain complet 67 kcal
- 1 tranche de pain de mie 68 kcal
- 1 burger végétarien 73 kcal
- 1 pomme 80 kcal
- 3 c. à s. de chantilly 80 kcal
- 1 œuf 82 kcal
- jus d'orange 88 kcal (20 cl)
- 1 c. à s. de beurre de cacahuète 94 kcal
- 1 œuf sur le plat 99 kcal
- 1 banane 100 kcal
- 1 morceau de cake aux fruits 112 kcal
- 1 yaourt 0 % 115 kcal (200 g)
- vin blanc 116 kcal (15 cl)
- vin rouge 120 kcal (15 cl)
- 1 c. à s. d'huile d'olive 121 kcal
- 1 cuisse de poulet 130 kcal
- 1 pomme de terre 145 kcal
- 5 sushis 160 kcal
- 1 martini 184 kcal
- 1 glace 200 kcal (100 g)
- 1 pinte de Guinness 210 kcal
- chips 250 kcal (50 g)
- minestrone 260 kcal (25 cl)
- 1 sandwich 270 kcal
- 1 morceau de cheesecake 321 kcal
- emmental 360 kcal (100 g)
- 1 avocat 380 kcal
- grande frite 400 kcal
- amandes 545 kcal (100 g)
- 1 grand burger 560 kcal

017 Dépense énergétique selon l'activité

30 minutes passées à…

dormir
35 kcal

regarder la tv
36 kcal

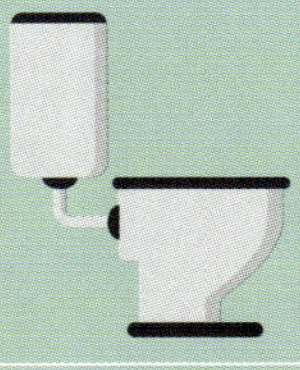

être aux toilettes
44 kcal

faire l'amour
57 kcal

se brosser les dents
74 kcal

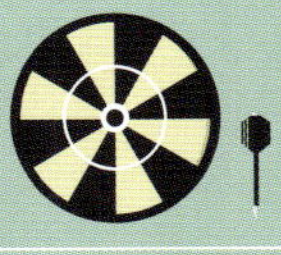

jouer aux fléchettes
93 kcal

jouer au baseball
93 kcal

faire le ménage
96 kcal

faire des travaux
103 kcal

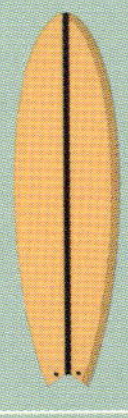

faire du surf
110 kcal

marcher
110 kcal

jouer au bowling
110 kcal

pêcher
110 kcal

danser
166 kcal

jouer au golf
166 kcal

jardiner
166 kcal

faire du skateboard
195 kcal

faire du vélo
208 kcal

boxer
222 kcal

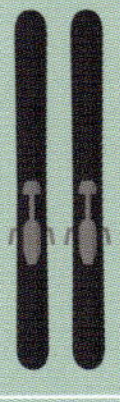

skier
258 kcal

jouer au tennis
258 kcal

jouer au football
265 kcal

courir
295 kcal

jouer au basket
295 kcal

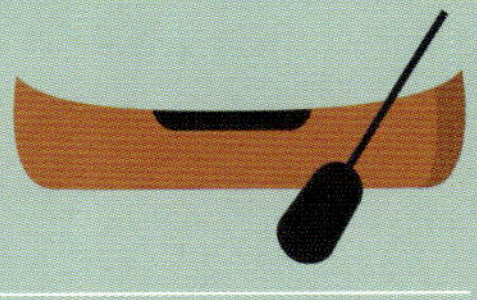

faire du canoë
300 kcal

018 Aliments consommés dans le monde

Consommation annuelle par adulte en kilogrammes. Source : FAO

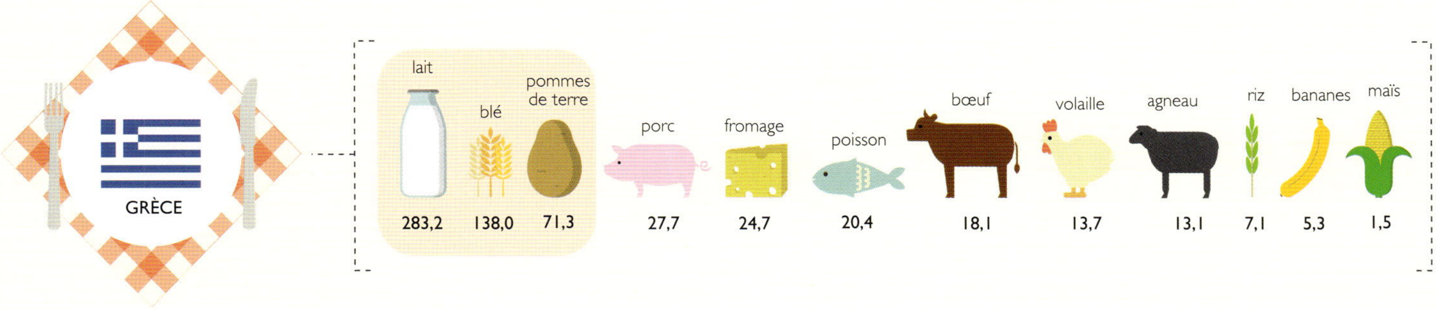
GRÈCE
lait 283,2
blé 138,0
pommes de terre 71,3
porc 27,7
fromage 24,7
poisson 20,4
bœuf 18,1
volaille 13,7
agneau 13,1
riz 7,1
bananes 5,3
maïs 1,5

CORÉE DU SUD
riz 81,3
poisson 561,0
blé 49,5
porc 29,1
lait 21,9
maïs 13,9
volaille 12,8
bœuf 11,9
pommes de terre 10,8
soja 7,7
bananes 5,4
fromage 1,5

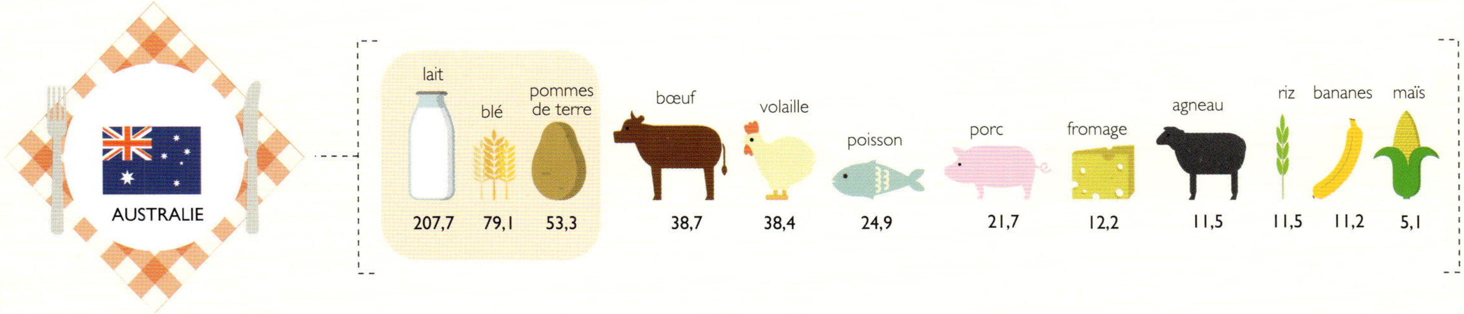
AUSTRALIE
lait 207,7
blé 79,1
pommes de terre 53,3
bœuf 38,7
volaille 38,4
poisson 24,9
porc 21,7
fromage 12,2
agneau 11,5
riz 11,5
bananes 11,2
maïs 5,1

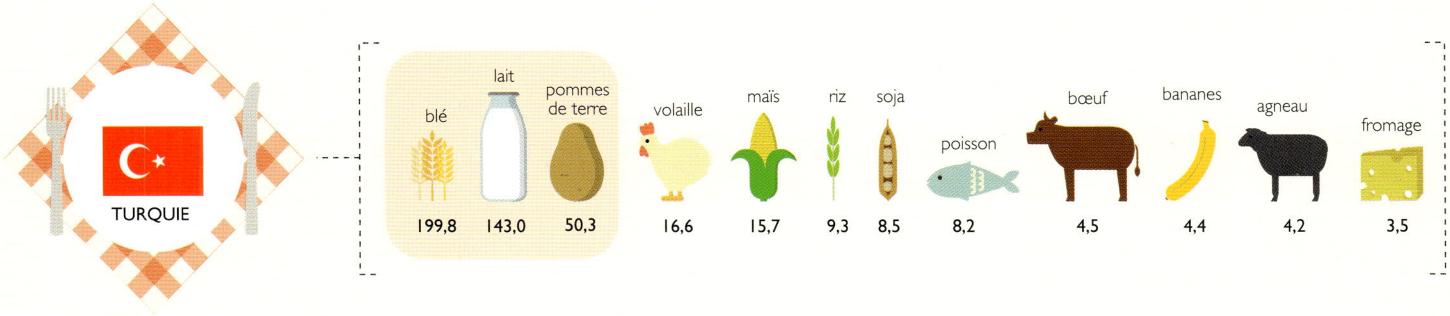
TURQUIE
blé 199,8
lait 143,0
pommes de terre 50,3
volaille 16,6
maïs 15,7
riz 9,3
soja 8,5
poisson 8,2
bœuf 4,5
bananes 4,4
agneau 4,2
fromage 3,5

019 Aperçu des vitamines

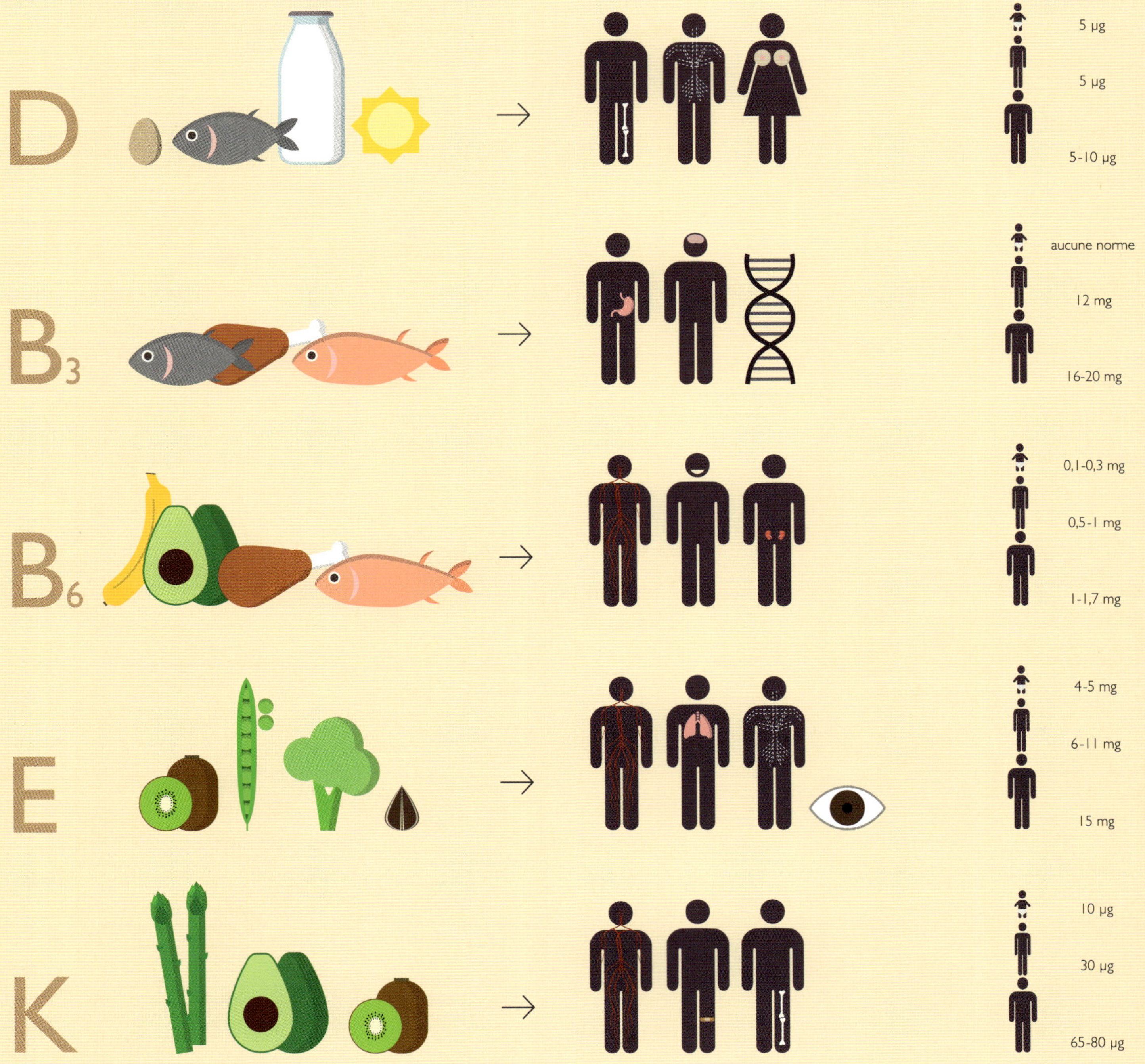
D
5 µg
5 µg
5-10 µg
B3
aucune norme
12 mg
16-20 mg
B6
0,1-0,3 mg
0,5-1 mg
1-1,7 mg
E
4-5 mg
6-11 mg
15 mg
K
10 µg
30 µg
65-80 µg

020 Colorants alimentaires

021 Aliments à associer

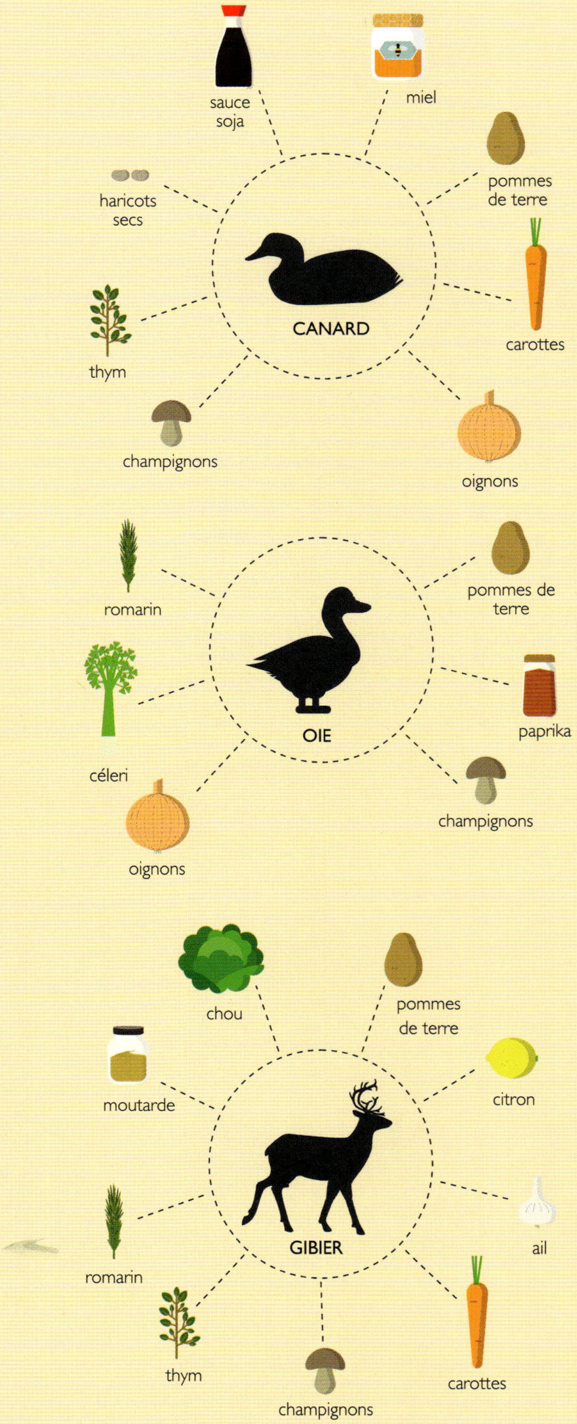

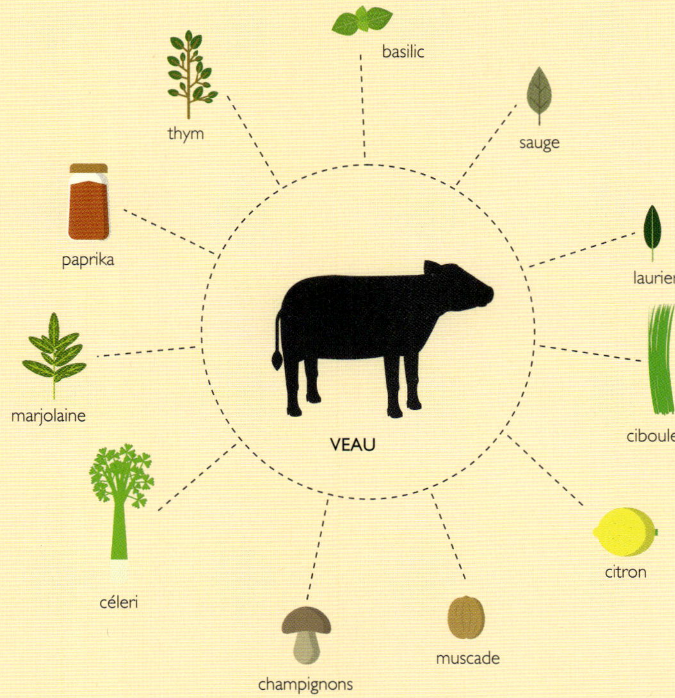
VEAU
basilic
sauge
thym
paprika
laurier
marjolaine
ciboulette
céleri
citron
champignons
muscade

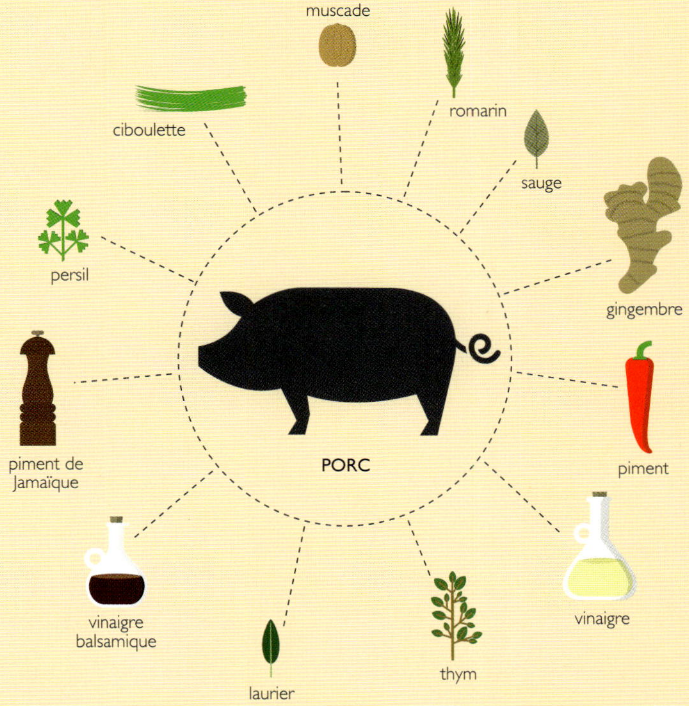
PORC
muscade
ciboulette
romarin
sauge
persil
gingembre
piment de Jamaïque
piment
vinaigre balsamique
vinaigre
laurier
thym

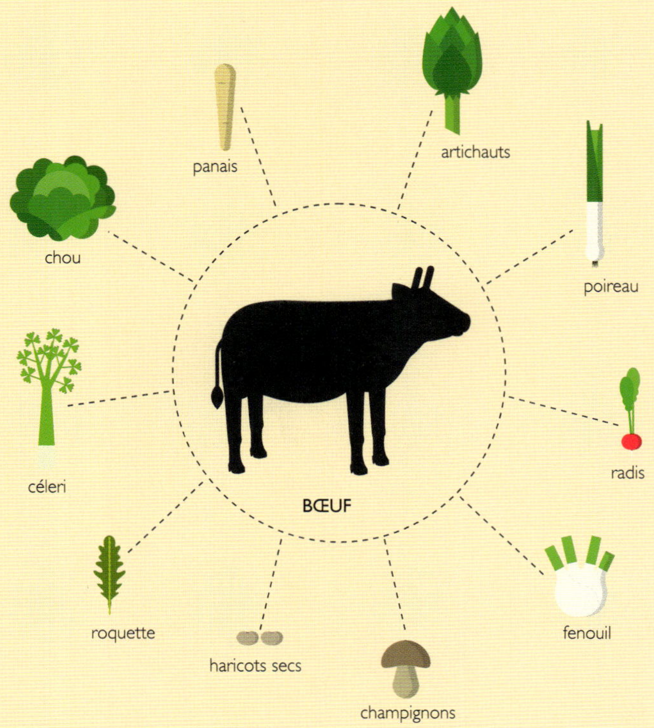
BŒUF
artichauts
panais
chou
poireau
céleri
radis
roquette
haricots secs
champignons
fenouil

VOLAILLE
citron
orange
coriandre
poireau
gingembre
oignons
romarin
ail
champignons
pommes de terre

021 Aliments à associer

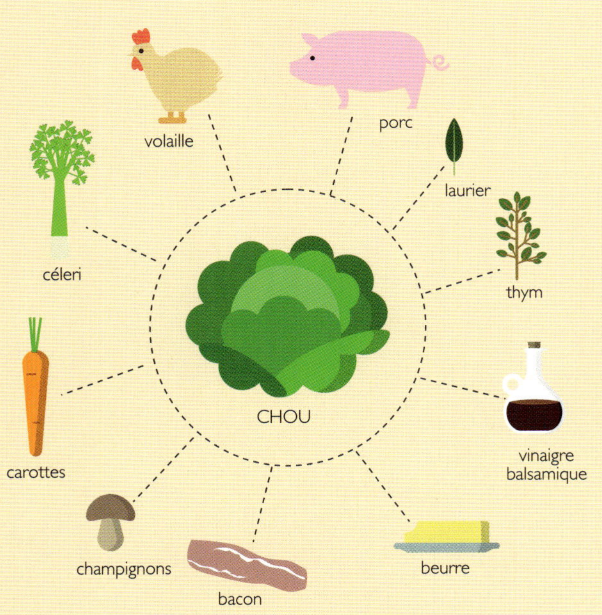

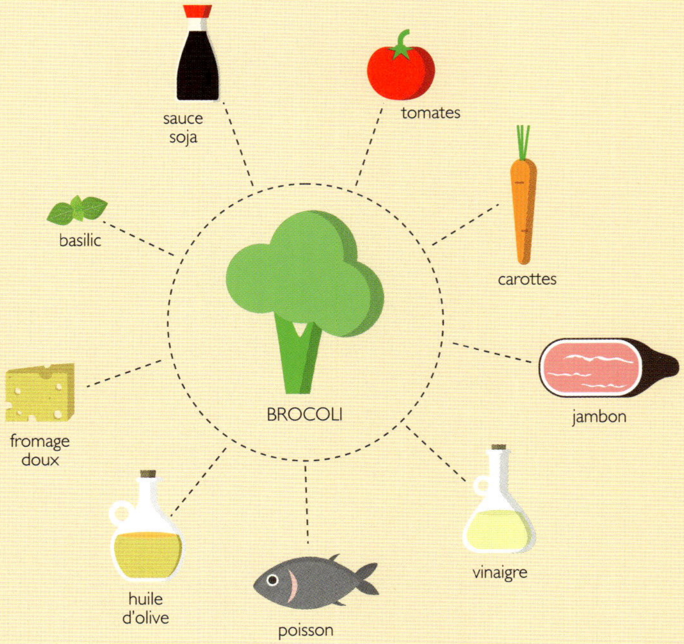

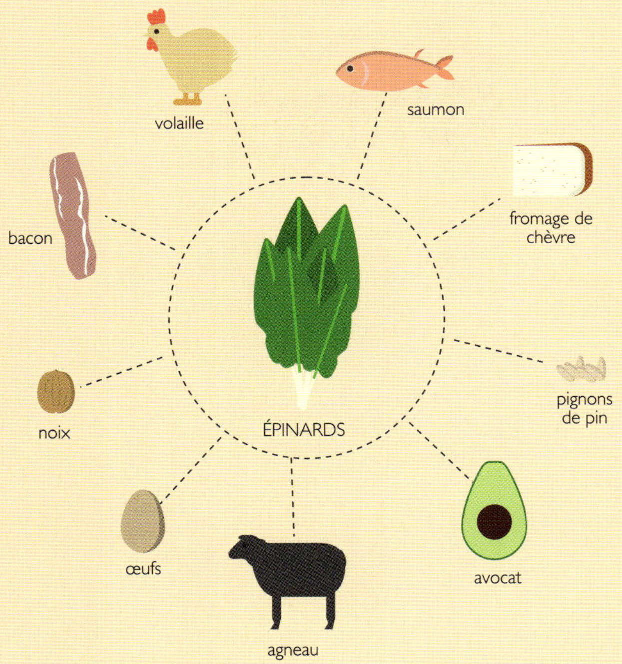

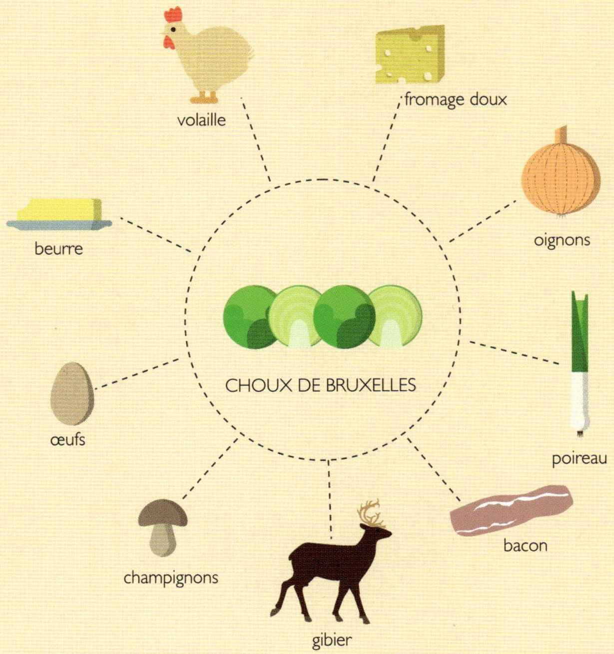

022 Quelles épices pour quels produits

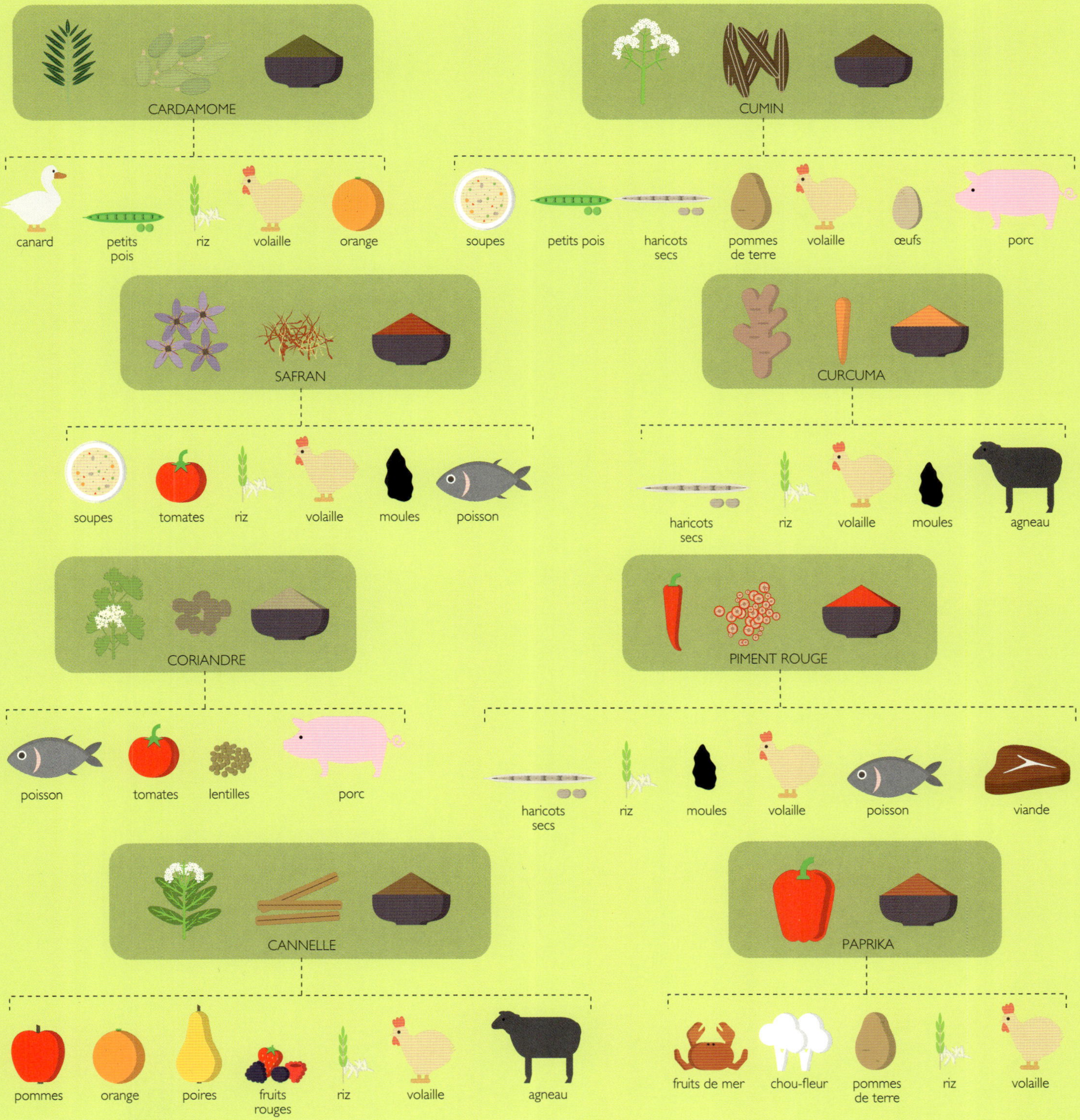

023 Quelles herbes pour quels produits

024 Échelle de Scoville et force des piments

L'échelle de Scoville indique le piquant des piments (ou force). Les unités mesurent la dilution nécessaire d'un échantillon de piment jusqu'à ce que la sensation de brûlure ne soit plus détectable.

045 Émincer un piment

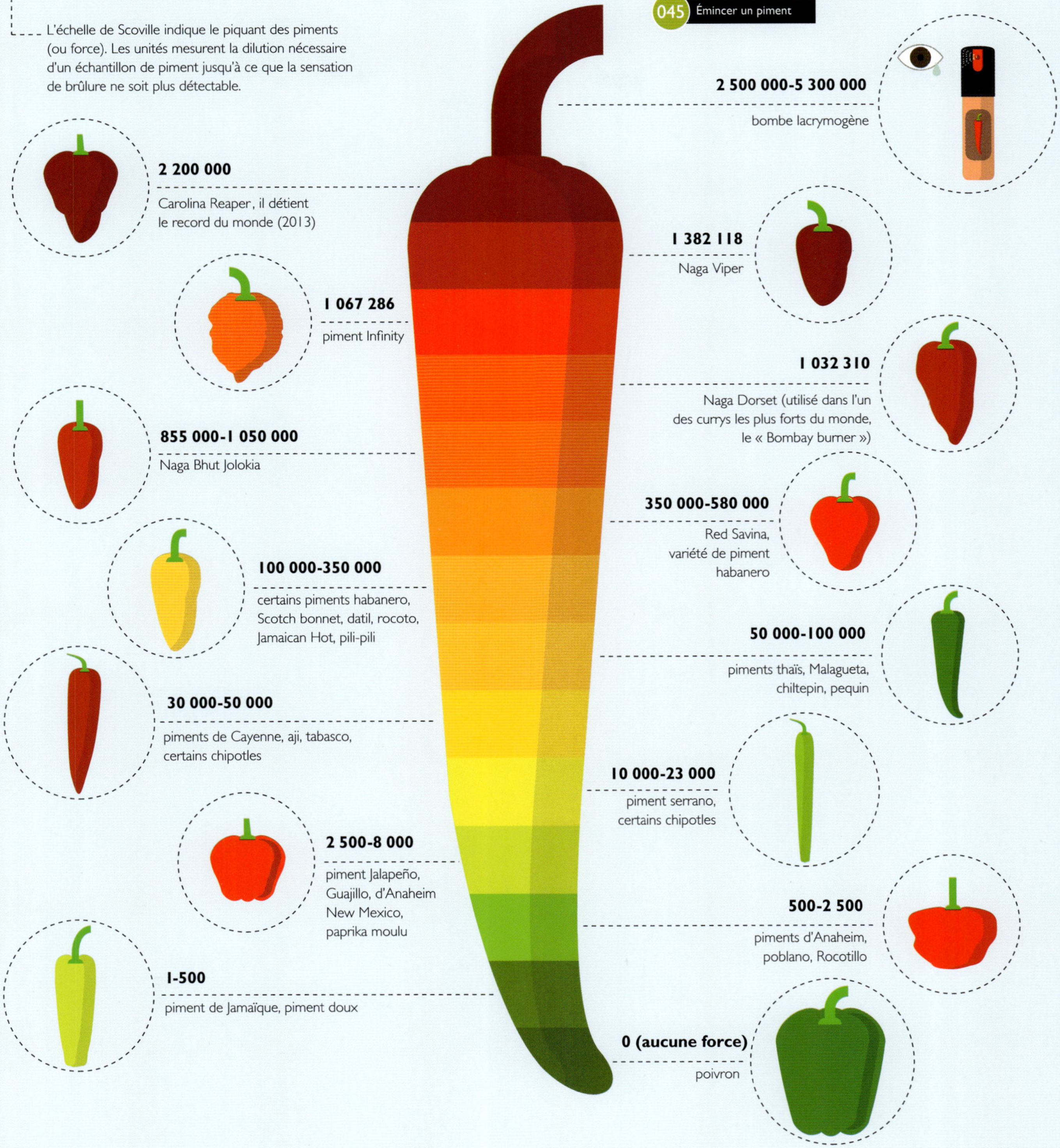

025 Morceaux du bœuf

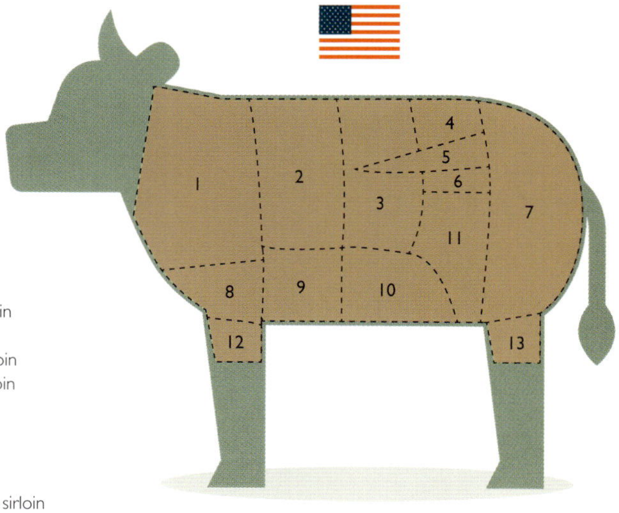

1. chuck
2. ribs
3. short loin
4. sirloin
5. tenderloin
6. top sirloin
7. round
8. brisket
9. plate
10. flank
11. bottom sirloin
12. shank
13. shank

1. neck and clod
2. chuck and blade
3. fore rib
4. sirloin
5. rump
6. silverside
7. topside
8. thick rib
9. thin rib
10. flank
11. thick flank
12. brisket
13. shin
14. leg

1. joue
2. collier
3. basses côtes
4. entrecôte
5. faux-filet
6. aloyau
7. rumsteck
8. culotte
9. gros bout de poitrine
10. paleron
11. plat-de-côtes
12. bavette d'aloyau
13. tranche grasse
14. gîte à la noix
15. macreuse
16. tendron - milieu de poitrine
17. flanchet
18. gîte (jarret arrière)

1. azotillo
2. bife ancho
3. bife de costilla
4. bife con lomo
5. cuadril
6. paleta
7. asado
8. vacío
9. nalga
10. matambre
11. osso-buco

Morceaux du porc

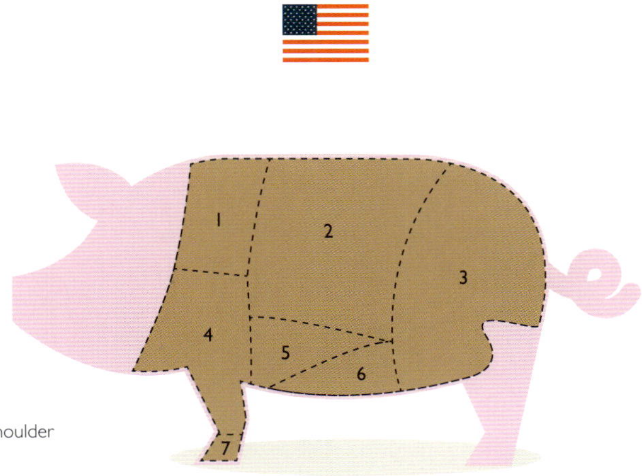

1. blade shoulder
2. loin
3. leg
4. arm shoulder
5. spare rib
6. side
7. hock

1. cáo tóu
2. feng tóu pi
3. lǐ jǐ
4. tún jiān
5. quián jiān
6. lèi
7. hòu tuǐ
8. quián zhǒu
9. naǐ
10. wǔ huā

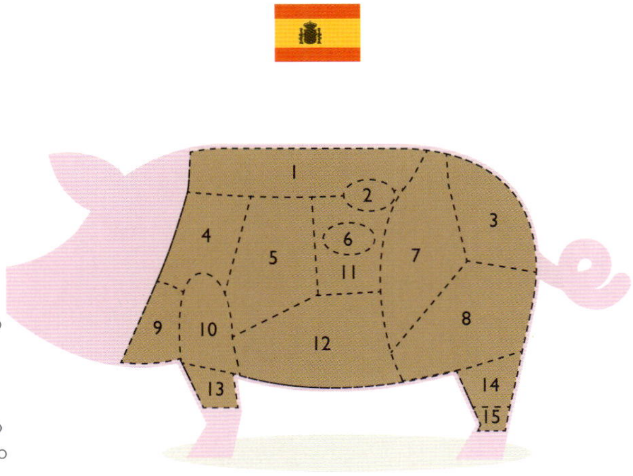

1. tocíno
2. solomillo
3. cadera
4. aguja
5. costilla
6. solomillo
7. delantero
8. pata
9. papada
10, paletilla
11. magro
12. tocíno entreverado
13. codillo
14. codillo
15. mano

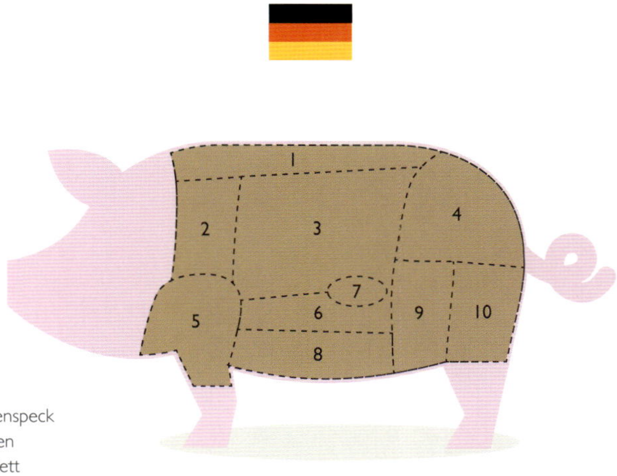

1. rückenspeck
2. nacken
3. kotelett
4. hüfte
5. schulter
6. rippe
7. fillet
8. bauch
9. nussschinken
10. schinken, oberschale

027 Poissons non menacés d'extinction

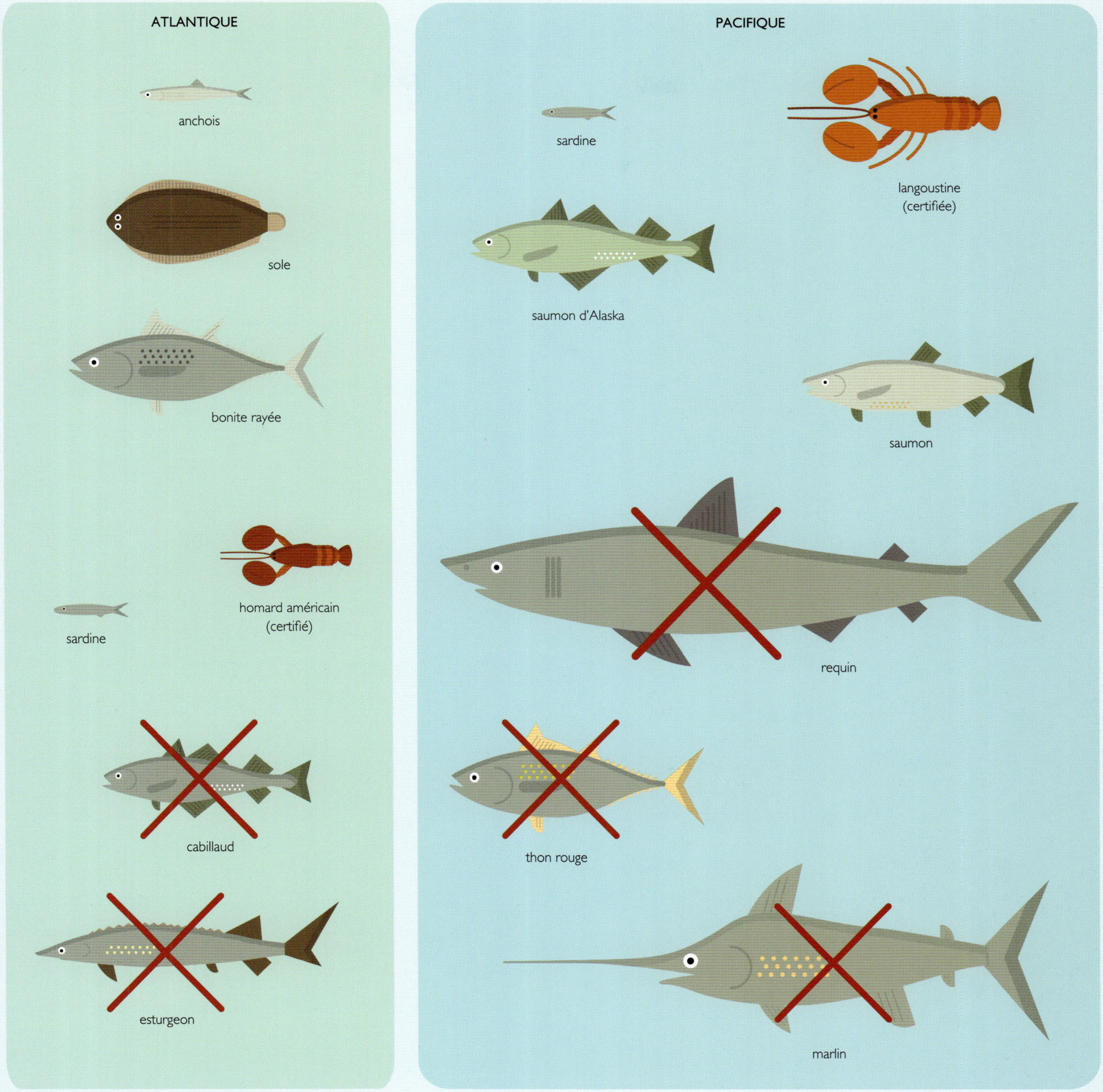

Source : Marine Conservation Society 2014. www.mcsuk.org

028 Les différentes pâtes

145 Cuire les pâtes
152 Quelle sauce pour quelles pâtes

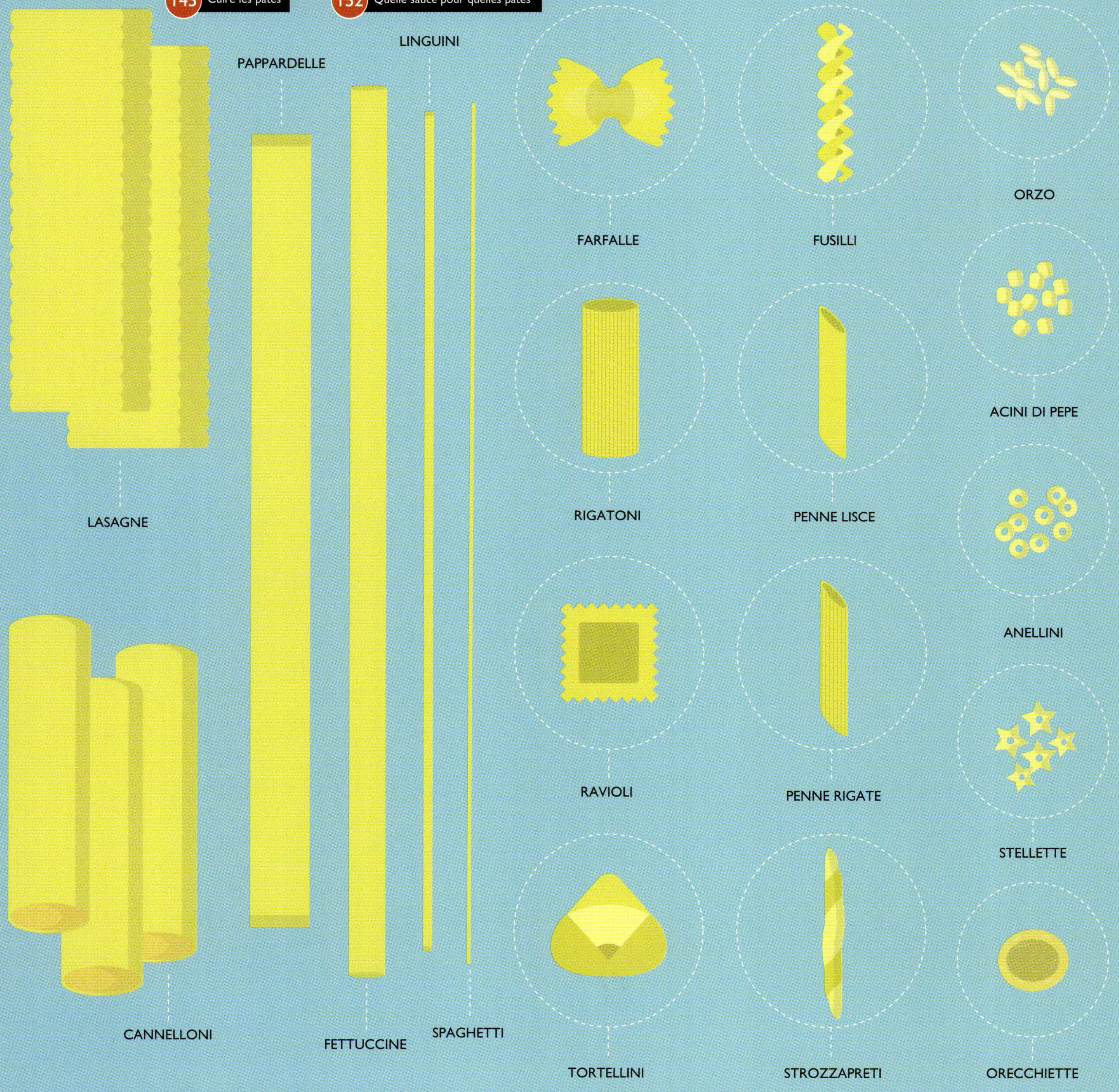

029 Les différents types de café

030 À savoir sur la caféine

031 Manier des baguettes

092 Rouler des makis

Tenez la baguette à la base du pouce.

Pincez l'autre baguette contre l'index.

La baguette du bas doit rester immobile.

032 Enlever la rouille d'une poêle

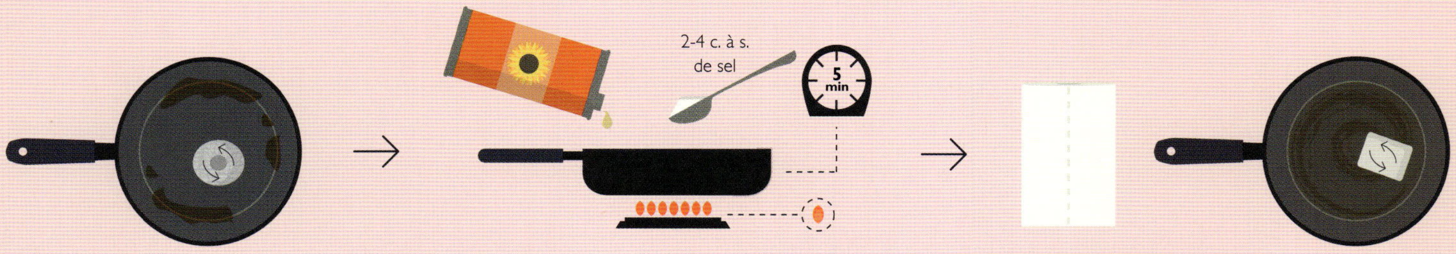

Frottez vigoureusement la poêle à la paille de fer.

Couvrez la surface d'huile, puis ajoutez du sel pour former une pâte.

Frottez avec du papier absorbant avant de rincer.

033 Préparer un rouleau à pâtisserie qui ne colle pas

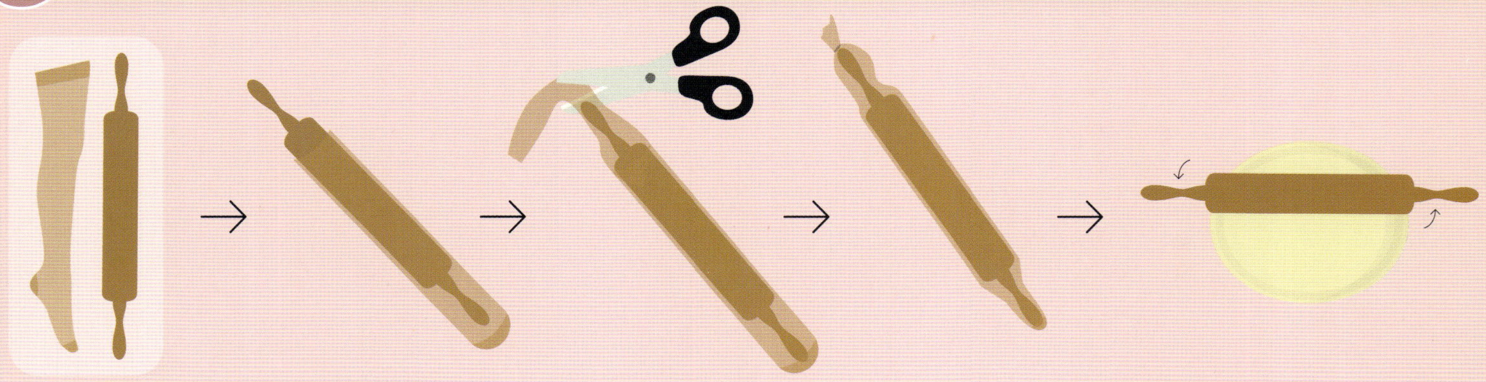

Tirez sur un bas Nylon. Insérez le rouleau dedans.

Utilisez sur une surface enfarinée.

034 Faire manger des légumes aux enfants

Choisissez ensemble les légumes.

Préparez-les en équipe.

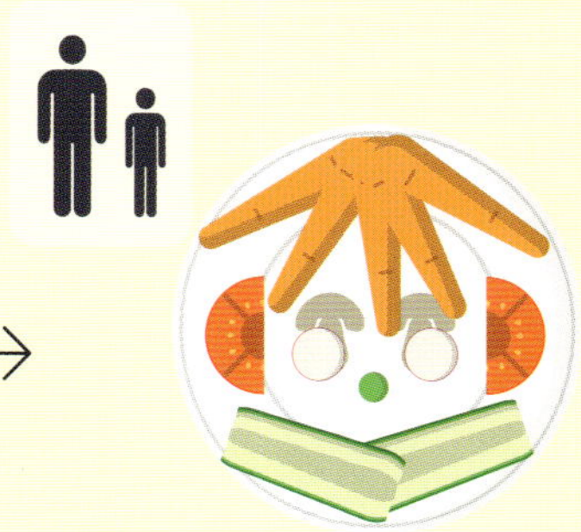

Montrez à l'enfant que vous en mangez.
Faites des figures amusantes.

035 Cuire au bain-marie

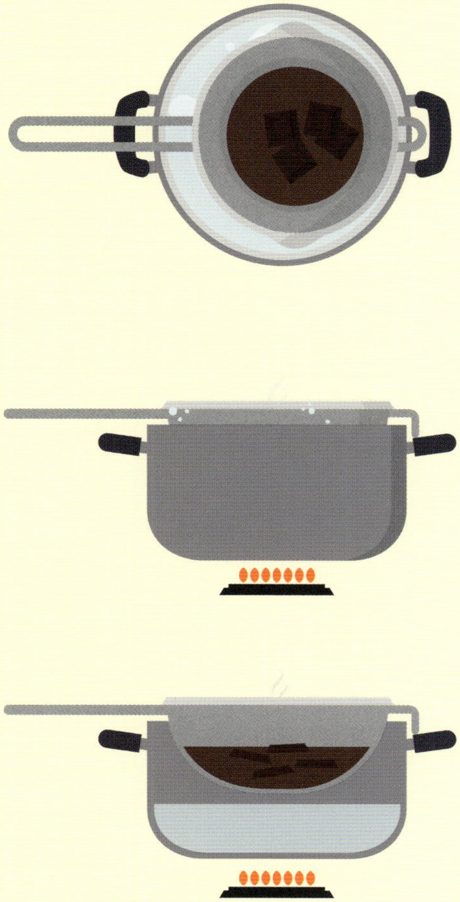

036 Cuire à la vapeur

037 Trinquer dans plusieurs langues

038 « Bon appétit » dans plusieurs langues

Techniques

039 Émincer un oignon

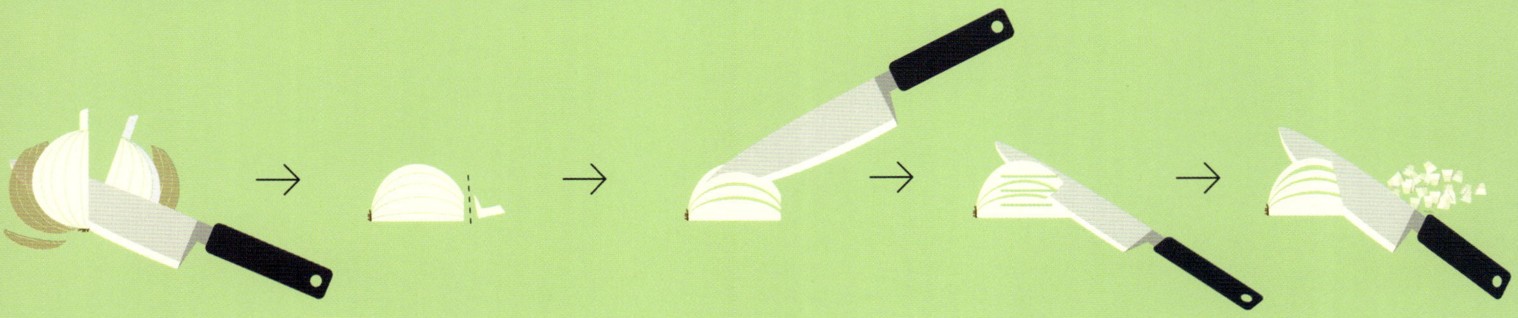

Tranchez l'oignon en deux du haut à la racine. Pelez.

Coupez la tête.

Faites des incisions parallèles depuis la base.

Incisez horizontalement.

Émincez.

040 Peler l'ail à l'huile chaude

Séparez les gousses, puis mettez-les dans un bocal.

Faites chauffer l'huile.

Versez l'huile chaude sur les gousses. Laissez refroidir.

Filtrez, puis réservez l'huile infusée à l'ail.

Pelez les gousses.

041 Couper des cornichons en éventail

Coupez un cornichon en deux.

Faites des incisions parallèles depuis la tige sans aller jusqu'au bout.

Déployez l'éventail pour décorer un plat.

042 Tailler en julienne et en brunoise

043 Ciseler des herbes

044 Trancher des légumes

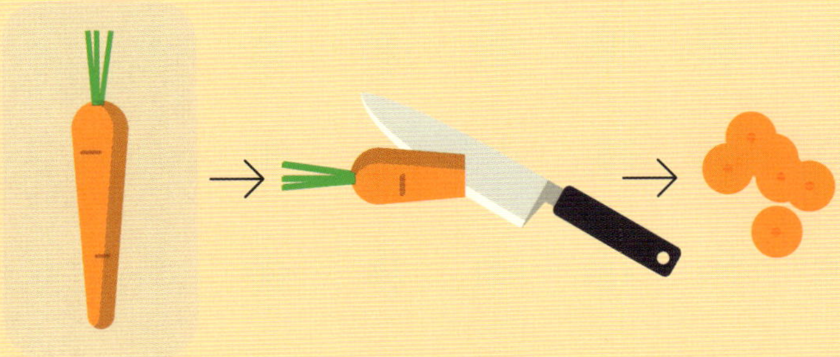

045 Émincer un piment

* Travaillez avec des gants !

046 Peler un poivron

Tournez pour faire brûler chaque côté.

Faites cuire à la vapeur dans un sac plastique pour attendrir la peau.

Pelez la peau et enlevez la tige.

047 Ciseler la ciboulette

048 Composer un bouquet garni

2 brins de persil
2 brins de thym
2 brins de romarin
2 feuilles de laurier

Ficelez les herbes ensemble.

Placez le bouquet garni avec les autres ingrédients pendant la cuisson et ôtez avant de servir.

049 Émincer du gingembre

Pelez le gingembre.

Tranchez finement.

Faites de fines lamelles, puis émincez.

050 Peler des tomates

Incisez délicatement la tomate autour du pédoncule.

Faites bouillir de l'eau.

Versez sur la tomate. Comptez jusqu'à 10.

Jetez l'eau. Pelez la tomate.

051 Réaliser une fleur de radis

Faites de doubles incisions sur chaque côté.

Refroidissez pour que les pétales s'ouvrent.

052 Réaliser une fleur de tomate

Ôtez le pédoncule. Pelez en une seule longue lanière.

Enroulez pour obtenir une jolie fleur.

053 Tourner un artichaut

Ôtez les feuilles extérieures. Tranchez le tiers supérieur.

Pelez la tige, puis frottez avec du citron.

Coupez en quarts.

Enlevez le foin.

054 Ouvrir une grenade

Coupez le long des sections de l'écorce.

Ouvrez et ôtez la peau blanche.

Extrayez les graines.

055 Ouvrir un avocat

Plantez la lame dans le noyau, puis faites bouger le couteau pour enlever le noyau.

Décollez la chair à l'aide d'une cuillère.

056 Tailler une mangue en dés

Coupez de part et d'autre du noyau.

Retournez comme un gant.

Grattez pour décoller la peau.

057 Ouvrir une noix de coco

Faites deux trous profonds au sommet.

Laissez le lait s'écouler.

058 Découper un ananas

Tranchez le sommet et la base.

059 Prélever un zeste de citron

Prélevez le zeste avec un zesteur en procédant de haut en bas et en évitant de prendre la peau blanche.

Autre méthode : utilisez un Économe pour récupérer le zeste. Coupez en fines lamelles.

060 Préparer la citronnelle

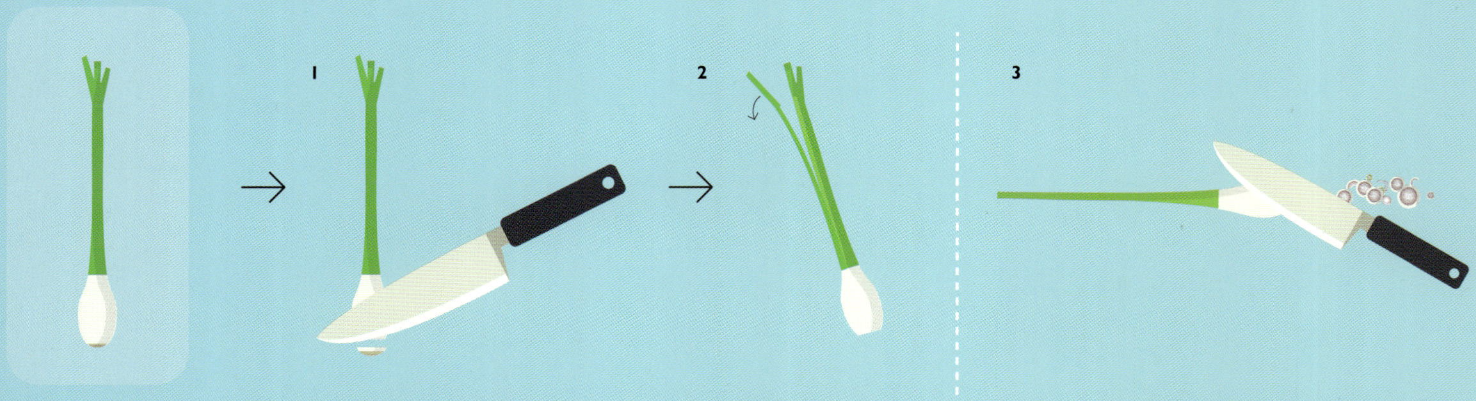

1 Coupez le bas du bulbe.

2 Enlevez les feuilles extérieures trop dures.

3 Coupez en fines tranches.

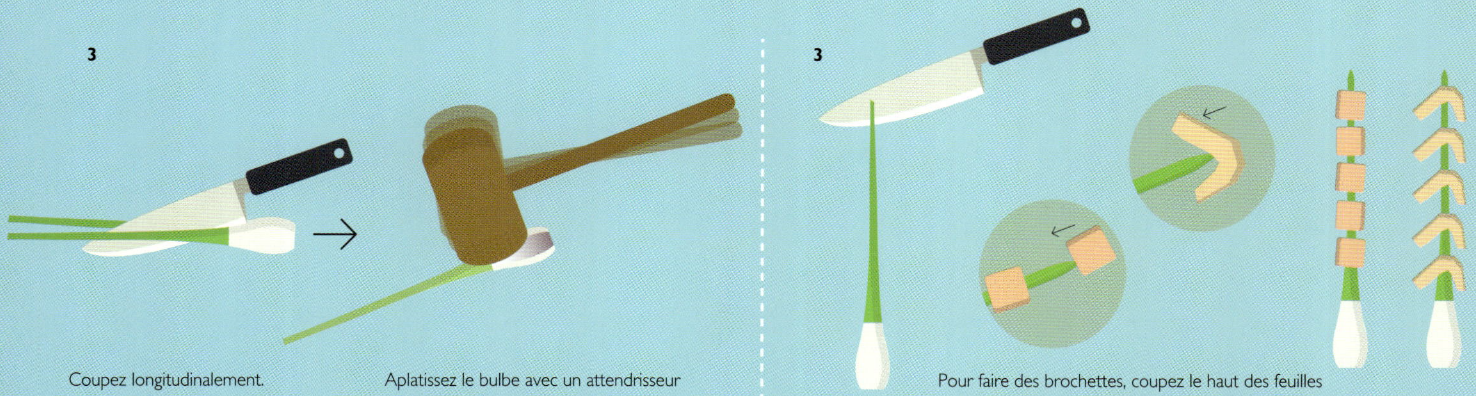

3 Coupez longitudinalement.

Aplatissez le bulbe avec un attendrisseur à viande. Faites cuire avec les autres ingrédients. Jetez avant de servir.

3 Pour faire des brochettes, coupez le haut des feuilles et la base du bulbe. Enfilez de la viande ou des crevettes.

061 Décortiquer des crevettes

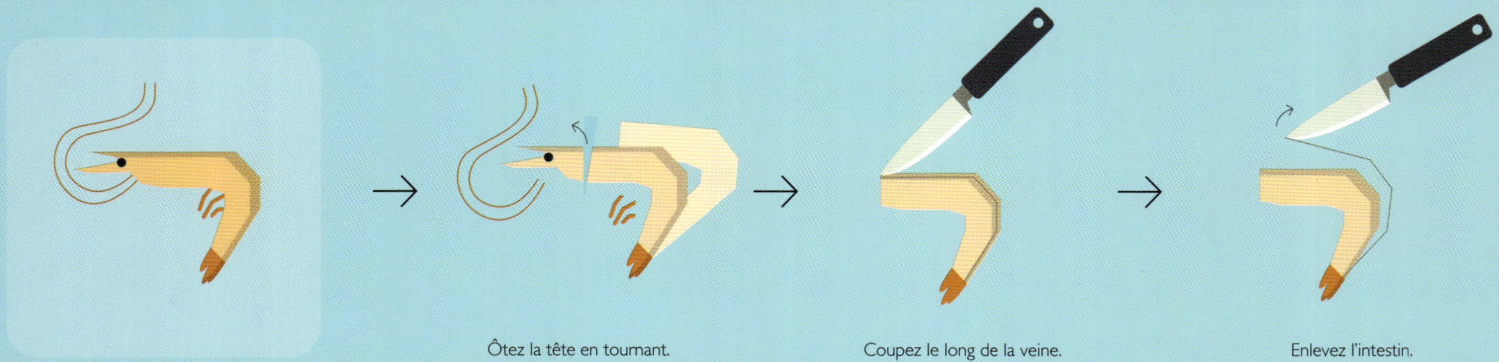

Ôtez la tête en tournant. Épluchez la carapace.

Coupez le long de la veine.

Enlevez l'intestin.

062 Ouvrir les huîtres

Insérez le couteau.

Sectionnez le muscle et détachez la chair de la coquille supérieure.

Repositionnez la chair.

063 Réaliser des glaçons-fleurs

Placez les fleurs comestibles dans le bac à glaçons.

Mélangez le jus de citron et l'eau.

Remplissez le bac à glaçons. Mettez au congélateur au moins 2 heures.

* Utilisez-les dans les boissons fraîches et le thé glacé.

064 Congeler des herbes aromatiques

157 Bouillon de légumes

Mettez les herbes dans un bac à glaçons.

Remplissez de bouillon de légumes. Congelez.

* Les herbes ainsi congelées se conservent 1 mois. Elles sont idéales pour parfumer les soupes et les mijotés de légumes.

065 Pâte pour les pâtes fraîches

280 g de farine

4 jaunes d'œufs

2 c. à s. d'huile d'olive

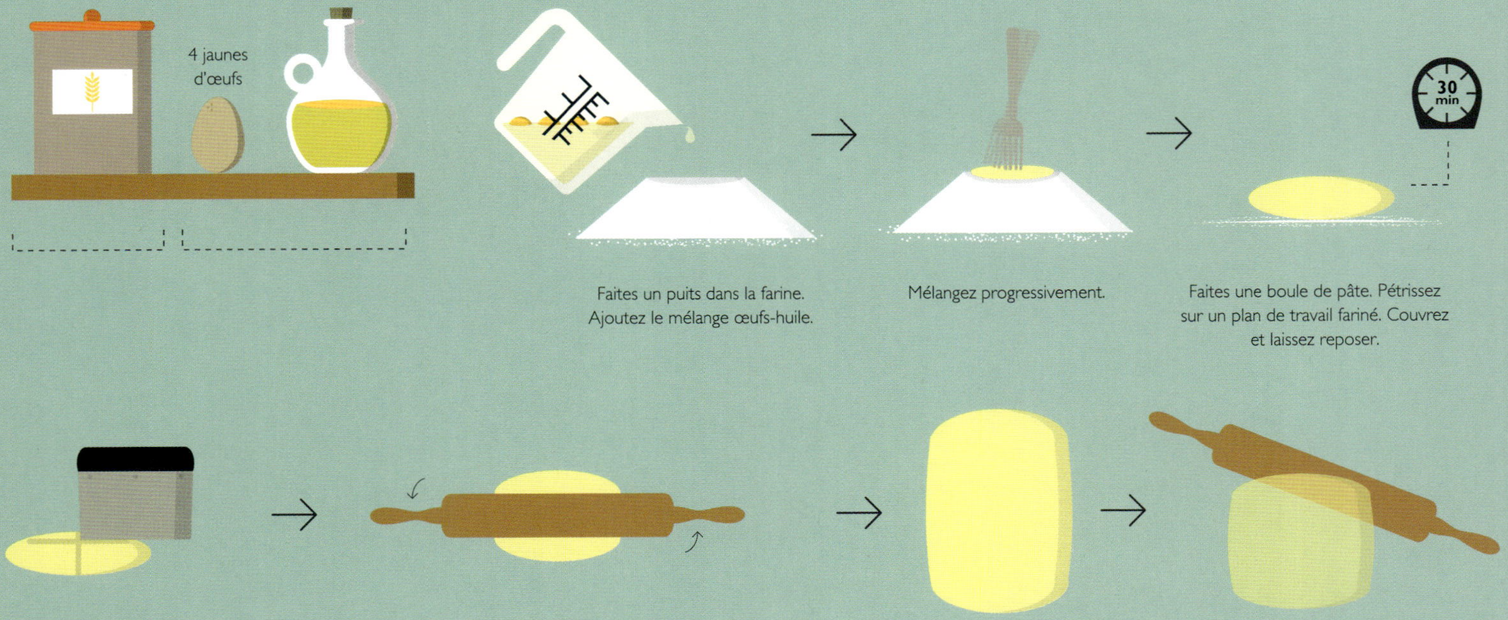

Faites un puits dans la farine. Ajoutez le mélange œufs-huile.

Mélangez progressivement.

Faites une boule de pâte. Pétrissez sur un plan de travail fariné. Couvrez et laissez reposer.

Diviser en quarts.

Abaissez chaque morceau.

Retournez et recommencez.

La pâte doit être translucide.

066 Fettuccine

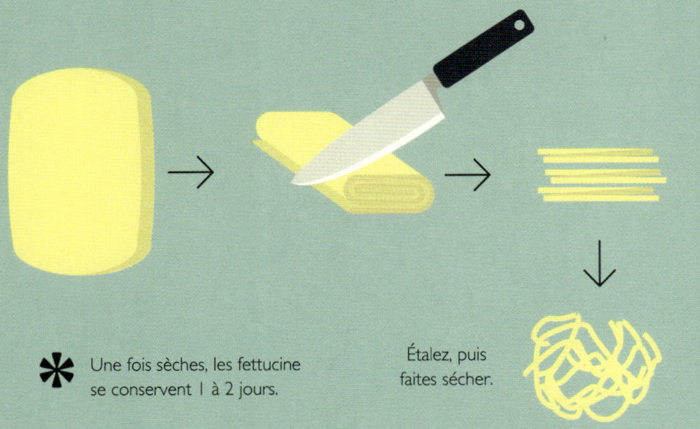

Étalez, puis faites sécher.

* Une fois sèches, les fettucine se conservent 1 à 2 jours.

067 Tortellini

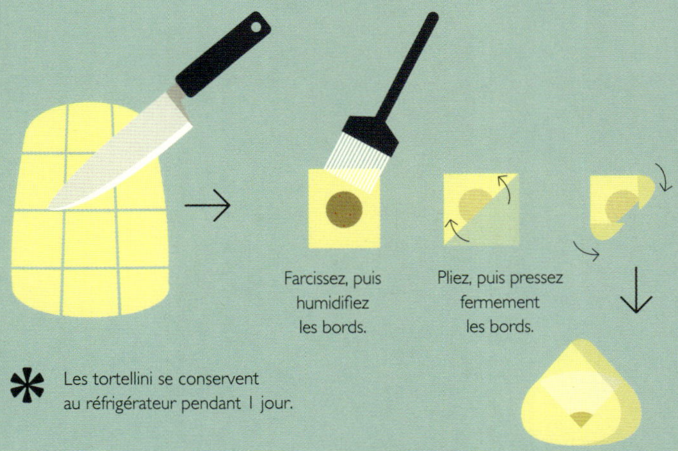

Farcissez, puis humidifiez les bords.

Pliez, puis pressez fermement les bords.

* Les tortellini se conservent au réfrigérateur pendant 1 jour.

068 Séparer les blancs des jaunes

069 Pâte à pain

37,5 cl de lait

80 g de mélasse

2 c. à c. de sel

3 c. à c. de levure de boulanger

1 œuf, blanc et jaune séparés

315 g de farine à pain

2 c. à s. de flocons d'avoine

2 c. à s. de graines de tournesol

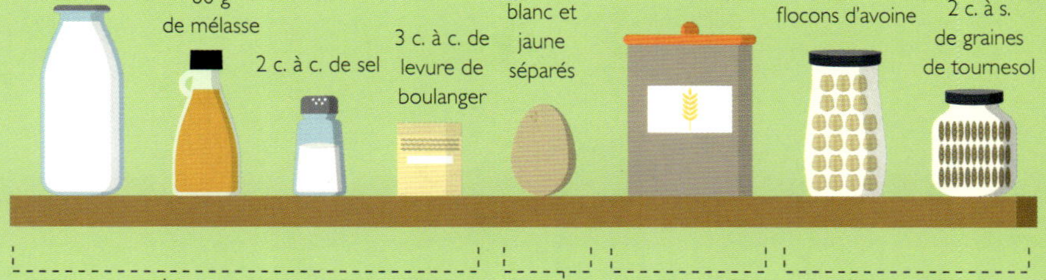

Faites chauffer le lait et la mélasse, salez.
Ajoutez la levure, puis laissez reposer 10 minutes.

Fouettez le jaune d'œuf.

Dans la première préparation, ajoutez le jaune et la farine.

Faites lever la pâte dans un endroit chaud jusqu'à ce qu'elle ait doublé de volume.

Parsemez de graines de tournesol et de flocons d'avoine, pétrissez à nouveau et laissez de nouveau reposer.

364 Cuire le pain

070 Pâte à pizza

356 Pizza
357 Pizza napolitaine
358 Pizza tomate-mozzarella
359 Pizza jambon-mozzarella
360 Pizza oignons-olives
361 Pizza blanche
362 Pizza quatre fromages
363 Fougasse

Mélangez tous les ingrédients dans un grand saladier. Pétrissez.

Laissez reposer.

Formez 4 à 6 pâtons. Étalez à l'aide d'un rouleau à pâtisserie.

071 Pâte levée

322 Donuts
397 Roulés à la cannelle

Faites un puits dans la farine. Émiettez la levure dans le saladier, ajoutez le sucre, le sel et 2 c. à s. de lait. Laissez reposer.

Ajoutez les œufs et le reste du lait. Mélangez au batteur électrique jusqu'à l'obtention d'une pâte homogène.

Quand la pâte est brillante et lisse, couvrez et laissez reposer dans un endroit chaud.

072 Pain tressé

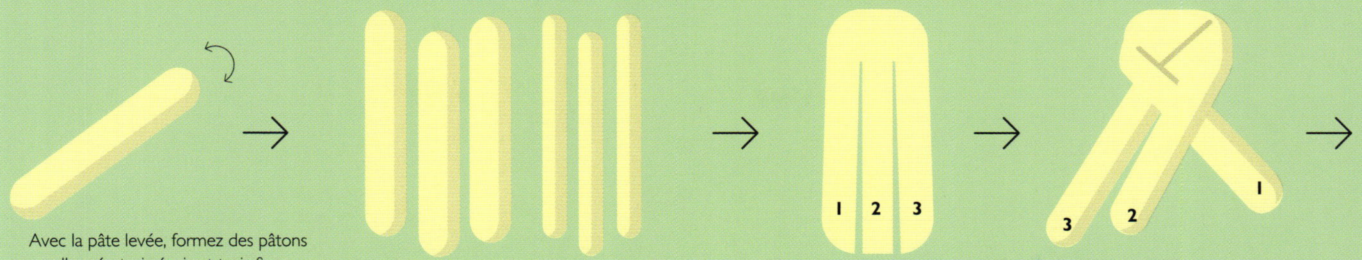

Avec la pâte levée, formez des pâtons allongés, trois épais et trois fins.

Tressez les pâtons épais, puis les fins.

071 Pâte levée

Superposez, puis enduisez de jaune d'œuf à l'aide d'un pinceau.

073 Pâte à choux

392 Profiteroles

Battez les œufs.

Portez l'eau, le beurre et le sel à ébullition, puis retirez du feu.

Ajoutez progressivement la farine. Mélangez bien jusqu'à ce que le mélange se détache des parois.

Retirez du feu, puis ajoutez progressivement les œufs battus. Utilisez la pâte sans attendre.

074 Pâte sablée

381 Tarte au citron

- 200 g de farine à gâteau
- 100 g de beurre, coupé en cubes
- 4 c. à s. d'eau
- ½ c. à s. de sel
- 2 c. à s. de sucre
- 1 œuf

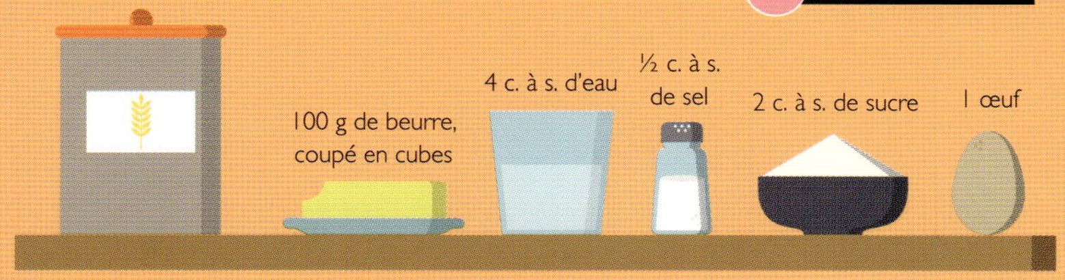

Placez la farine sur le plan de travail et faites un puits.

Ajoutez les autres ingrédients.

Pétrissez de l'intérieur vers l'extérieur jusqu'à obtention d'une pâte homogène.

Couvrez et laissez reposer au frais.

075 Pâte brisée

- 250 g de farine à gâteau
- 1 c. à s. de sel
- 125 g de beurre, coupé en cubes

367 Quiche lorraine
368 Quiche aux épinards
369 Quiche aux poireaux

Placez la farine sur le plan de travail et faites un puits. Ajoutez les autres ingrédients et pétrissez jusqu'à obtention d'une pâte homogène.

Couvrez et laissez reposer au frais.

076 Pâte à gâteau

- 200 g de beurre ramolli
- 200 g de sucre
- 1 pincée de sel
- 4 œufs
- 200 g de farine à gâteau
- 1 c. à c. de levure chimique

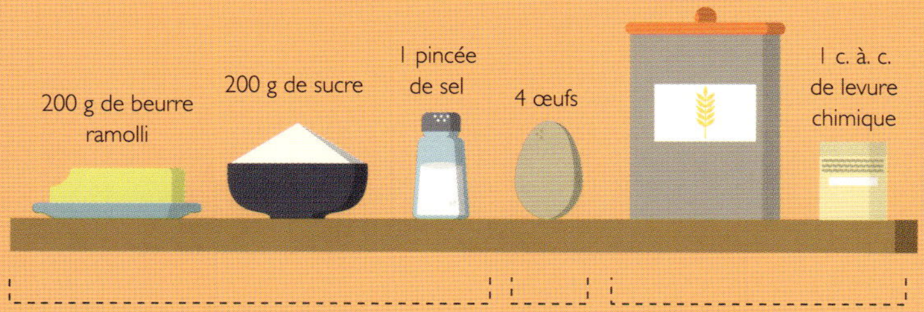

376 Gâteau marbré

Battez le beurre, le sucre et le sel environ 5 minutes jusqu'à l'obtention d'un mélange crémeux. Incorporez les œufs un par un.

Tamisez la farine et la levure en ramenant vers le centre avec une maryse. Faites cuire la pâte sans attendre.

077 Génoise

2 c. à s. de beurre

3 blancs d'œufs

4 jaunes d'œufs

75 g de sucre

75 g
de farine à gâteau

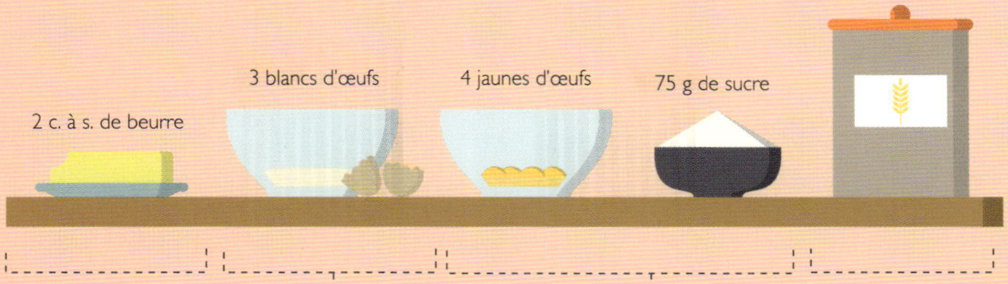

375 Gâteau roulé

399 Crumble aux poires

Beurrez du papier sulfurisé préalablement étalé sur une plaque de cuisson.

Battez les blancs en neige ferme.

Dans un autre bol, battez les jaunes avec le beurre jusqu'à obtenir un mélange crémeux.

Incorporez progressivement la farine.

Incorporez un tiers des œufs en neige, puis le reste progressivement.

Étalez la pâte sur la plaque de cuisson sur environ 2 cm d'épaisseur.

Vérifiez la cuisson avec la pointe d'un couteau. Quand elle ressort propre de la génoise, elle est cuite.

078 Linzertorte (tarte de Linz)

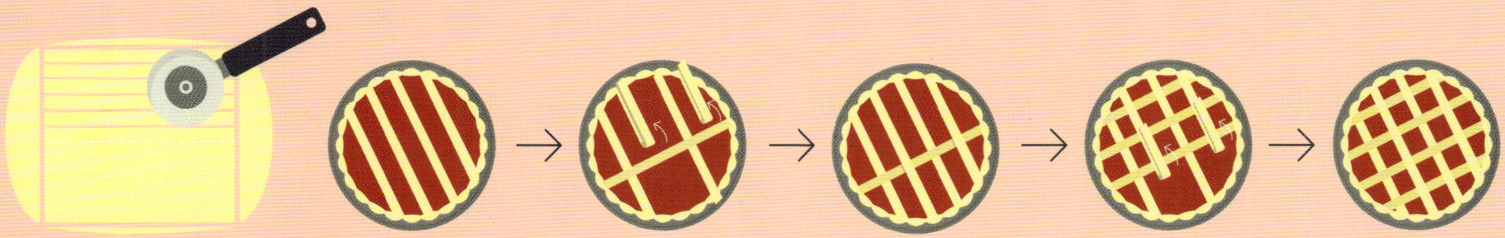

Continuez sur toute la surface.

Sans cuisson

079 Beurre persillé

- 125 g beurre
- 2 gousses d'ail
- 60 g d'herbes aromatiques (persil, ciboulette, cerfeuil, romarin)
- sel

Émincez l'ail et les herbes.

Mélangez les herbes et le beurre. Salez.

Étalez sur du papier sulfurisé.

Roulez en cylindre, placez au réfrigérateur. Servez en tranches sur de la viande ou sur du pain.

080 Mayonnaise

- 2 jaunes d'œufs
- sel
- 1 c. à s. de moutarde forte
- 30 cl d'huile de tournesol
- 2 c. à s. de jus de citron
- poivre

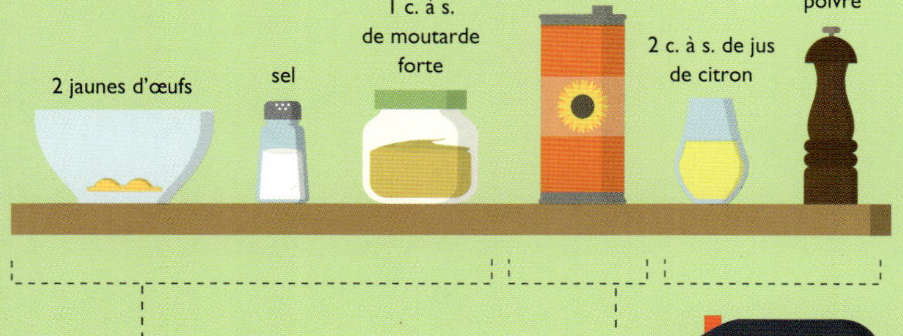

* Pour monter la mayonnaise, tous les ingrédients doivent être à la même température. La mayonnaise maison se conserve 3 jours au réfrigérateur dans un récipient hermétique.

Battez les jaunes, le sel et la moutarde.

Versez l'huile en fin filet et continuez à battre. Attendez qu'elle soit incorporée avant d'en rajouter et de battre à nouveau jusqu'à l'obtention d'une consistance crémeuse.

Une mayonnaise réussie est ferme et épaisse. Ajoutez le jus de citron, le sel et le poivre.

081 Œufs-mayonnaise

- 4 œufs durs
- 5 c. à s. de mayonnaise
- 1 c. à s. de yaourt
- 1 c. à s. de moutarde
- ciboulette, pour décorer

138 Cuire les œufs
080 Mayonnaise

Coupez les œufs en deux.
Posez la face tranchée contre l'assiette.

Mélangez la mayonnaise,
le yaourt et la moutarde.

Couvrez les œufs de ce mélange
et garnissez de ciboulette.

082 Gremolata

- 20 g de persil, ciselé
- le zeste râpé de 1 citron
- 2 gousses d'ail, émincées

Mélangez tous les ingrédients
dans un bol.

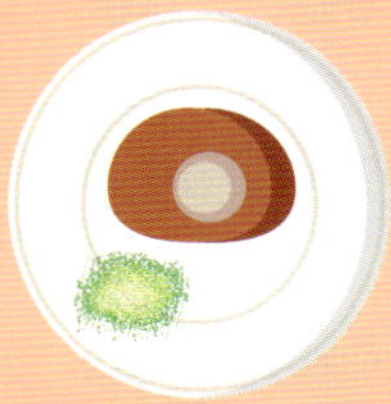

* Ajoutez à l'osso-buco une note fraîche, acidulée et croquante.

259 Osso-buco

083 Aïoli

- 200 g de mayonnaise
- 4 gousses d'ail, écrasées
- 1 c. à s. de vinaigre balsamique
- 1 c. à s. de moutarde forte
- 1 pincée de sucre
- 1 c. à s. de jus de citron
- sel
- poivre

080 Mayonnaise

Dans un saladier, mélangez tous les ingrédients.
Couvrez et laissez au frais toute une nuit.

084 Sauce tartare

- 2 œufs durs
- 1 c. à s. de moutarde
- 10 cl d'huile
- 1 c. à s. de vinaigre balsamique blanc
- 2 cornichons, émincés
- 1 échalote, émincée
- 1 c. à s. de câpres, hachées
- 1 c. à s. de persil, ciselé
- 1 c. à s. d'estragon, ciselé
- 1 c. à s. de ciboulette, ciselée
- sel
- poivre

* Les œufs durs, la moutarde et l'huile peuvent être remplacés par 8 c. à s. de mayonnaise maison.

138 Cuire les œufs

080 Mayonnaise

Séparez les jaunes des blancs.

→ Écrasez les jaunes d'œufs avec la moutarde. Ajoutez l'huile pour épaissir.

→ Émincez les blancs d'œufs.

→ Ajoutez le vinaigre et les autres ingrédients. Salez et poivrez.

085 Guacamole

- 4 avocats mûrs
- 1 citron vert
- 1 bouquet de coriandre
- 1 oignon
- sel
- poivre

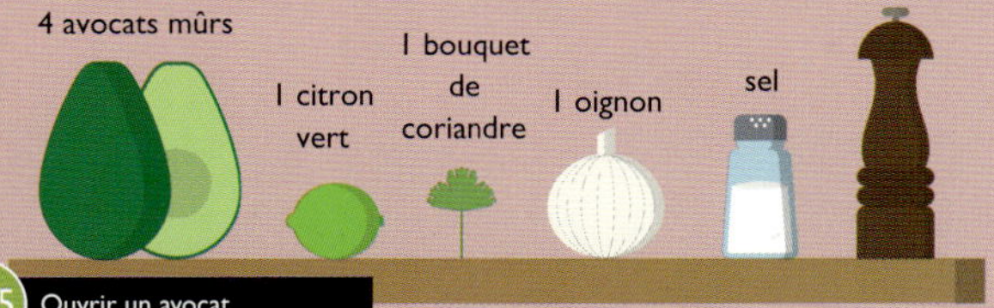

055 Ouvrir un avocat

Découpez les avocats en petits morceaux. Pressez le citron dessus.

→ Émincez la coriandre et l'oignon.

→ Mélangez tous les ingrédients dans un saladier, écrasez, puis salez et poivrez.

086 Ttzatziki

- 4 gousses d'ail, écrasées
- 400 g de yaourt grec (10 % de MG)
- 1 c. à s. d'huile d'olive
- 1 c. à s. de vinaigre de vin blanc
- sel
- poivre
- 1 concombre

Mélangez les ingrédients, salez et poivrez. Laissez reposer 2 heures.

Râpez le concombre et laissez-le dégorger.

Ajoutez le concombre juste avant de servir.

087 Pesto

- 45 g de basilic
- 2 c. à s. de pignons de pin
- 1 gousse d'ail, écrasée
- 0,8 cl d'huile d'olive
- 120 g de parmesan râpé
- sel
- poivre

Mixez tous les ingrédients ensemble jusqu'à l'obtention d'une pâte épaisse.

Assaisonnez.

* Le pesto se conserve 1 mois dans un bocal si sa surface est recouverte d'huile d'olive.

088 Sauce barbecue

Dans un bol, mélangez tous les ingrédients. Faites-y mariner la viande 2 heures voire toute une nuit.

089 Sandwich jambon-fromage

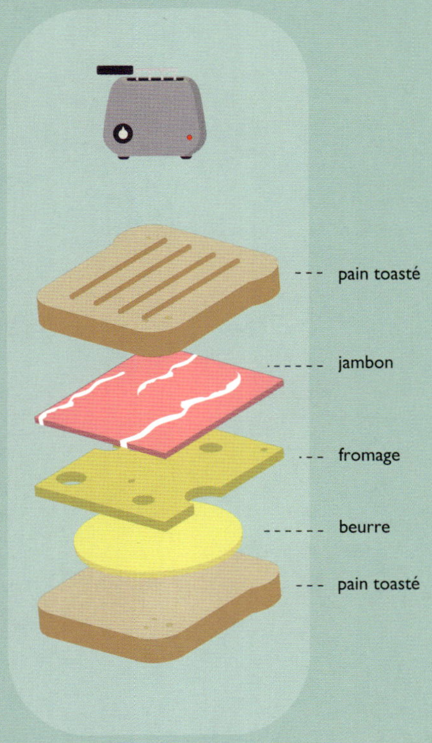

090 Sandwich au salami

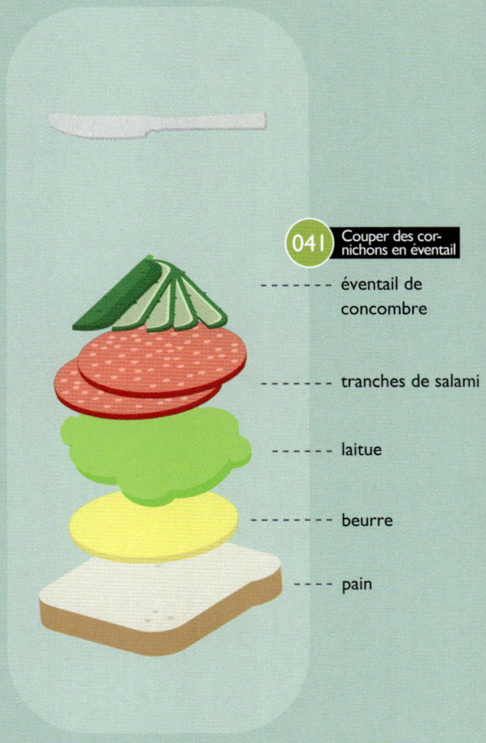

091 Sandwich au fromage

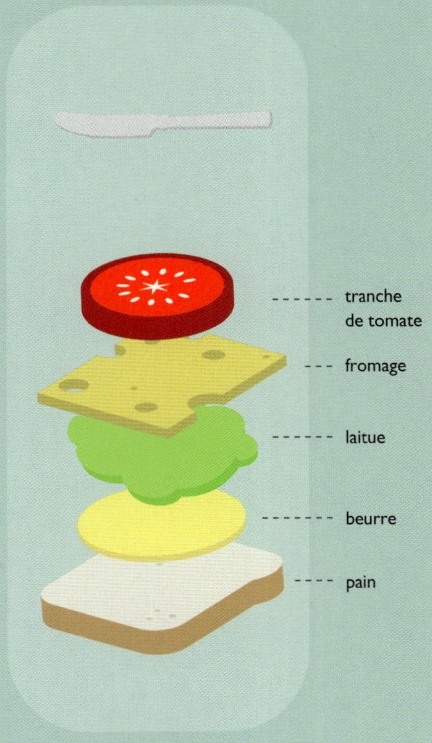

092 Makis

8 feuilles de nori

350 g de riz à sushis cuit

300 g de filets de thon rouge (pour sushis), coupés en lamelles

1 concombre, coupé en lamelles

wasabi

180 Riz pour sushis

Recouvrez de riz les feuilles de nori sans aller jusqu'en haut. Tracez une ligne de wasabi et disposez les autres ingrédients.

Roulez en un cylindre bien serré.

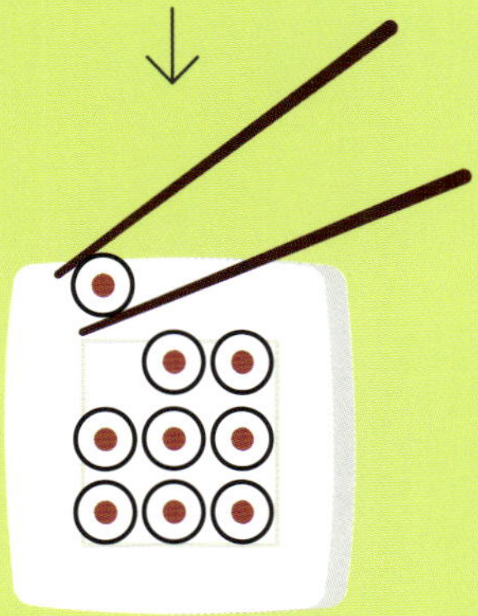

093 Temakis

8 feuilles de nori

350 g de riz à sushis cuit

300 g de filets de saumon cru (pour sushis), coupés en lamelles

1 carotte, coupée en lanières

150 g d'œufs de saumon

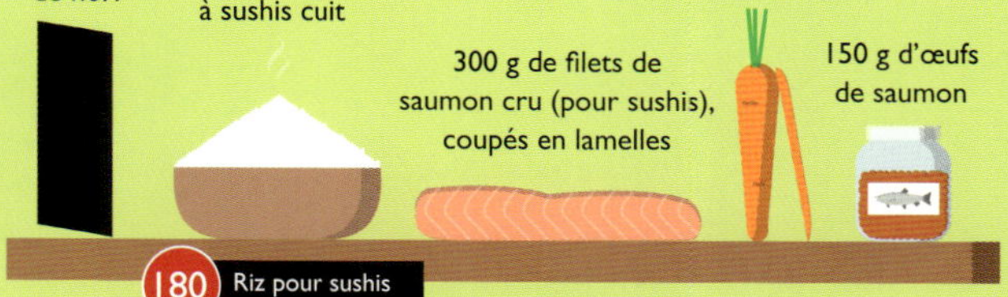

180 Riz pour sushis

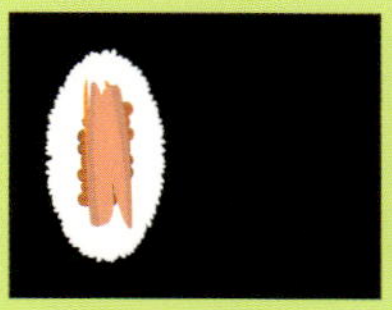

Disposez une couche de riz, puis une couche des autres ingrédients sur la feuille de nori.

Repliez le fond du cornet.

094 Sashimis en forme de rose

1 filet de thon cru (pour sushis)

Coupez en fines tranches.

Placez en éventail.

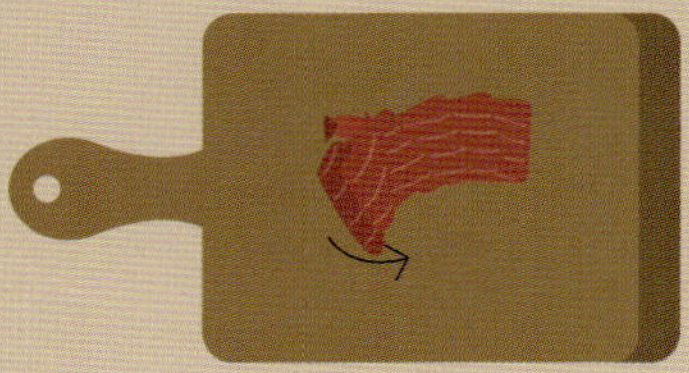

Roulez en cône.

Coupez le bord.

Servez.

095 Ceviche au citron vert

300 g de filets de poisson

1 petit piment, émincé

2 échalotes, émincées

le jus de 2 citrons verts

sel

poivre

✱ Sous l'effet du jus de citron vert, le poisson « cuit » et n'est pas cru comme dans un sushi.

Coupez le poisson en fines tranches.

Mélangez tous les autres ingrédients.

Faites mariner le poisson complètement immergé dans cette préparation. Couvrez et réservez 2 heures au frais.

096 Filet de saumon, sauce soja et beurre noisette

300 g de filet de saumon (pour sushis)

3 c. à s. de sauce soja

3 c. à s. de jus de citron

60 g de beurre

Coupez le saumon en fines tranches et disposez sur un plat.

Mélangez le jus de citron et la sauce soja et versez en petites gouttes sur le poisson.

Faites chauffer le beurre au moment de servir jusqu'à l'obtention d'une couleur noisette. Dès qu'il brunit, retirez du feu.

Versez le beurre sur le poisson et servez immédiatement.

097 Soupe betterave-concombre

500 g de betteraves cuites, pelées et tranchées

50 cl de bouillon de légumes froid

1 c. à c. de sucre

1 c. à c. de jus de citron

1 c. à s. de vinaigre de vin blanc

1 concombre

4 c. à s. de crème fraîche

157 Bouillon de légumes

Versez le bouillon de légumes sur les betteraves. Ajoutez les autres ingrédients et remuez bien. Laissez reposer 2 heures, le bouillon doit se colorer.

Prenez une tranche de betterave et coupez-la en lamelles. Procédez de même avec le concombre. Laissez au frais.

Mixez la soupe. Réservez 2 heures au frais.

Ajoutez les lamelles de concombre et de betteraves avant de servir. Agrémentez de 1 c. à s. de crème fraîche.

098 Gaspacho

Mélangez et mixez tous les ingrédients. Réservez 2 heures au frais.

Salez, poivrez et sucrez.

099 Soupe concombre-crevettes

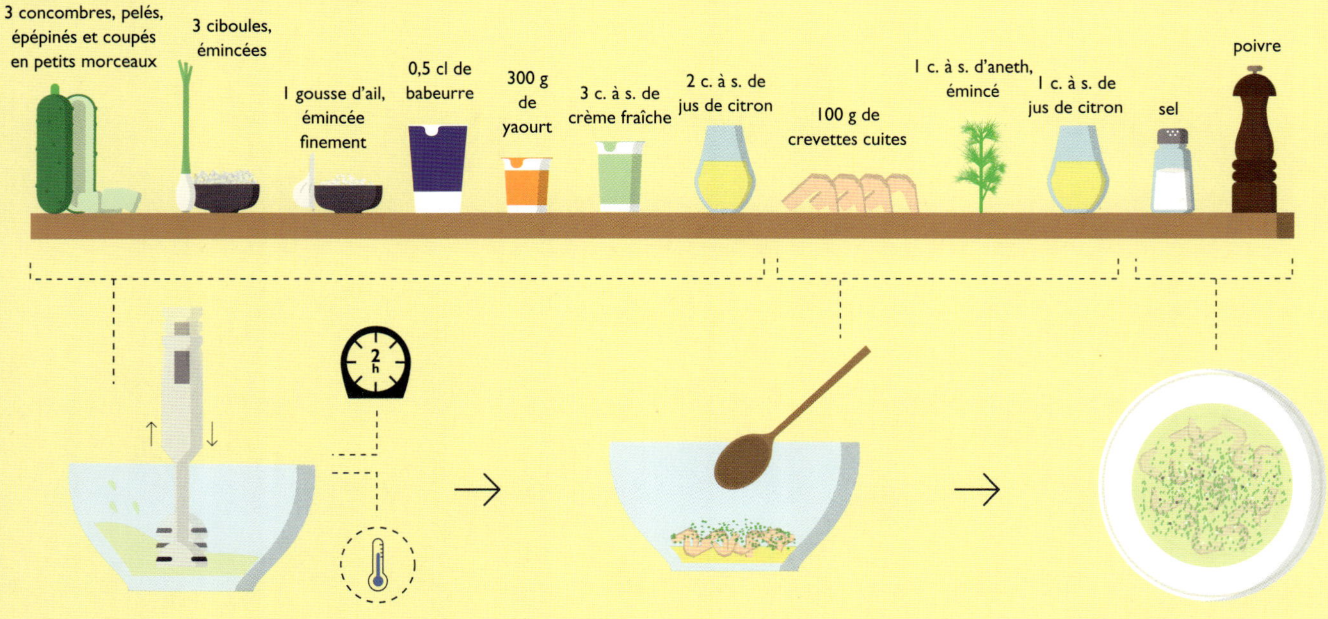

Mixez tous les ingrédients. Réservez 2 heures au frais.

Mélangez les crevettes avec l'aneth et le jus de citron.

Servez la soupe, agrémentée des crevettes à l'aneth. Salez et poivrez.

100 Vitello tonnato

- 400 g de veau cuit, froid
- 1 boîte de thon (160 g)
- 3 filets d'anchois
- 6 c. à s. de mayonnaise
- 3 c. à s. de câpres, hachées
- 2 c. à c. de jus de câpres
- 1 c. à s. de câpres
- sel
- poivre

154 Bouillon de veau

080 Mayonnaise

✱ Délicieux avec une baguette fraîche.

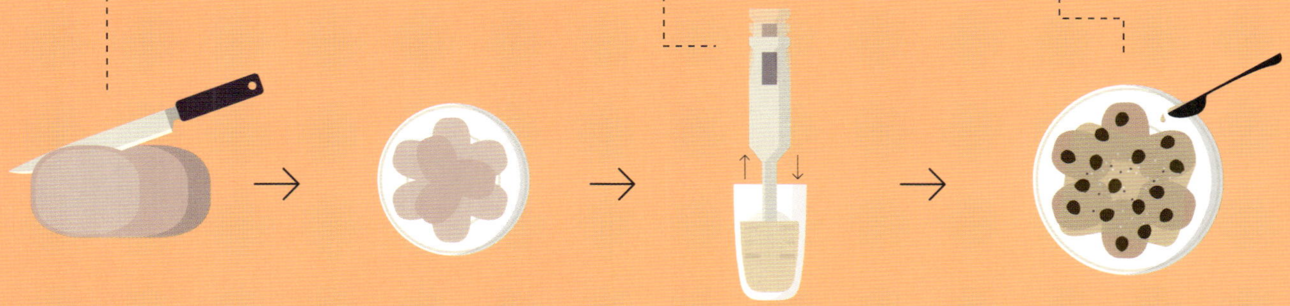

Mixez tous les ingrédients pour faire la sauce au thon.

Recouvrez la viande de sauce, garnissez avec des câpres, salez et poivrez.

101 Tomates-mozzarella-basilic

- 4 tomates, coupées en deux
- 300 g de mozzarella di bufala
- 2 brins de basilic, déchirés en petits morceaux
- 2 c. à s. d'huile d'olive
- sel
- poivre

Déchirez la mozzarella à la main en petits morceaux et disposez ceux-ci sur les tomates. Garnissez de basilic.

Versez quelques gouttes d'huile d'olive, salez et poivrez.

102 Vinaigrette

103 Sauce au lait ribot

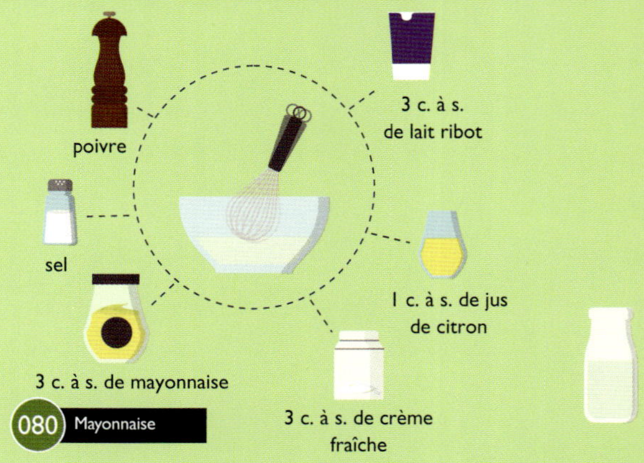

104 Sauce au citron

105 Sauce au yaourt

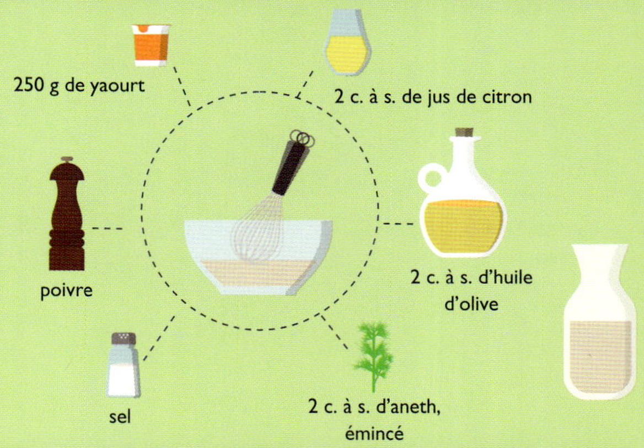

106 Sauce au vinaigre balsamique

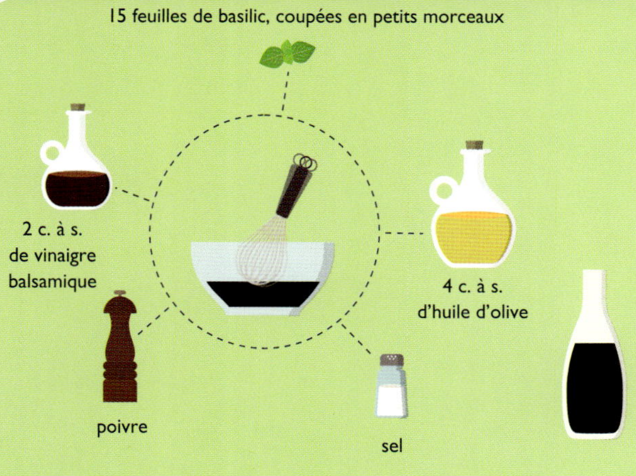

107 Sauce aux herbes

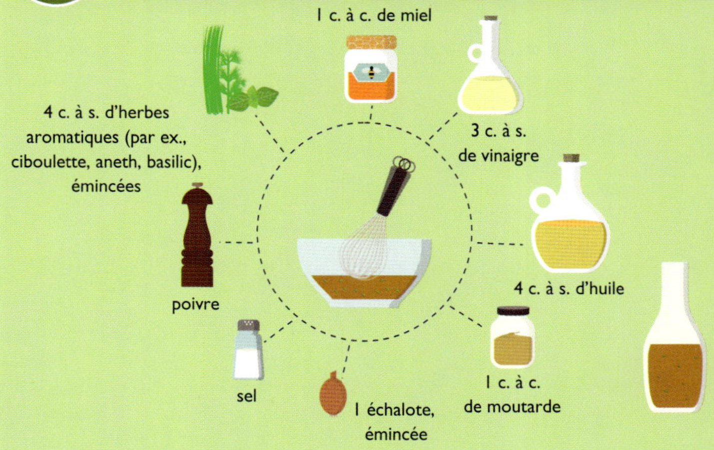

108 Sauce César

- 2 gousses d'ail, émincées
- sel
- poivre
- le jus de 1 citron
- 1 c. à s. de sauce Worcestershire
- 2 filets d'anchois, émincés
- 4 c. à s. d'huile d'olive
- 1 c. à c. de vinaigre
- 2 c. à c. de moutarde
- 1 jaune d'œuf

109 Salade frisée-lardons-croûtons

107 Sauce aux herbes

- 1 salade frisée
- 2 c. à s. de lardons frits
- 2 c. à s. de croûtons

110 Salade de tomates

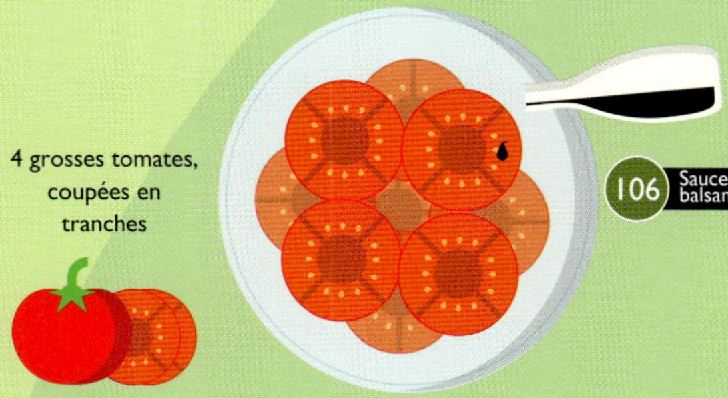

- 4 grosses tomates, coupées en tranches

106 Sauce au vinaigre balsamique

111 Salade verte

102 Vinaigrette

- 1 laitue, déchirée en morceaux

112 Salade de champignons

- 250 g de champignons, coupés en lamelles

104 Sauce au citron

113 Salade épinards-pignons de pin

105 Sauce au yaourt

- 250 g d'épinards
- 2 c. à s. de pignons de pin grillés

114 Salade courgettes-tomates

3 courgettes, coupées en lamelles
1 c. à s. de sel
3 tomates, coupées en dés
15 feuilles de basilic, ciselées
3 c. à s. d'huile d'olive
sel
poivre

Saupoudrez les courgettes de sel et laissez dégorger.

Rincez et séchez.

Mélangez les courgettes avec les tomates et le basilic.

Versez quelques gouttes d'huile d'olive, salez et poivrez.

115 Ssalade aux croûtons

200 g de pain rassis, coupé en tranches
sauce au vinaigre balsamique
3 tomates, coupées en dés
1 petit concombre, coupé en rondelles
3 c. à s. d'olives noires, dénoyautées

106 Sauce au vinaigre balsamique

Faites griller les tranches de pain, puis détaillez-les en petits croûtons.

Mélangez les tomates au concombre. Versez la sauce et remuez énergiquement. Laissez s'imprégner.

Ajoutez les croûtons et les olives. Remuez bien.

116 Salade d'endives à la grenade

2 endives
sauce au babeurre
1 c. à s. de ciboulette, ciselée
3 c. à s. de graines de grenade

103 Sauce au babeurre
054 Ouvrir une grenade

Coupez en deux les endives dans la longueur et ôtez le pied.

Séparez les feuilles et ajoutez la sauce par petites gouttes.

Garnissez de graines de grenade et de ciboulette.

117 Salade de légumes

3 c. à s. de mayonnaise
1 c. à s. de jus de citron
1 c. à s. de moutarde forte
1 pincée de sucre
sel
poivre
100 g de carottes cuites, coupées en dés
100 g de céleri-rave cuit, coupé en dés
100 g de petits pois cuits
1 c. à s. de ciboulette, émincée

080 Mayonnaise

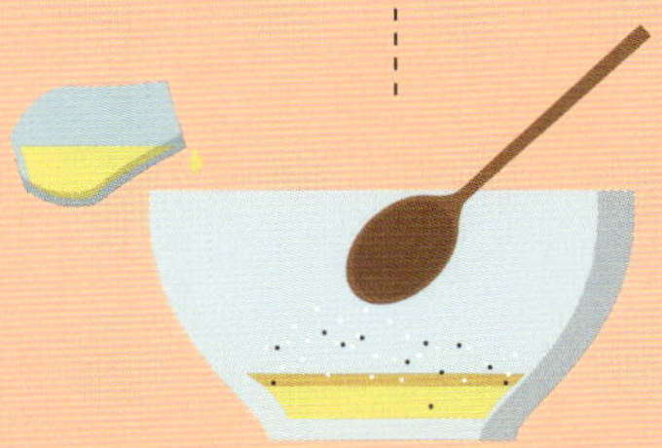

Mélangez la mayonnaise avec la moutarde, le jus de citron, le sel, le poivre et le sucre.

Remuez et ajoutez la ciboulette ainsi que les légumes cuits.

118 Roulés de jambon

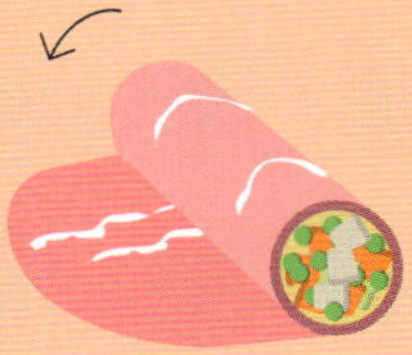

La salade de légumes peut servir de farce. Farcissez 4 tranches de jambon blanc, roulez et servez sur un lit de salade verte.

119 Salade de pâtes

- 300 g de pâtes cuites
- 3 tomates, coupées en dés
- 1 petit concombre, coupé en rondelles
- 1 oignon, émincé
- 1 poivron jaune, coupé en dés
- 5 c. à s. de vinaigrette

145 Cuire les pâtes

102 Vinaigrette

Mettez tous les ingrédients dans un saladier et mélangez.

Versez la vinaigrette et remuez.

120 Taboulé

- 2 c. à s. de jus de citron
- 1 pincée de sucre
- 4 c. à s. d'huile d'olive
- couscous
- 3 tomates, coupées en dés
- 1 petit concombre, coupé en rondelles
- 1 oignon, émincé
- 2 ciboules, émincées
- 3 c. à s. de persil, ciselé
- 1 c. à s. de menthe, ciselée

199 Couscous

Mélangez le citron, le sucre et l'huile.

Ajoutez les autres ingrédients et remuez avec le couscous.

Couvrez et laissez reposer.

121 Œufs en salade

4 œufs durs, coupés en deux, puis en quartiers

3 cornichons, coupés en dés

2 c. à s. de mayonnaise

1 c. à s. de ciboulette, émincée

138 Cuire les œufs

080 Mayonnaise

Mélangez tous les ingrédients.
Laissez reposer 1 heure.

122 Œufs en salade aux légumes

150 g de petits pois cuits

100 g de carottes cuites, coupées en dés

2 c. à s. de câpres

Mélangez soigneusement tous les ingrédients.

123 Coleslaw

350 g de chou vert, râpé

2 carottes, râpées

sauce au lait ribot

103 Sauce au lait ribot

Mélangez le chou et les carottes râpés.

Ajoutez la sauce en remuant bien.
Couvrez et laissez reposer 2 heures.

124 Salade César

- 200 g de laitue romaine, déchirée en petits morceaux
- 4 c. à s. de croûtons
- 6 c. à s. de sauce César
- 2 c. à s. de parmesan râpé

108 Sauce César

✱ On peut surmonter de tranches de poulet grillé.

1. Mélangez la salade et les croûtons.
2. Versez la sauce.
3. Saupoudrez de parmesan.

125 Salade Waldorf

- 200 g de céleri-rave coupé en bâtonnets
- 2 pommes, pelées, coupées en bâtonnets
- 3 c. à s. de noix, concassées
- 3 c. à s. de mayonnaise
- 2 c. à s. de jus de citron
- 2 c. à s. de crème fraîche
- sel
- poivre
- 2 c. à s. de cerneaux de noix

080 Mayonnaise

1. Mélangez les pommes, le céleri et les noix.
2. Faites la sauce en remuant dans un bol la mayonnaise, le jus de citron et la crème fraîche. Salez et poivrez.
3. Versez cette préparation sur la salade et mélangez bien. Couvrez et réservez au frais.
4. Décorez de cerneaux de noix.

126 Crème au beurre

250 g de beurre doux

150 g de sucre

2 jaunes d'œufs

Placez le beurre et les œufs à température ambiante pendant 2 heures. Battez le beurre avec le sucre jusqu'à l'obtention une consistance crémeuse.

Incorporez les jaunes d'œufs un par un jusqu'à l'obtention d'une crème homogène.

127 Crème au beurre au chocolat

Ajoutez 150 g de chocolat fondu. Cette crème peut servir de fourrage ou de glaçage pour un gâteau, un roulé par exemple.

375 Gâteau roulé

128 Mousse au chocolat

200 g de chocolat noir (au moins 60 % de cacao), en carrés

4 œufs, séparés

1 pincée de sel

3 c. à s. de beurre doux

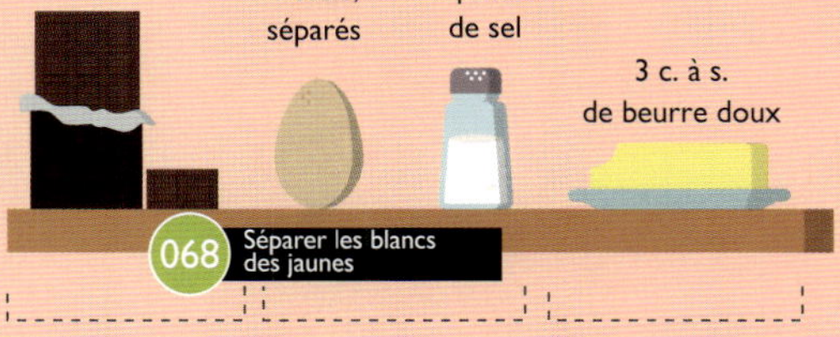

068 Séparer les blancs des jaunes

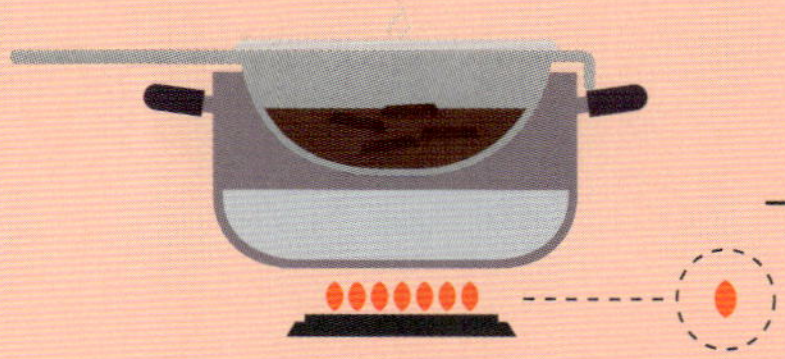

Faites fondre le chocolat au bain-marie. Laissez refroidir.

Battez les blancs en neige ferme avec une pincée de sel.

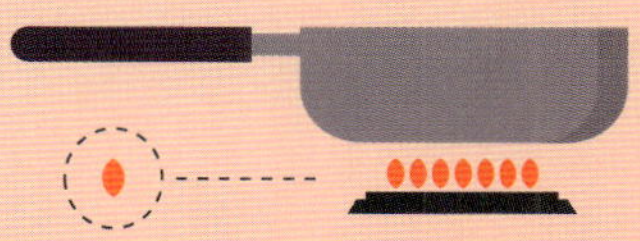

Faites fondre le beurre. Laissez refroidir.

Fouettez les jaunes avec le beurre jusqu'à l'obtention d'une texture crémeuse. Ajoutez délicatement le chocolat fondu.

Incorporez soigneusement les blancs en neige. Couvrez et réservez au frais au moins 3 heures.

* La mousse sera meilleure si elle est préparée la veille.

129 Tiramisu

3 œufs, blancs et jaunes séparés

3 c. à s. de sucre

250 g de mascarpone

1 c. à s. de zeste de citron, râpé

200 g de boudoirs

4 c. à s. d'expresso fort

2 c. à s. de cacao en poudre

Battez les blancs avec la moitié du sucre en neige ferme. Battez le reste du sucre avec les jaunes jusqu'à l'obtention d'une crème.

Ajoutez le mascarpone et le zeste aux jaunes en remuant bien.

Incorporez soigneusement les blancs en neige.

Trempez les boudoirs dans le café.

Recouvrez le fond d'un plat rectangulaire de boudoirs imbibés. Étalez par-dessus une couche régulière de mélange au mascarpone. Répétez l'opération. Mettez au frais pendant au moins 4 heures.

Saupoudrez de cacao avant de servir.

130 Réaliser un glaçage

100 g de sucre glace

2 c. à s. de jus de citron

1 blanc d'œuf

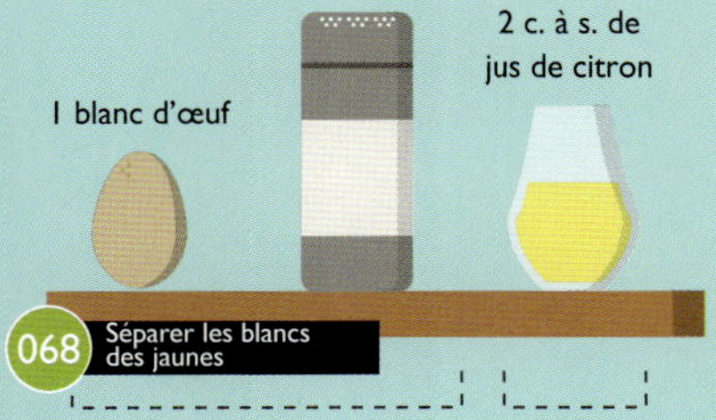

Mélangez délicatement avec une cuillère en bois le blanc d'œuf et le sucre glace. Ne battez pas.

Ajoutez le jus de citron et remuez. Versez ce glaçage sur un gâteau et laissez prendre pendant 1 heure.

131 Glaçage au chocolat

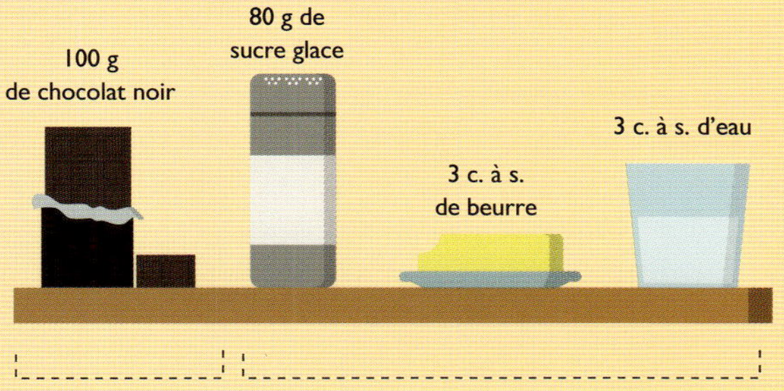

Faites fondre le chocolat au bain-marie.

Ajoutez le sucre et le beurre, remuez bien jusqu'à l'obtention d'un mélange homogène. Ajoutez de l'eau si nécessaire. Versez sur le gâteau le glaçage encore chaud.

132 Glaçage parfaitement lisse

Coupez le dessus d'un gâteau refroidi jusqu'à l'obtention d'une surface bien plane.

Placez le gâteau sur du carton, sur un plateau tournant.

Étalez une fine couche de glaçage. Laissez durcir au réfrigérateur.

Recommencez en étalant généreusement une deuxième couche.

Lissez des bords vers le centre. Recouvrez bien les côtés.

Passez le couteau sous l'eau chaude.

Effleurez avec la lame en faisant tourner le gâteau.

133 Feuilles en chocolat

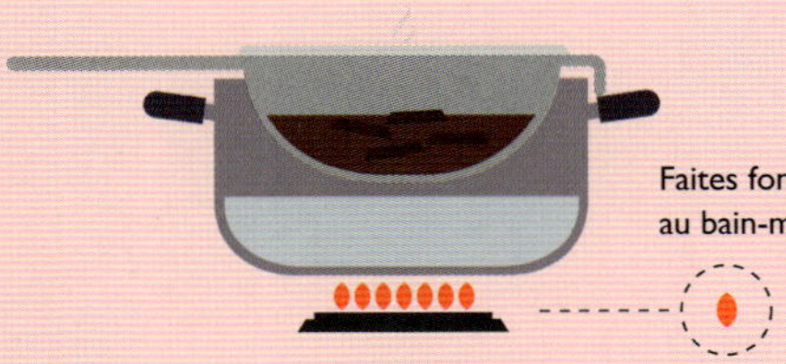

Faites fondre le chocolat au bain-marie.

Étalez le chocolat à l'aide d'un pinceau sur des feuilles de menthe, puis laissez refroidir.

Décollez la feuille de menthe pour obtenir une feuille de chocolat.

134 Quadrillage au chocolat

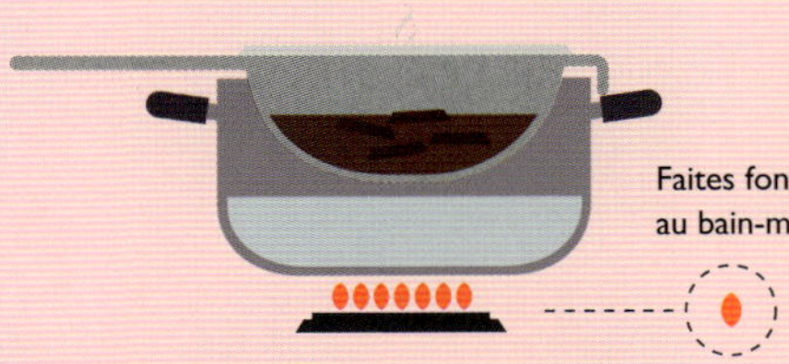

Faites fondre le chocolat au bain-marie.

Remplissez une douille de chocolat fondu et tracez un motif quadrillé sur du papier sulfurisé.

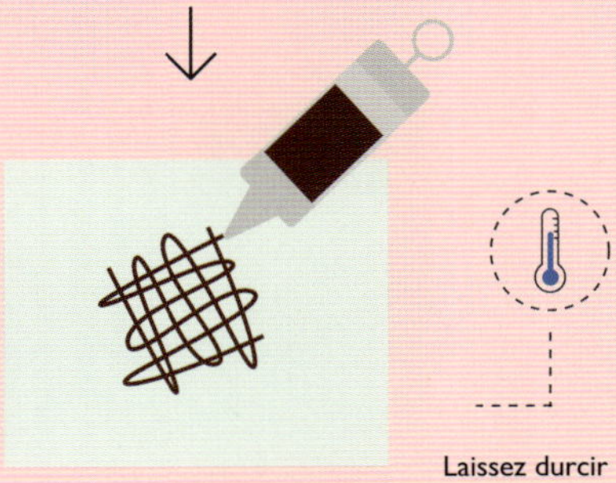

Laissez durcir au congélateur.

Décollez le papier et utilisez le quadrillage au chocolat comme décoration.

135 Motifs au pochoir avec du sucre glace

Placez le pochoir sur le gâteau refroidi.

Saupoudrez de sucre glace.

136 Salade de fruits

- le jus de 1 citron
- le jus de 1 orange
- 1 c. à s. de sucre
- 2 bananes, pelées et coupées en fines rondelles
- 2 pommes, pelées et coupées en dés
- 1 poire, pelée et coupée en dés
- 2 c. à s. de framboises
- 100 g de raisin noir
- 100 g de melon, pelé, épépiné et coupé en dés
- 4 feuilles de menthe, déchirées en morceaux

Mélangez dans un bol le jus de citron, le jus d'orange et le sucre.

→ Ajoutez les fruits en remuant bien.

→ Décorez avec la menthe.

137 Bâtonnets glacés aux fruits

- 500 g de fruits variés
- 2 c. à s. de beurre de cacahuète
- 20 cl de lait

Mixez tous les ingrédients.

→ Congelez.

Cuire

138 Cuire les œufs

Salez l'eau bouillante pour empêcher la coquille de se fendre.

139 Œufs pochés

* Choisissez des œufs bien frais pour cette recette.

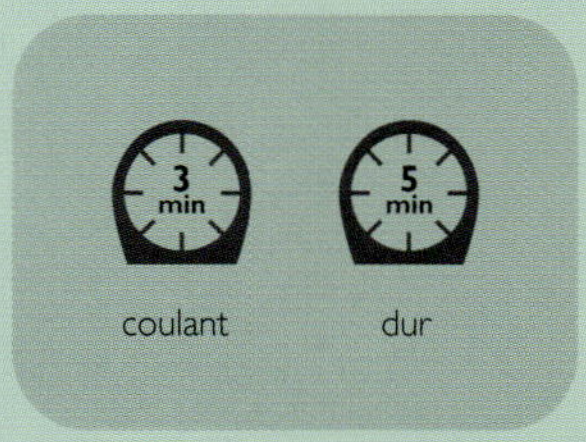

Cassez l'œuf dans un bol.

Versez environ 1 l d'eau dans une casserole et ajoutez le vinaigre. Celui-ci permet au blanc d'œuf de se solidifier plus rapidement.

Faites délicatement glisser l'œuf dans l'eau frémissante.

Pour enlever le goût légèrement vinaigré, vous pouvez rincer les œufs avant de servir.

140 Œufs Bénédicte

141 Tagliatelle de courgettes

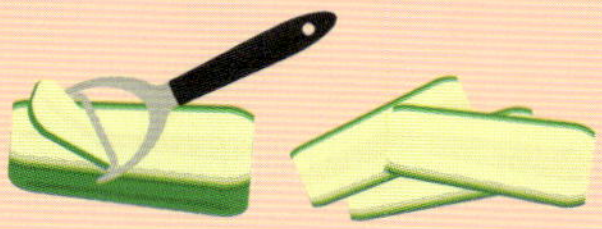

Blanchissez les lanières de courgettes dans l'eau bouillante.

Faites-les tremper dans l'eau glacée. Égouttez et essuyez pour les sécher.

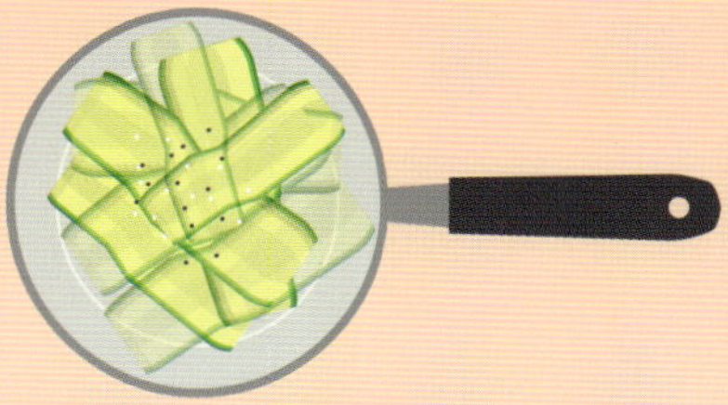

Faites fondre le beurre dans une poêle. Ajoutez les courgettes et portez à feu vif. Salez et poivrez.

142 Tagliatelle de carottes

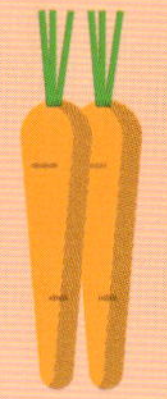

6 carottes, coupées en fines lanières dans la longueur

Faites bouillir les carottes *al dente*, puis procédez comme pour les lanières de courgettes (à droite).

143 Polenta

Portez l'eau à ébullition, puis ajoutez progressivement la polenta. Laissez cuire à feu doux sans cesser de remuer.

Quand la polenta devient crémeuse, ajoutez le fromage et l'huile ou le beurre. Salez et poivrez.

144 Découper la polenta

Étalez la polenta tiède sur une plaque sur une épaisseur d'environ 1 cm et laissez complètement refroidir.

Coupez la polenta en parts.

Servez la polenta découpée nappée de sauce tomate.

145 Cuire les pâtes

- 2,5 l d'eau
- 1 c. à s. de sel
- 250 g de spaghetti

*

- Pour une entrée, comptez 60 à 80 g de pâtes sèches par personne.
- Pour un plat principal, comptez 120 à 160 g de pâtes sèches par personne.
- Quantité d'eau : 1 l d'eau pour 100 g de pâtes.

Portez l'eau à ébullition et salez.

Ajoutez les pâtes et remuez. Faites cuire *al dente*.

Égouttez.

146 Sauce tomate

- 5 c. à s. de beurre ou 3 c. à s. d'huile d'olive
- 1 oignon, émincé
- 2 carottes, émincées
- 1 branche de céleri, émincée
- 1 boîte de tomates pelées (875 g)
- 10 feuilles de basilic, en petits morceaux
- sel
- poivre

* Variante : ajoutez du thym ou de la marjolaine.

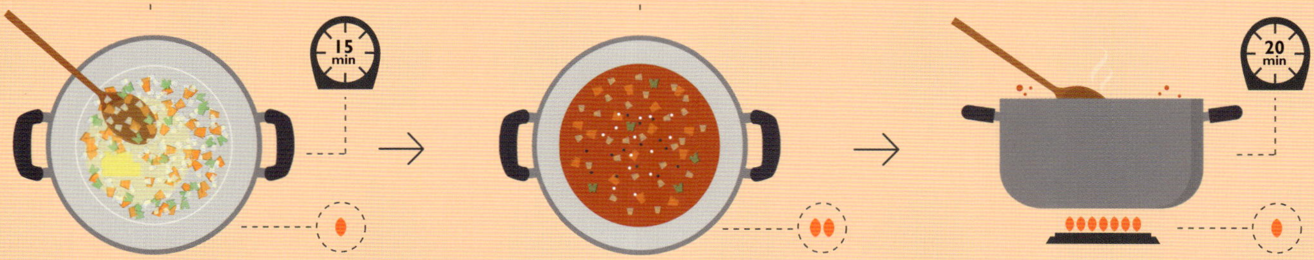

Faites sauter les légumes dans le beurre en remuant de temps en temps.

Ajoutez les tomates et le basilic, salez et poivrez. Faites chauffer jusqu'à ce que la sauce fasse des bulles.

Baissez le feu et laissez cuire en remuant de temps en temps.

147 Sauce bolognaise

2 c. à s. de beurre

1 oignon, émincé

2 carottes, émincées

1 branche de céleri, émincée

60 g de lardons

500 g de viande hachée (mélange de bœuf et de porc)

1 c. à s. de concentré de tomate

12,5 cl de vin rouge

1 boîte de tomates pelées (440 g)

50 cl de bouillon de bœuf

1 feuille de laurier

sel

poivre

25 cl de lait

153 Bouillon de bœuf

Faites sauter les légumes et les lardons dans le beurre.

Ajoutez la viande et faites-la saisir pour qu'elle brunisse légèrement. Mélangez le concentré de tomate. Déglacez au vin rouge.

Ajoutez le bouillon, les tomates et le laurier, puis salez et poivrez. Laissez mijoter en remuant

Au dernier moment, ajoutez le lait et portez brièvement à ébullition. Ôtez le laurier.

148 Sauce arrabbiata

4 c. à s. d'huile d'olive

6 gousses d'ail, émincées

1 piment, émincé

1 boîte de tomates pelées (440 g)

sel

poivre

Faites chauffer l'huile d'olive dans une casserole et faites sauter le piment avec l'ail.

Ajoutez les tomates, salez et poivrez. Laissez mijoter à feu doux.

149 Sauce au citron pour les pâtes

- 1 bouquet de persil, grossièrement coupé
- le zeste râpé et le jus de 2 citrons
- 80 g d'olives noires, dénoyautées, émincées
- 100 g de parmesan râpé
- 8 c. à s. d'huile d'olive
- sel
- poivre
- spaghetti

145 Cuire les pâtes

1. Mélangez le persil et le zeste dans un bol.
2. Ajoutez le jus de citron, les olives, le parmesan. Salez et poivrez. Remuez.
3. Ajoutez environ 5 cl d'eau chaude.
4. Versez la sauce sur les pâtes et remuez.

150 Sauce au fromage

- 8 c. à s. de beurre
- 3 c. à s. de farine
- 75 cl de lait
- 400 g de fromage à pâte dure râpé
- 2 c. à s. de moutarde
- sel
- poivre

1. Faites fondre le beurre, ajoutez la farine en fouettant sans cesse jusqu'à l'obtention d'une pâte dorée. Versez progressivement le lait froid sans arrêter de fouetter. Faites mijoter environ 10 minutes en remuant fréquemment jusqu'à l'obtention d'un mélange épais et crémeux.
2. Ajoutez fromage et moutarde, salez et poivrez. Laissez sur le feu en remuant fréquemment jusqu'à ce que le fromage ait fondu.

151 Spaghetti à la carbonara

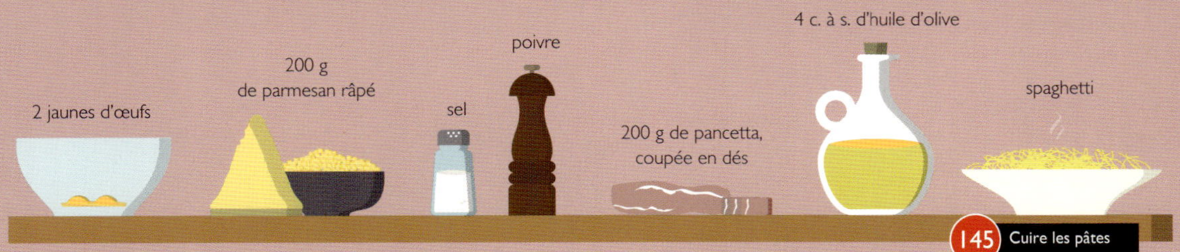

145 Cuire les pâtes

✱ Ne rincez pas les spaghetti à l'eau froide : cela empêcherait la sauce de bien les enrober.

Fouettez les jaunes avec le parmesan, puis salez et poivrez.

Saisissez la pancetta dans une poêle. Réservez.

Hors du feu, mélangez les pâtes avec l'huile d'olive, la pancetta et la préparation à l'œuf. Si nécessaire, ajoutez un peu d'eau de cuisson.

152 Quelle sauce pour quelles pâtes

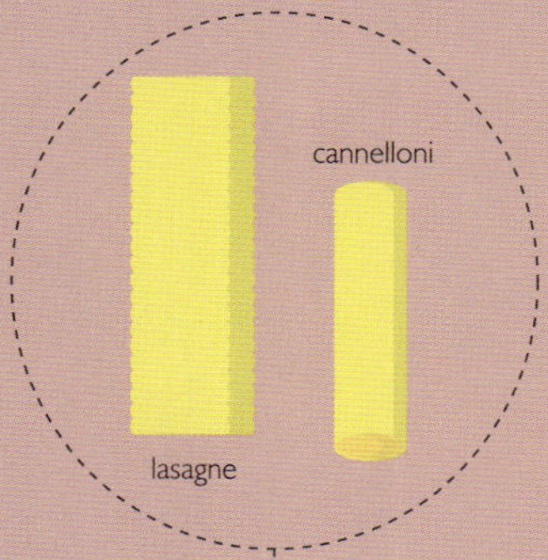

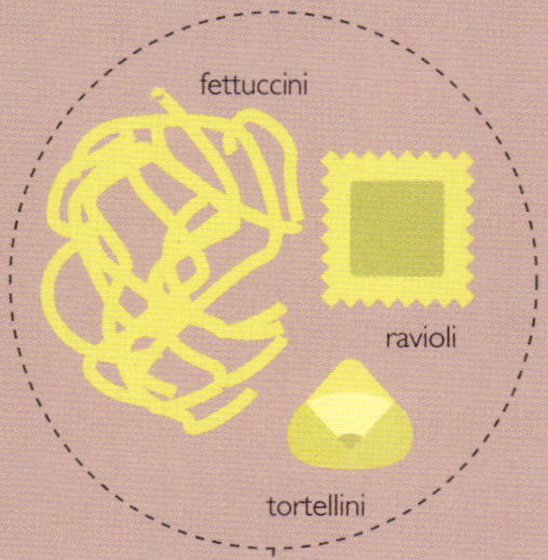

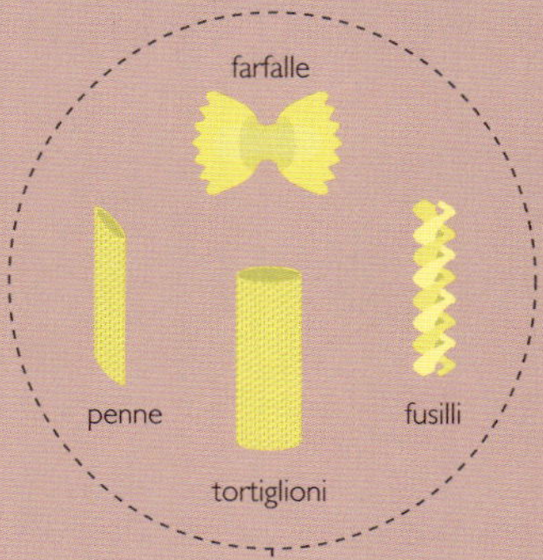

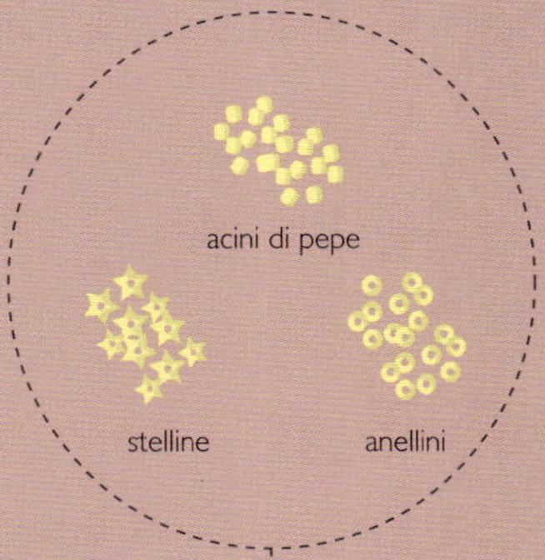

Les grosses pâtes sont excellentes en gratins à la sauce tomate.

Les sauces à la crème fraîche se marient bien avec les petites pâtes fourrées ou avec les pâtes fines.

Leur forme permet à ces pâtes de se gorger de toute la saveur des sauces tomate.

Les pâtes miniatures épaississent les soupes ou des salades.

153 Bouillon de bœuf

- 1 oignon avec la peau, coupé en deux
- 4 c. à s. d'huile d'olive
- 2 kg de bœuf (par ex., poitrine)
- 500 g d'os à moelle
- environ 1,5 kg de légumes (2 carottes, 1 branche de céleri, 1 poireau, 1 céleri-rave, 1 carotte jaune), coupés en gros morceaux
- 3 l d'eau
- 1 brin de persil, 1 feuille de laurier
- 10 grains de poivre
- sel

Dans une casserole, sans huile, faites brunir les moitiés d'oignon face tranchée contre le fond.

Dans un grand faitout, faites chauffer l'huile et saisissez le bœuf. Ajoutez les os à moelle et les légumes.

Couvrez d'eau froide, ajoutez les oignons brunis, le persil, le laurier et le poivre. Portez à ébullition. À l'aide d'une écumoire, ôtez la mousse qui pourrait se former à la surface.

Couvrez et laissez mijoter.

Enlevez la viande et les os. Réservez les légumes.

Filtrez le bouillon et salez.

* Pour un bouillon encore plus goûteux, laissez réduire 1 ou 2 heures de plus. Le bouillon peut se congeler dans un bac à glaçons.

154 Bouillon de veau

Même recette avec 1,5 kg de veau et des os de veau. Ne salez pas. Ce bouillon s'utilise pour parfumer un rôti.

155 Pâtes au bouillon de bœuf

Faites cuire les pâtes dans le bouillon et servez avec des tranches de bœuf.

156 *Zuppa pavese*

Mettez un jaune d'œuf dans un bol à soupe, puis versez le bouillon chaud dessus.

157 Bouillon de légumes

1 oignon avec la peau, coupé en deux

3 c. à s. d'huile

2 kg de légumes (carottes, céleri-rave et en branches, persil tubéreux, oignon, poireau), coupés en gros

2 l d'eau

1 brin de persil
2 feuilles de laurier

1 c. à c. de grains de poivre

sel

Dans une casserole, sans huile, faites brunir les moitiés d'oignon face tranchée contre le fond.

Dans un grand faitout, faites chauffer l'huile, ajoutez les légumes et laissez cuire jusqu'à ce qu'ils soient tendres.

Couvrez d'eau froide, ajoutez l'oignon, le persil, le laurier et le poivre. Portez à ébullition. Couvrez et laissez mijoter 2 heures. Retirez les légumes.

Filtrez le bouillon et salez.

158 Soupe de poisson

3 c. à s. d'huile

1 oignon, émincé

1 bulbe de fenouil, coupé en tranches

50 cl de bouillon de volaille

25 cl de fumet de poisson

2 pommes de terre, pelées et coupées en dés

250 g de crème

1 c. à s. d'aneth, ciselé

1 c. à s. de jus de citron

sel

poivre

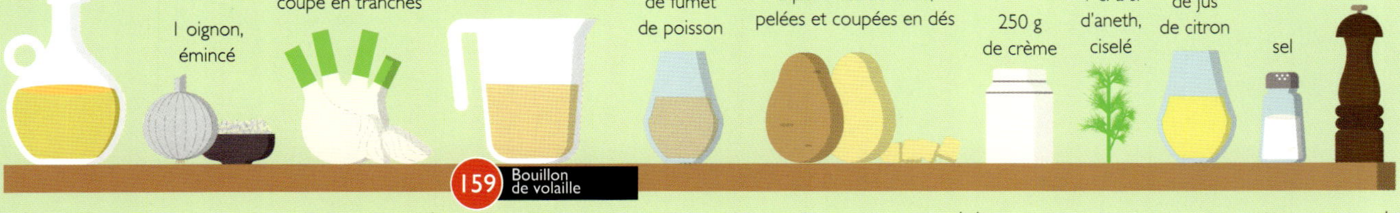

159 Bouillon de volaille

Dans un faitout, faites sauter dans l'huile l'oignon et le fenouil pour les attendrir.

Ajoutez le bouillon de volaille, le fumet de poisson et les pommes de terre. Laissez mijoter à feu doux.

Ajoutez la crème, l'aneth et le jus de citron, puis salez et poivrez. Laissez encore mijoter.

*

Parsemez la soupe de petits morceaux de truite fumée. Servez avec du pain blanc grillé.

159 Bouillon de volaille

- 1 poulet à bouillir, coupé en 6 morceaux
- 1 carotte, coupé en morceaux
- 1 céleri-rave, coupé en morceaux
- 1 persil tubéreux, coupé en morceaux
- 1 carotte jaune, coupée en morceaux
- 3 brins de persil
- 1 feuille de laurier
- environ 2 l d'eau
- sel

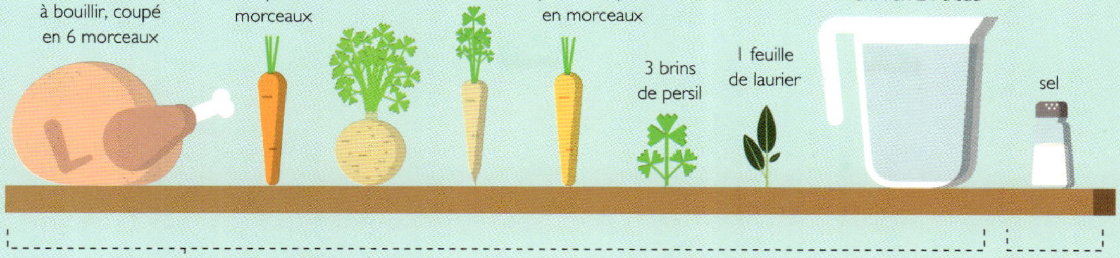

Dans un grand faitout, mélangez tous les ingrédients. Couvrez d'eau froide. Portez à ébullition et enlevez l'écume.

Faites mijoter à feu doux. Ôtez la viande et retirez les légumes.

Filtrez le bouillon et salez.

160 Pâtes au bouillon de volaille et aux épinards

- 60 cl de bouillon de volaille
- 1 carotte, coupée en rondelles
- 1 poireau, coupé en rondelles fines
- 250 g de fettuccine
- 2 blancs de poulet cuits, sans peau, coupés en dés
- 60 g de pousses d'épinard

Faites bouillir les carottes, le poireau et les fettuccines dans le bouillon de volaille jusqu'à ce qu'ils soient tendres.

Ajoutez le poulet et les épinards.

161 Soupe au parmesan

- 60 cl de bouillon de volaille
- 1 morceau de parmesan
- le jus de 1 citron
- 250 g de tortellini

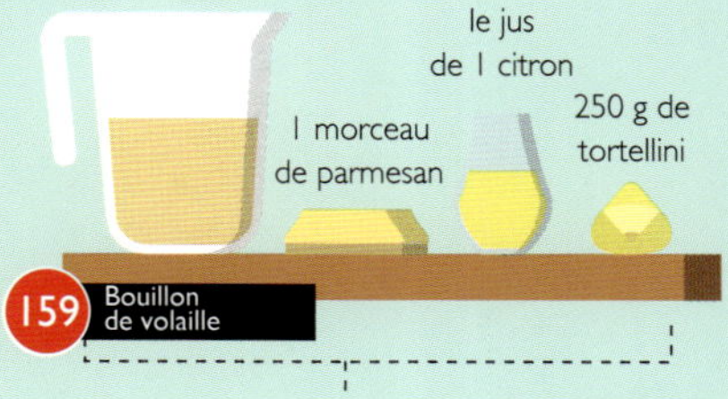

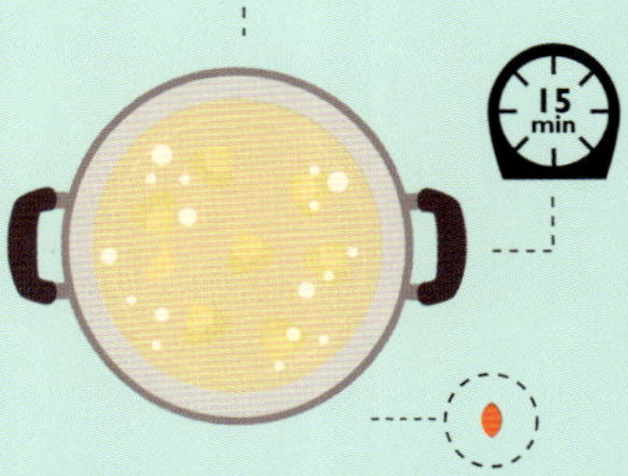

Faites mijoter le bouillon 15 minutes avec le parmesan et le jus de citron. Faites cuire les tortellinis *al dente* dans cette soupe. Ôtez le morceau de parmesan et saupoudrez de parmesan râpé.

162 Velouté de potiron

Dans une cocotte, faites revenir dans l'huile l'ail, l'oignon et le potiron.

Ajoutez le bouillon et laissez mijoter jusqu'à ce que le potiron soit tendre.

Mixez, salez et poivrez.

Dans une poêle, faites griller les graines de courge avec du sel. Vous pouvez en agrémenter la soupe.

163 Soupe poireaux-pommes de terre

Dans une cocotte, faites sauter les poireaux et les pommes de terre dans l'huile.

Ajoutez le bouillon et laissez mijoter jusqu'à ce que les légumes soient tendres. Ajoutez la crème.

Mixez, salez et poivrez.

164 Velouté de brocolis

Remplacez les poireaux par 750 g de brocolis. Faites cuire comme la soupe poireaux-pommes de terre.

* Décorez d'aneth ou de ciboulette ciselés. Mieux encore, de lardons ou de saumon fumé.

165 Soupe de carottes au gingembre

Dans un faitout, faites sauter l'oignon, les carottes, l'ail et le gingembre.

Ajoutez le bouillon et laissez mijoter jusqu'à ce que les carottes soient tendres. Ajoutez la crème.

Mixez, salez et poivrez.

166 Soupe de lentilles rouges au piment

Dans un faitout, faites sauter l'oignon, le piment, les lentilles, les carottes et les tomates.

Ajoutez le jus de citron et le bouillon. Laissez mijoter jusqu'à ce que les lentilles soient très tendres.

Mixez, salez et poivrez.

167 Soupe de tomates au poisson fumé

- 2 c. à s. d'huile
- 1 oignon, coupé en dés
- 2 gousses d'ail, émincées
- 3 boîtes de tomates pelées (440 g de chacune)
- 100 g de crème
- sel
- poivre
- 1 filet de truite fumée

Dans un faitout, faites sauter dans l'huile l'oignon et l'ail.

Ajoutez les tomates et laissez mijoter à feu doux. Ajoutez ensuite la crème.

Mixez, salez et poivrez.

Coupez la truite fumée en petits morceaux et parsemez-en la soupe.

168 Soupe de légumes au pesto

- 2 c. à s. d'huile
- 2 poireaux, coupés en fines rondelles
- 4 carottes, coupées en rondelles
- 2 courgettes, coupées en rondelles
- 2 grosses tomates, coupées en dés
- 2 pommes de terre, pelées, coupées en dés
- 1 l de bouillon de légumes
- 2 c. à s. de jus de citron
- sel
- poivre
- pesto

157 Bouillon de légumes
087 Pesto

Dans un faitout, faites sauter dans l'huile les légumes pendant 2 ou 3 minutes.

Ajoutez le bouillon et laissez mijoter jusqu'à ce que les légumes soient tendres. Ajoutez le jus de citron.

Mixez, salez et poivrez.

Agrémentez de pesto.

169 Soupe à l'oignon

Faites revenir dans l'huile les oignons à feu vif.

Ajoutez le vinaigre et mettez à feu moyen.

Ajoutez le vin et l'ail. Laissez réduire à feu vif. Ajoutez le bouillon, salez, poivrez et portez à ébullition.

Baissez le feu et laissez mijoter.

Mixez la moitié.

Incorporez au reste de la soupe.

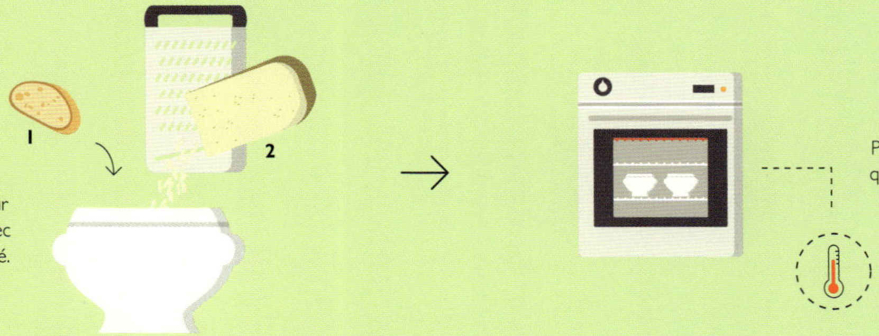

Versez dans 4 bols à soupe passant au four, puis placez sur chacun une tranche de pain sec et saupoudrez de gruyère râpé.

Passez au four jusqu'à ce que le fromage ait fondu.

170 Ribollita

- 4 c. à s. d'huile d'olive
- 2 carottes, émincées
- 2 gros oignons, émincés
- 2 pommes de terre, pelées, coupées en dés
- 2 courgettes, coupées en rondelles
- 3 brins de thym, émiettés
- 1 l d'eau
- 200 g de tomates pelées en boîte
- ½ chou, émincé
- 400 g de haricots blancs en boîte, égouttés
- 4 tranches de pain de campagne, déchirées en petits morceaux
- 150 g de pousses d'épinard
- sel
- poivre

Dans une cocotte, faites sauter dans l'huile les légumes avec le thym jusqu'à ce qu'ils soient tendres.

Incorporez en mélangeant les tomates, le chou et l'eau. Laissez mijoter à feu doux.

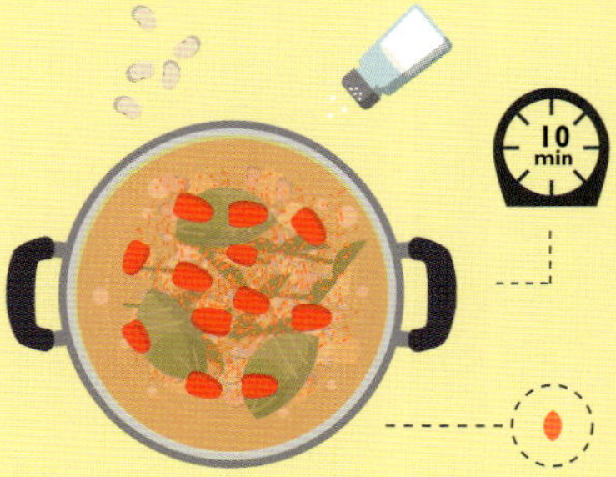

Ajoutez les haricots et laissez cuire à feu doux. Salez et poivrez.

Couvrez et placez au frais toute une nuit.

Ajoutez le pain et les épinards, laissez mijoter à feu doux. Mélangez pour casser le pain.

* Arrosez généreusement d'huile d'olive avant de servir.

171 Soupe miso

75 cl d'eau

environ 8 cm d'algues kombu

1 c. à s. de katsuobushi

2 c. à s. de pâte miso blanche

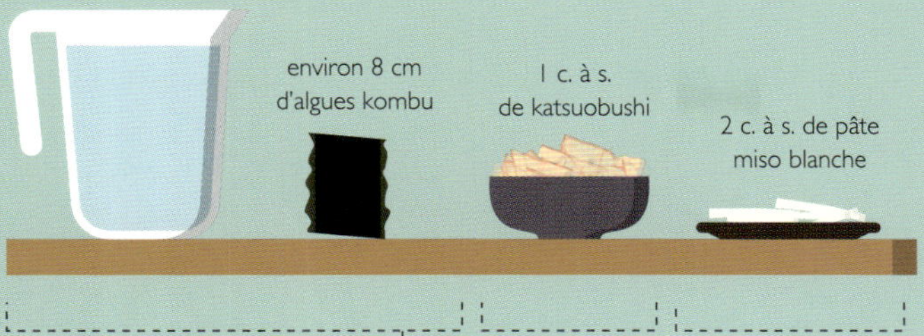

✱ Pour une soupe végétarienne, utilisez 3 ou 4 champignons shiitake à la place du katsuobushi.

Dans une grande casserole, portez l'eau à ébullition et ajoutez les algues, puis laissez cuire jusqu'à ce qu'elles soient tendres.

Éteignez le feu et enlevez les algues.

Mélangez le katsuobushi dans la préparation et laissez mijoter.

Mélangez la pâte miso avec 6 c. à s. du liquide chaud jusqu'à l'obtention d'une pâte lisse.

Incorporez la préparation de miso dans la soupe et chauffez. Ne faites pas bouillir !

172 Soupe miso au tofu

100 g de pousses d'épinard

100 g de tofu, coupé en dés

Faites chauffer les épinards et les dés de tofu dans la soupe.

173 Soupe miso au flétan

2 ciboules, émincées

4 filets de flétan, d'environ 150 g

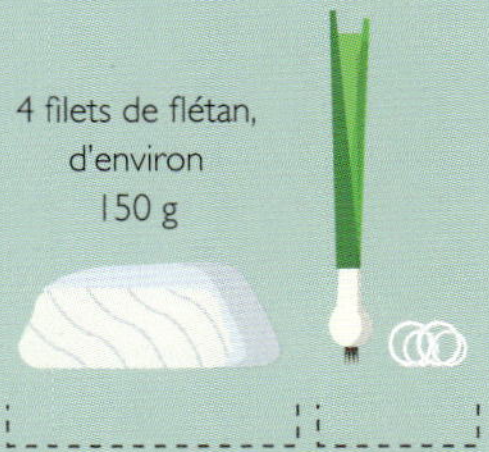

Faites chauffer 2 c. à s. d'huile dans une poêle. Faites revenir les filets de flétan environ 5 minutes de chaque côté. Ajoutez la soupe et parsemez de ciboule.

174 Soupe miso aux vermicelles

200 g de de vermicelles de riz

100 g de de pousses d'épinard

200 g de blancs de poulet cuits, coupés en dés

Faites chauffer les vermicelles, le poulet et les épinards dans la soupe.

175 Pot-au-feu

1 kg de bœuf (queue de bœuf, bœuf à bouillir)
500 g d'os à moelle
3 grosses carottes, coupées en rondelles
1 branche de céleri, coupée en petits morceaux
4 poireaux, coupés en rondelles fines
2 oignons
2 gousses d'ail
1 bouquet garni
15 grains de poivre
3 l d'eau
10 petites pommes de terre, pelées, coupées en dés

048 Composer un bouquet garni

Disposez dans une grande cocotte 1 carotte, 2 poireaux, les oignons, la viande, les os, le bouquet garni et le poivre.

Ajoutez l'eau froide, portez à ébullition et enlevez l'écume.

Faites mijoter à feu doux. Sortez la viande et les os. Coupez la viande en morceaux. Réservez les légumes.

Filtrez le bouillon.

Ajoutez-y 2 carottes, 2 poireaux et les pommes de terre et laissez cuire jusqu'à ce qu'ils soient tendres.

Remettez la viande et les os à moelle dans la cocotte et faites chauffer.

* Servez avec du raifort, de la moutarde et des cornichons.

176 Bollito misto

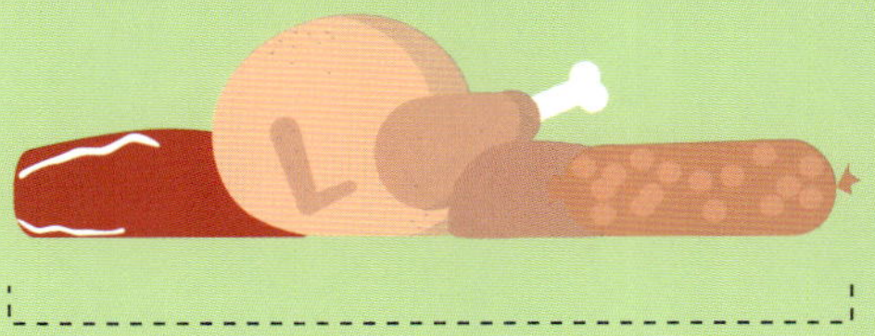

Pour le *bollito misto* (« mélange de viandes bouillies »), prenez 1 poulet, 500 g de bœuf, 1 langue de bœuf et 1 *musetto* (saucisse italienne).

177 Cuire le riz

Mettez le riz dans l'huile chaude et remuez jusqu'à ce qu'il soit translucide.

Ajoutez l'eau et le sel, mélangez et laissez mijoter à feu doux jusqu'à absorption complète du liquide.

Laissez reposer, puis aérez le riz avec une fourchette.

178 Riz pilaf au safran

Faites cuire le riz comme ci-dessus dans le bouillon de volaille avec les épices.

179 Riz aux petits pois et au poulet

Faites cuire le riz comme ci-dessus.
Ajoutez 100 g de petits pois cuits et 150 g de dés de blancs de poulet cuits.

180 Riz pour sushis

Lavez le riz jusqu'à ce que l'eau soit claire. Laissez tremper dans un bol d'eau.

Portez le riz, l'eau et le kombu à ébullition, puis faites mijoter à feu doux.

Dans une petite casserole, portez le vinaigre, le sucre et le sel à ébullition.

Laissez refroidir le riz. Versez la préparation vinaigrée sur le riz et remuez bien.

181 Risotto

3 c. à s. de beurre
1 oignon, émincé
350 g de riz pour risotto (Arborio, Canaroli)
12,5 cl de de vin blanc
environ 1 l de bouillon de légumes (ou de volaille)
sel
poivre
3 c. à s. de parmesan râpé

157 Bouillon de légumes
159 Bouillon de volaille

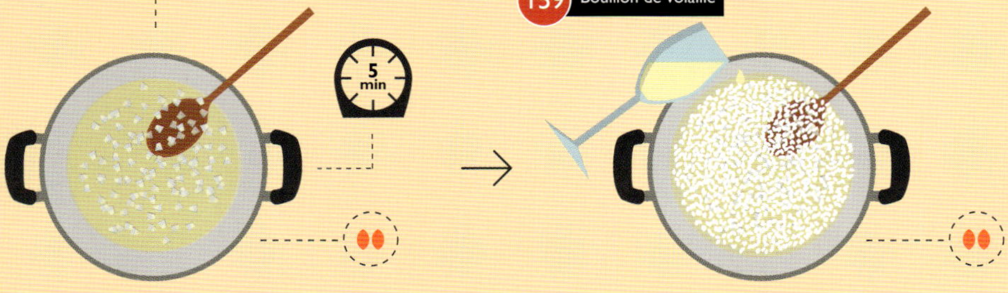

Faites chauffer la moitié du beurre, faites-y cuire les oignons jusqu'à ce qu'ils soient tendres.

Ajoutez le riz en remuant sans cesse jusqu'à ce qu'il soit translucide. Versez le vin et remuez jusqu'à absorption complète.

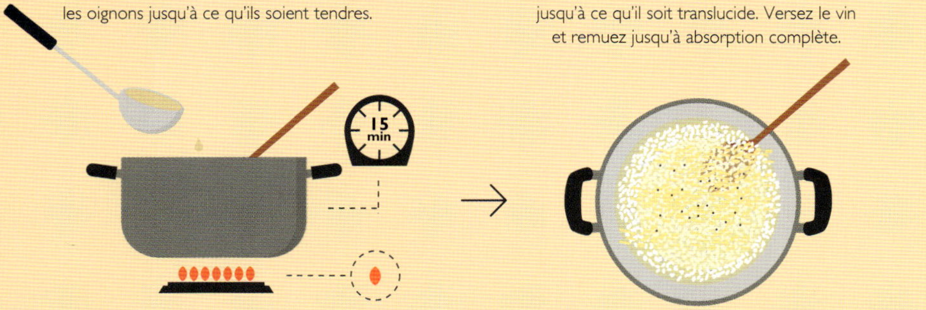

Mouillez progressivement de bouillon, puis laissez mijoter en attendant que presque tout le liquide soit bu avant d'en ajouter. Le riz doit être encore tendre mais un peu croquant.

Ajoutez le parmesan et le reste du beurre. Salez et poivrez. Le risotto doit être crémeux. Si nécessaire, rajoutez du bouillon.

182 Risotto alla milanese

12,5 cl de vin blanc
20 fils de safran

Faites cuire le safran dans le vin, puis ajoutez au risotto.

183 Risotto au champagne

12,5 cl de champagne

Utilisez du champagne à la place du vin. Ajoutez-en une toute petite quantité juste avant de servir.

184 Risotto au vin rouge

20 cl de vin rouge
200 g de saucisse italienne frite, coupée en rondelles

Utilisez du vin rouge à la place du blanc. Ajoutez la saucisse juste avant de servir.

185 Risotto aux asperges

200 g d'asperges
12,5 cl de vin blanc

Pelez les asperges et faites bouillir les épluchures dans le vin. Retirez-ces dernières, puis ajoutez le liquide au risotto.

Coupez les asperges en petits morceaux, ajoutez-les au risotto 10 minutes avant la fin de la cuisson.

186 Pommes de terre à l'eau

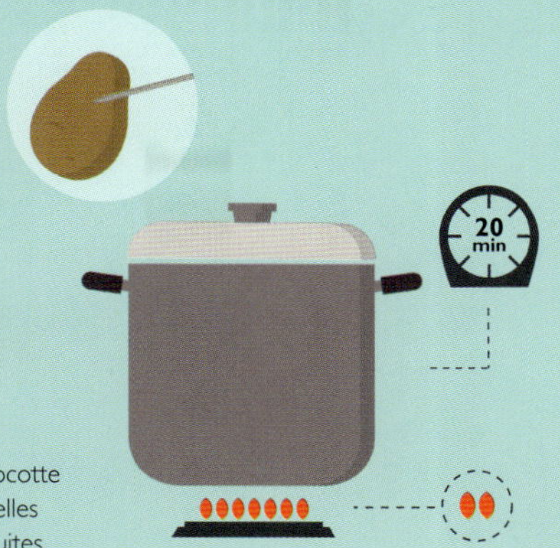

Lavez les pommes de terre, mettez dans une cocotte et couvrez d'eau. Faites bouillir jusqu'à ce qu'elles soient tendres. Piquez pour voir si elles sont cuites.

187 Pommes de terre beurre et sel

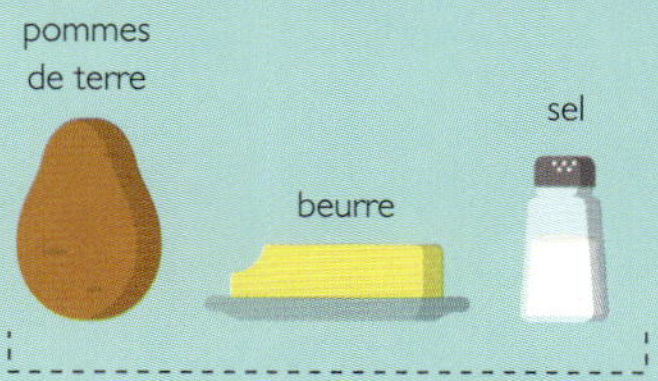

Servez les pommes de terre non épluchées, garnies de beurre et de sel.

188 Pommes de terre à l'eau et au sel

Pelez et coupez les pommes de terre en gros morceaux.

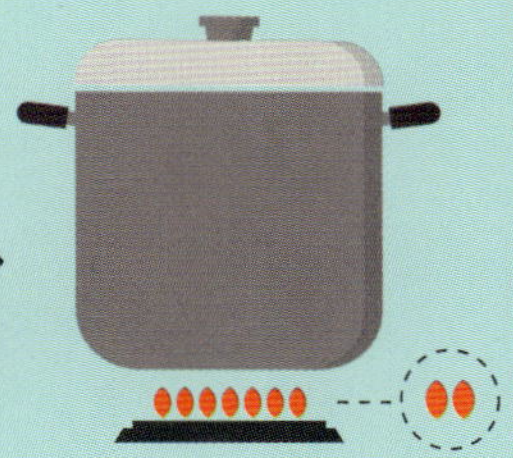

Faites bouillir l'eau avec 2 c. à s. de sel. Laissez cuire les pommes de terre jusqu'à ce qu'elles soient tendres.

189 Salade de pommes de terre

Faites bouillir les pommes de terre jusqu'à ce qu'elles soient tendres, laissez refroidir, pelez et tranchez.

Mélangez tous les ingrédients pour faire une sauce.

Versez la sauce sur les pommes de terre tièdes et laissez-les s'imprégner.

190 Salade pommes de terre-mayonnaise

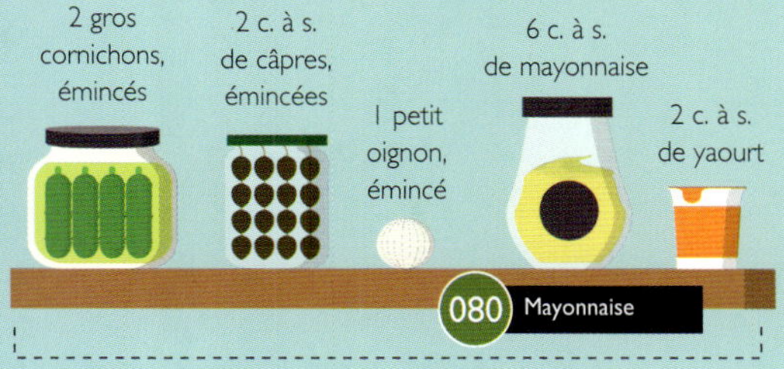

Faites bouillir les pommes de terre non épluchées jusqu'à ce qu'elles soient tendres. Laissez refroidir, pelez et tranchez.

Mélangez tous les ingrédients et ajoutez aux pommes de terre.

191 Purée de pommes de terre

- 750 g de pommes de terre farineuses
- 1 l d'eau
- 20 cl de lait
- 3 c. à s. de beurre
- sel
- 1 pincée de muscade

Faites bouillir les pommes de terre jusqu'à ce qu'elles soient tendres.

Laissez refroidir et pelez les pommes de terre.

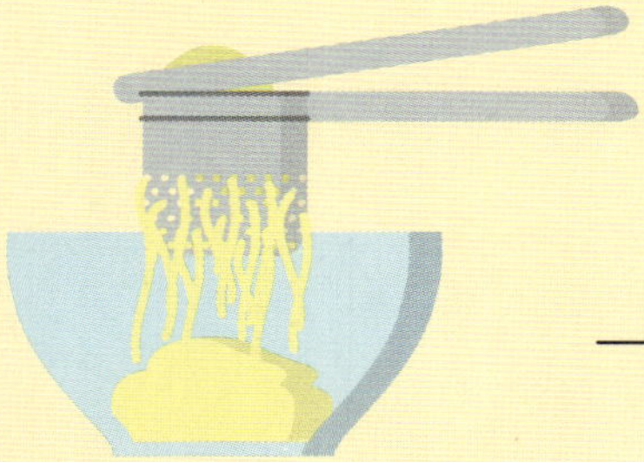

Écrasez les pommes de terre dans un saladier à l'aide d'un presse-purée.

Dans une petite casserole, portez à ébullition le lait, le sel, la muscade et le beurre.

Ajoutez progressivement ce mélange aux pommes de terre. La purée doit être lisse et crémeuse. Salez si nécessaire.

* N'utilisez pas de mixeur électrique car cela rend la purée collante.

192 Purée poireaux-pommes de terre

- 200 g de poireaux, coupés en fines rondelles
- 25 cl de lait
- 2 ciboules, émincées finement

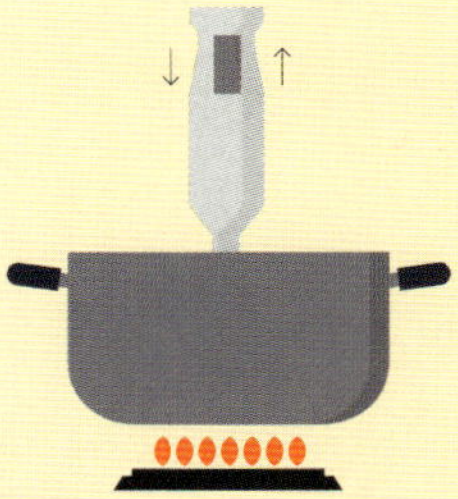

Faites cuire les poireaux dans le lait avec une pincée de muscade et de sel jusqu'à ce qu'ils soient tendres. Mixez. Mélangez à la purée de pommes de terre et homogénéisez. Agrémentez de ciboule.

193 Purée céleri-rave-pommes de terre

Faites cuire 250 g de pommes de terre épluchées avec 250 g de céleri-rave jusqu'à ce qu'ils soient tendres. Procédez comme pour la purée de pommes de terre.

194 Purée pommes de terre-olives

- 80 g d'olives, dénoyautées, émincées
- 2 c. à s. d'huile d'olive

Incorporez l'huile d'olive et les olives dans la purée avant de servir.

195 Sauce hollandaise

Faites fondre le beurre.

Fouettez les jaunes au bain-marie jusqu'à ce qu'ils épaississent. Ajoutez 1 c. à s. d'eau chaude et continuez à fouetter pour épaissir. Répétez trois fois.

Ajoutez le jus de citron. Continuez de fouetter en versant le beurre fondu. Pimentez.

Servez bien chaud.

196 Béarnaise

Dans une petite casserole, faites bouillir les échalotes, l'estragon, le poivre et le vinaigre jusqu'à réduction de moitié.

Fouettez les jaunes au bain-marie jusqu'à ce qu'ils épaississent. Tout en fouettant, ajoutez la préparation vinaigrée.

Ajoutez les deux tiers du beurre en petits dés et continuez à fouetter.

Retirez du feu et ajoutez le reste du beurre. La sauce doit être aérée mais consistante. Salez.

197 Béchamel

Faites fondre le beurre et incorporez la farine jusqu'à l'obtention d'un roux.

Sans cesser de fouetter, versez lentement le lait dans le roux.

Salez et poivrez, ajoutez la muscade.

198 Béchamel au fromage

Ajoutez le fromage à la béchamel, en fouettant jusqu'à ce qu'il ait fondu.

✱ Idéale pour les gratins.

199 Couscous

Dans un faitout, faites bouillir l'eau salée.

Versez délicatement la semoule et laissez cuire.

Retirez le faitout du feu et laissez reposer.

Aérez le couscous avec une fourchette avant de servir.

200 Couscous aux légumes

- 6 c. à s. d'huile d'olive
- 2 oignons, émincés
- 3 c. à s. de concentré de tomate
- 4 tomates, environ 250 g, coupées en dés
- 4 carottes, (200 g), coupées en dés
- 1 boîte de pois chiches (440 g), égouttés
- ½ c. à s. de cumin moulu
- ½ c. à s. de coriandre moulue
- 1 c. à s. de menthe, ciselée
- 2 piments, émincés
- 50 cl de bouillon de légumes

157 Bouillon de légumes

Dans une grande cocotte, faites sauter dans l'huile. les oignons et le concentré de tomate.

Ajoutez le bouillon et les autres ingrédients. Laissez mijoter.

Servez avec la semoule.

201 Couscous à l'agneau

- 4 c. à s. d'huile
- 1 petit oignon, émincé
- 500 g d'agneau, taillé en cubes
- 3 c. à s. de concentré de tomate
- 30 cl de bouillon de volaille
- 200 g de carottes, coupées en rondelles
- 1 poivron, coupé en dés

159 Bouillon de volaille

Dans une grande cocotte, faites sauter les oignons, puis saisir la viande sur toutes les faces. Ajoutez le concentré de tomate et laissez cuire 5 minutes.

Ajoutez le bouillon, les carottes et le poivron.

Servez avec la semoule.

202 Couscous aux brochettes de poulet

- 4 c. à s. d'huile
- 2 blancs de poulet, taillés en cubes
- sel
- poivre
- 3 c. à s. de jus de citron
- 1 pincée de sucre
- 4 c. à s. de crème

Enfilez les cubes de poulet sur 4 brochettes en les répartissant bien. Salez et poivrez.

Faites chauffer l'huile dans une poêle, puis faites cuire les brochettes sur toutes les faces.

Retirez les brochettes de la poêle. Ajoutez le jus de citron, le sucre, la crème et portez à ébullition.

10 min

Remettez les brochettes à cuire. Rectifiez la quantité de crème au besoin.

Servez avec la semoule.

203 Mijoté de lentilles au curry

- 2 c. à s. d'huile d'arachide
- 1 oignon, coupé en dés
- 2 gousses d'ail, émincées
- 2 c. à s. de curry powder
- 1 boîte de lentilles (440 g), égouttées
- 2 grosses pommes de terre, environ 200 g, pelées, coupées en dés
- 25 cl d'eau
- 100 g de pousses d'épinard, fraîches ou surgelées
- sel
- poivre

7 min

Dans une grande poêle, faites sauter dans l'huile l'oignon, l'ail et le curry.

10 min

Ajoutez les lentilles, les pommes de terre et l'eau. Faites cuire jusqu'à ce que les pommes de terre soient tendres.

Ajoutez les épinards, à faire revenir très rapidement.

* Servez avec du riz. Agrémentez chaque portion de 2 c. à s. de yaourt.

177 Cuire le riz

204 Curry thaï vert au poulet

3 c. à s. d'huile
2 ciboules, émincées
150 g de petits pois surgelés, décongelés
1 poivron vert, coupé en dés
5 champignons, coupés en lamelles
400 g de blancs de poulet, taillés en cubes
1 c. à s. de pâte de curry thaï vert
1 boîte de lait de coco (43 cl)

* On peut remplacer le poulet par de la dinde. Servez avec du riz.

177 Riz

Dans une grande casserole, faites sauter dans l'huile les ciboules, les petits pois, le poivron et les champignons.

Faites saisir la viande sur toutes les faces.

Mélangez la pâte de curry avec 3 c. à s. de lait de coco.

Ajoutez la préparation au curry dans la casserole avec le reste du lait de coco. Laissez mijoter à feu doux jusqu'à ce que la viande soit cuite.

205 Curry thaï rouge aux crevettes

1 c. à s. d'huile
2 c. à s. de pâte de curry thaï rouge
1 boîte de lait de coco (43 cl)
2 c. à s. de sauce d'huître
2 c. à s. de sauce soja
2 c. à s. de nuoc-mâm
2 feuilles de combava, émincées
2 brins de basilic thaï, grossièrement ciselés
400 g de crevettes, épluchées
250 g de chou chinois, émincé

061 Éplucher des crevettes

Dans une grande poêle, faites chauffer l'huile puis ajoutez la pâte de curry et le lait de coco. Remuez jusqu'à dissolution de la pâte.

Ajoutez les sauces, le combava et le basilic thaï.

Faites cuire les crevettes dans la sauce 1 à 2 minutes. Ajoutez le chou et laissez cuire encore 2 à 3 minutes.

* Si la sauce est trop épicée, ajoutez de la crème ou du lait de coco pour adoucir.

* Servez avec du riz

177 Cuire le riz

206 Curry indien aux pois chiches

2 c. à s. d'huile
1 oignon, émincé
2 gousses d'ail, émincées
2 c. à s. de gingembre, émincé
4 c. à s. de curry
1 boîte de pois chiches (440 g), égouttés
600 g de tomates pelées en boîte
1 c. à s. de sucre
1 c. à s. de jus de citron
30 cl d'eau (facultatif)
1 brin de coriandre, ciselé

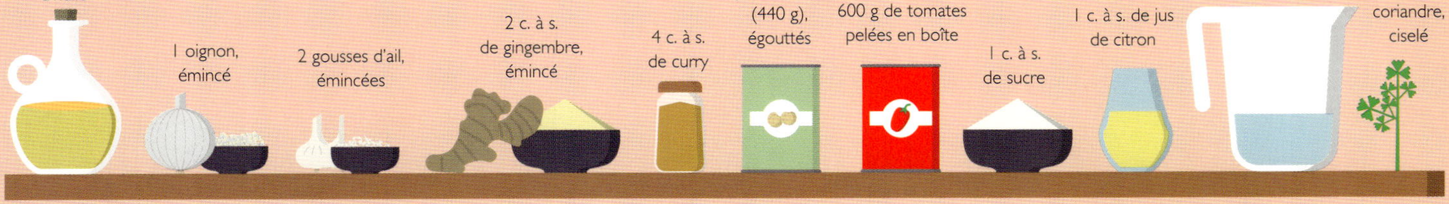

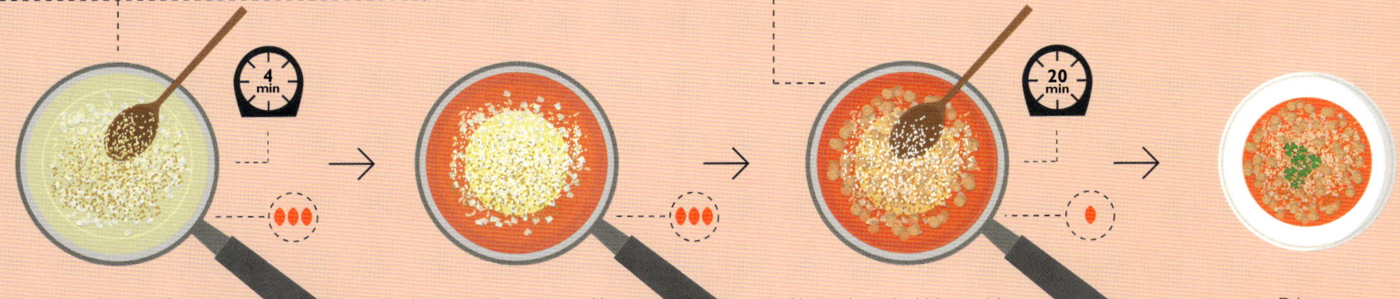

Dans une grande poêle, faites sauter dans l'huile l'oignon, le gingembre, l'ail et le curry jusqu'à brunissement.

Incorporez les tomates. Ajoutez le sucre, le sel et le jus de citron. Portez à ébullition.

Ajoutez les pois chiches et laissez mijoter à feu doux. Ajoutez de l'eau.

Décorez de coriandre.

* Servez avec du riz.

177 Cuire le riz

207 Asperges

1 kg d'asperges, blanches ou vertes
1 l d'eau
sel
3 c. à s. de jus de citron
1 c. à s. de sucre
1 c. à s. de beurre
1 morceau de pain rassis

188 Pommes de terre à l'eau et au sel
195 Sauce hollandaise
196 Béarnaise

* Alignez les asperges sur un plat. Arrosez de sauce hollandaise ou béarnaise et servez avec des pommes de terre.

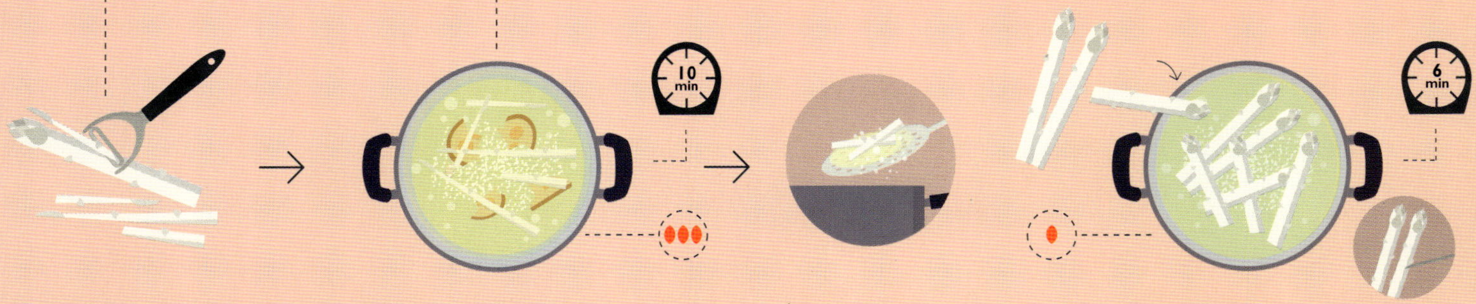

Pelez les asperges blanches. Pelez les asperges vertes si besoin, puis coupez les extrémités.

Mettez les épluchures et les extrémités coupées avec les autres ingrédients dans l'eau, puis portez à ébullition et laissez cuire.

Ôtez les épluchures et les extrémités d'asperges.

Ajoutez les asperges et laissez mijoter à feu doux pendant 6 à 10 minutes selon leur épaisseur, jusqu'à ce qu'elles soient tendres. Piquez pour vérifier la cuisson.

208 Épinards à la crème

1 kg de pousses d'épinard, sans les tiges

2 c. à s. de beurre

2 c. à s. de farine

20 cl de bouillon de légumes

2 c. à s. de crème

sel

poivre

1 pincée de muscade

157 Bouillon de légumes

Faites blanchir les épinards dans l'eau bouillante.

Égouttez, rincez à l'eau froide et essuyez pour sécher.

Mixez.

Faites fondre le beurre, ajoutez la farine pour faire un roux.

Ajoutez le bouillon et portez à ébullition.

Ajoutez progressivement les épinards. Faites mijoter en remuant constamment.

Ajoutez la crème. Salez et poivrez.

* Peut faire office de plat principal avec des œufs sur le plat et des rondelles de pommes de terre.

268 Œufs sur le plat

283 Tranches de pommes de terre

209 Blanchir des haricots verts

500 g de haricots verts, équeutés

1 l d'eau

1 c. à s. de sel

4 c. à s. d'huile d'olive

1 c. à c. de vinaigre de vin blanc

✱ Des tranches de jambon de Parme frites donneront du croquant. Faites frire à la poêle de très fines tranches de jambon de Parme et cassez-les en petits morceaux à saupoudrer sur les haricots.

Faites blanchir les haricots dans une casserole d'eau bouillante salée.

Égouttez, rincez à l'eau froide et réégouttez.

Faites chauffer de l'huile dans une poêle, ajoutez les haricots en les retournant de temps en temps à feu doux. Ajoutez le vinaigre.

210 Haricots secs à la sauge

200 g de haricots blancs secs

1,5 l d'eau

4 c. à s. d'huile

2 gousses d'ail, émincées

5 feuilles de sauge, ciselées

1 grosse tomate, pelée, coupée en dés

sel

poivre

050 Peler des tomates

Laissez tremper les haricots dans 1 l d'eau froide pendant toute une nuit.

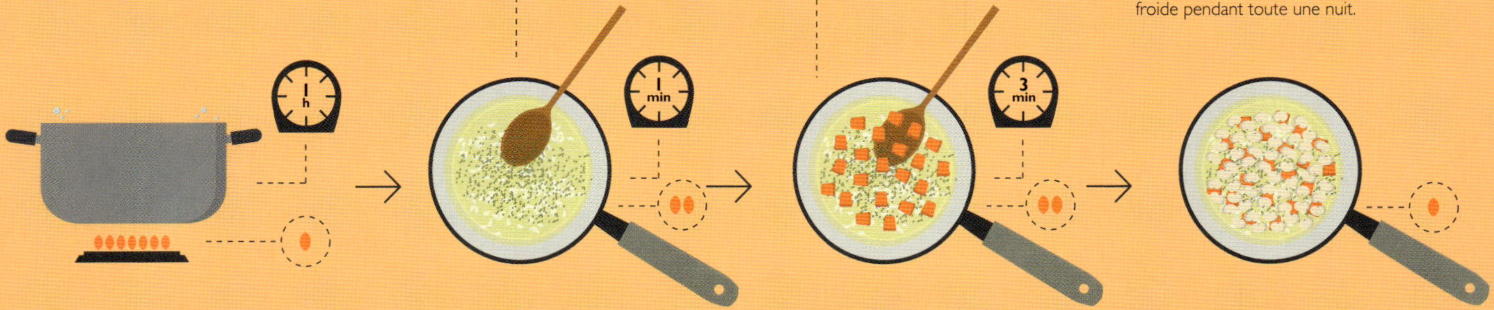

Faites bouillir les haricots dans 50 cl d'eau.

Faites sauter l'ail et la sauge dans l'huile.

Ajoutez les dés de tomate et laissez mijoter. Salez et poivrez.

Égouttez les haricots et ajoutez-les aux tomates. Rectifiez l'assaisonnement.

211 Brocolis à l'ail

Faites chauffer l'eau dans un faitout et placez un panier à vapeur par-dessus.

Ajoutez les brocolis, couvrez et laissez cuire à la vapeur.

Dans une poêle, faites sauter les autres ingrédients dans l'huile.

Versez cette préparation en petites gouttes sur les brocolis, salez.

* La cuisson à la vapeur est également recommandée pour d'autres légumes comme les asperges ou les épinards.

212 Chou-fleur béchamel au fromage

198 Béchamel au fromage

Faites chauffer l'eau dans un faitout et placez un panier à vapeur par-dessus.

Faites cuire le chou-fleur à la vapeur pendant 4 à 7 minutes selon la taille des bouquets.

Disposez le chou-fleur dans un plat, salez et versez la béchamel dessus.

* Pour faire un gratin, saupoudrez de 3 c. à s. de fromage râpé et mettez au four pour faire dorer.

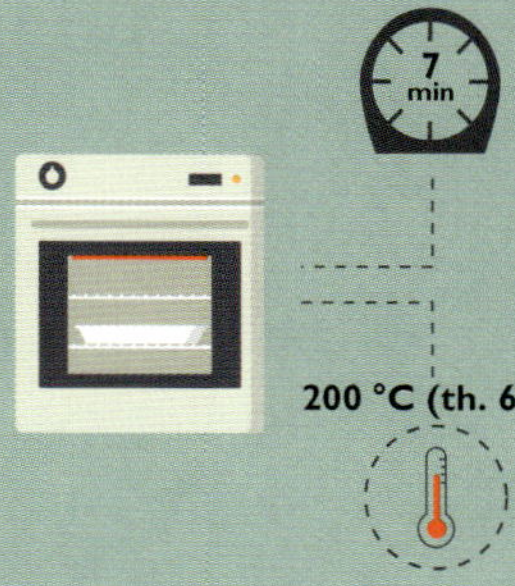

200 °C (th. 6-7)

213 Saumon poché

- 1 gros oignon blanc, émincé
- 25 cl de vin blanc
- 1 l d'eau
- 3 brins de persil
- 8 grains de poivre
- 1 feuille de laurier
- 500 g de filets de saumon, coupés en 4 portions
- sauce hollandaise

195 Sauce hollandaise

Mélangez l'eau, l'oignon, le vin, le persil, le poivre et le laurier. (20 min)

Baissez le feu avant ébullition.

Ajoutez le poisson, faites-le pocher pendant environ 10 minutes (si le saumon fait 2,5 cm d'épaisseur). Servez avec la sauce hollandaise. (10 min)

214 Pois mangetout au sésame

- 500 g de pois mangetout, équeutés
- 2 c. à s. d'huile
- 2 ciboules, émincées
- 1 c. à s. de graines de sésame noir
- sel

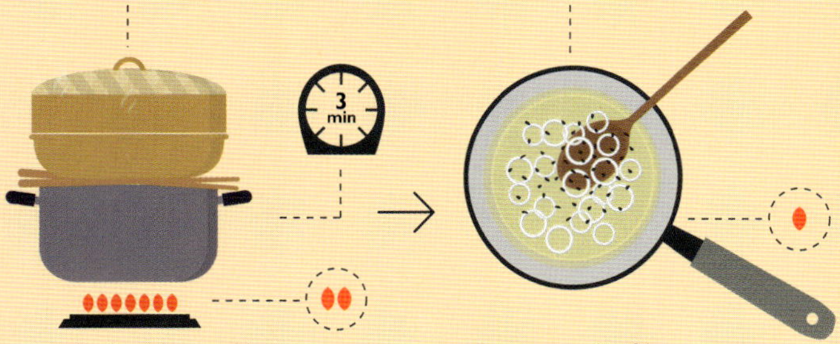

Faites chauffer l'eau dans un faitout, placez un panier à vapeur par-dessus. Faites cuire les pois mangetout jusqu'à ce qu'ils soient un peu craquants. (3 min)

Dans une poêle, faites sauter dans l'huile les ciboules et le sésame. Saupoudrez sur les pois mangetout.

215 Hot-dog

- 4 pains à hot-dog
- 4 saucisses
- moutarde
- ketchup

405 Ketchup

Ouvrez les pains et faites-les griller.

Faites chauffer les saucisses dans l'eau frémissante. Ne laissez pas bouillir sinon elles risquent d'éclater. (5 min)

Étalez la moutarde et le ketchup dans le pain, mettez une saucisse et refermez le pain.

* Ajoutez du coleslaw dans le pain. 123 Coleslaw

216 Coulis de fruits

2 c. à s. d'eau

250 g de fruits rouges surgelés

60 g de sucre

2 c. à s. de jus de citron

1 pincée de sel

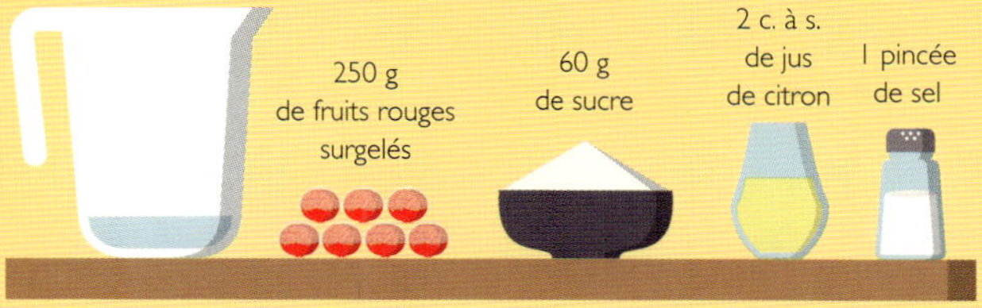

Mettez tous les ingrédients dans une casserole et mélangez jusqu'à la dissolution du sucre.

Mixez.

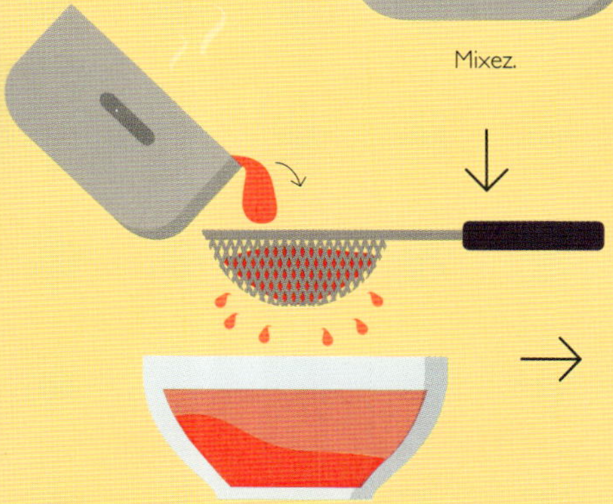

Filtrez pour enlever les graines.

Rectifiez avec du sucre et du citron. Mettez au frais.

217 Sauce au chocolat

100 g de chocolat noir

7,5 cl de lait

100 g de crème

Cassez le chocolat en morceaux.

Dans une petite casserole, portez à ébullition le lait et la crème, puis retirez du feu.

Ajoutez le chocolat et mélangez jusqu'à ce qu'il soit complètement fondu.

Faites chauffer à nouveau et servez.

218 Crème anglaise

Coupez la gousse de vanille dans le sens de la longueur et grattez les graines.

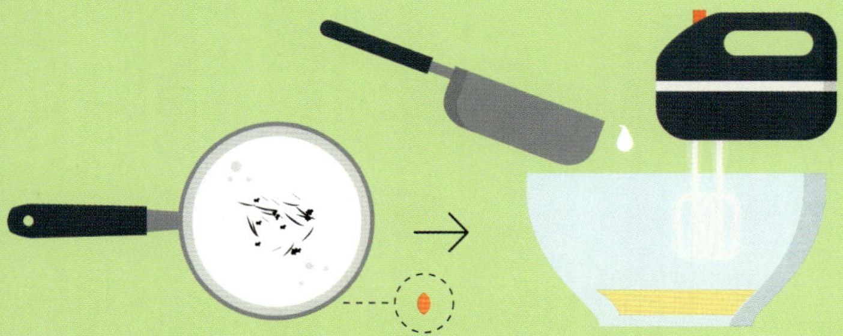

Dans une casserole, faites chauffer le lait avec les graines de vanille. Retirez du feu, laissez refroidir.

Battez les jaunes d'œufs avec le sucre jusqu'à l'obtention d'un mélange homogène. Ajoutez peu à peu, tout en fouettant, un tiers du lait vanillé.

Ajoutez cette préparation au reste du lait. Sans cesser de fouetter, portez à frémissement (surtout pas à ébullition). Continuez à remuer jusqu'à ce que le coulis devienne lisse et épais. Peut se servir chaud ou froid.

219 Caramel liquide

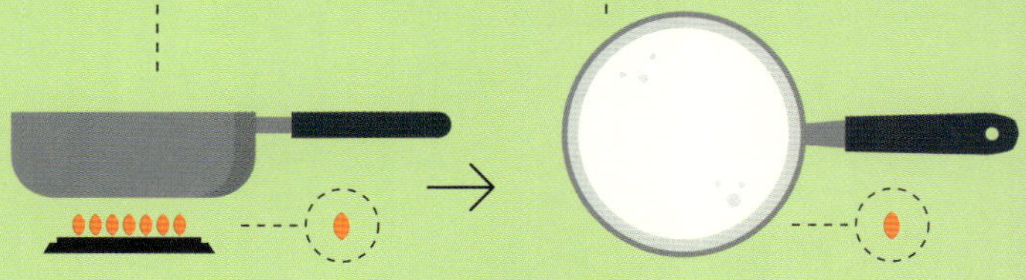

Faites chauffer la crème.

Dans une autre casserole, faites chauffer l'eau avec le sucre. Ne remuez pas.

Retirez du feu dès que le sucre brunit. Incorporez la crème.

Remettez le caramel sur le feu et portez à ébullition, puis comptez 3 minutes. Incorporez le beurre. Le caramel s'épaissit en refroidissant.

220 Puddings au chocolat

Faites chauffer 30 cl de lait, ajoutez-y le chocolat et remuez jusqu'à ce qu'il soit fondu.

Fouettez les autres ingrédients dans 20 cl de lait jusqu'à ce que le mélange soit homogène.

Incorporez-le dans la casserole. Portez à ébullition sans cesser de remuer. Laissez sur le feu jusqu'à ce que le mélange épaississe.

Versez dans des moules individuels et placez au frais.

221 Puddings à la vanille

Coupez la gousse de vanille dans le sens de la longueur et grattez les graines.

Faites chauffer le lait avec les graines de vanille.

Fouettez les jaunes d'œufs avec le sucre jusqu'à l'obtention d'une consistance crémeuse.

Incorporez, tout en fouettant, la Maïzena avant d'ajouter 5 c. à s. de lait chaud.

Versez cette préparation dans le lait, fouettez et portez à ébullition pour qu'elle épaississe.

Versez dans des moules individuels et placez au frais.

222 Panna cotta

Coupez la gousse de vanille dans le sens de la longueur et grattez les graines.

Faites chauffer la crème avec les graines de vanille.

Ajoutez le sucre et mélangez jusqu'à dissolution.

Faites tremper la gélatine dans l'eau froide pendant 5 minutes. Égouttez et dissolvez dans le lait vanillé.

Placez la casserole sur un bol rempli de glaçons et remuez pendant 5 minutes, en empêchant que ne se forme une peau.

Versez dans des moules individuels et placez au frais.

Avant de servir, placez les moules dans un saladier d'eau chaude, retournez et démoulez.

* Nappez de caramel ou de coulis de fruits.

216 Coulis de fruits
219 Caramel liquide

223 Riz au lait

- 1 gousse de vanille
- 1 l de lait
- 150 g de sucre
- 1 bâton de cannelle
- 1 c. à c de zeste de citron
- 200 g de riz rond (Arborio)

059 Prélever un zeste de citron

* Servez avec de la purée de pommes, du coulis de fruits ou des fruits frais.

423 Purée de pommes

216 Coulis de fruits

Coupez la gousse de vanille dans le sens de la longueur et grattez les graines.

→ Mélangez les graines de vanille aux autres ingrédients dans une casserole et portez à ébullition.

→ Incorporez progressivement le riz et laissez mijoter à feu doux. (40 min)

→ Retirez la cannelle. Peut se servir chaud ou froid.

224 Gelée aux fruits rouges

- 250 g de fruits rouges mélangés
- 250 g de cerises, dénoyautées, en bocal
- 1 c. à s. de sucre
- 2 c. à s. de Maïzena
- 2 c. à s. d'eau
- 1 c. à s. de cherry
- 100 g de crème

Faites cuire les fruits avec le sucre.

→ Fouettez la Maïzena avec l'eau jusqu'à ce que le mélange soit lisse.

→ Ajoutez aux fruits et laissez mijoter. Aromatisez au cherry. (2 min)

→ Servez avec de la crème.

Rôtir

225 Poulet rôti

- 1 poulet (2 kg), prêt à cuire
- 1 citron, coupé en quartiers
- sel
- 2 c. à s. d'huile
- 1 c. à s. de beurre

bien cuit

80-85 °C

* Si vous n'avez pas de thermomètre à viande, piquez avec la pointe d'un couteau ; si les sucs qui s'écoulent sont clairs, le poulet est cuit.

Frottez le poulet avec du sel et placez le citron dans la cavité.

→ Beurrez un grand plat à four.

→ Placez le poulet dans le plat, les blancs vers le haut et parsemez de noisettes de beurre.

→ Faites rôtir 15 minutes à 200 °C (th. 6-7). Baissez la température à 180 °C (th. 6). Poursuivez le rôtissage 1 heure. Arrosez de temps en temps le poulet avec son propre jus de cuisson.

75 min

200 °C (th. 6-7)

226 Blancs de poulet farcis

- 4 blancs de poulet (environ 700 g)
- sel
- poivre
- 100 g de feta, émiettée
- 60 g de pousses d'épinard, grossièrement hachées
- 2 c. à s. de parmesan râpé
- 4 fines tranches de jambon cru
- 2 c. à s. d'huile

bien cuit

80-85 °C

Incisez chaque blanc de poulet pour faire une poche, salez et poivrez.

→ Mélangez les épinards avec la feta et le parmesan. Farcissez-en les blancs de poulet en répartissant bien.

→ Enroulez chaque blanc d'une tranche de jambon. Huilez une plaque et placez les blancs dessus.

→ 20 min

180 °C (th. 6)

227 Ailes de poulet

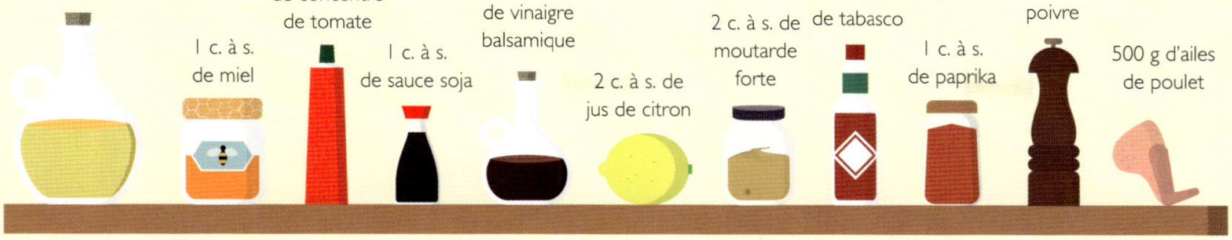

- 4 c. à s. d'huile
- 1 c. à s. de miel
- 2 c. à s. de concentré de tomate
- 1 c. à s. de sauce soja
- 1 c. à s. de vinaigre balsamique
- 2 c. à s. de jus de citron
- 2 c. à s. de moutarde forte
- 3 traits de tabasco
- 1 c. à s. de paprika
- poivre
- 500 g d'ailes de poulet

Mélangez tous les ingrédients dans un sachet en plastique pour faire la marinade.

Mettez les ailes de poulet dans le sachet et fermez hermétiquement. Secouez bien et laissez mariner au réfrigérateur pendant 4 heures.

Placez les ailes de poulet marinées sur une plaque.

228 Dinde rôtie

- 1 dinde, prête à cuire
- beurre

Cette tradition de casser en deux la clavicule des volailles, ou bréchet, nous vient des Étrusques. Ce petit os est utilisé pour faire des vœux : deux personnes tirent sur le bréchet, l'une saisit l'os de la main gauche et l'autre de la main droite. Celle qui tient la partie la plus longue lorsque l'os se casse verra son souhait se réaliser.

Badigeonnez de beurre.

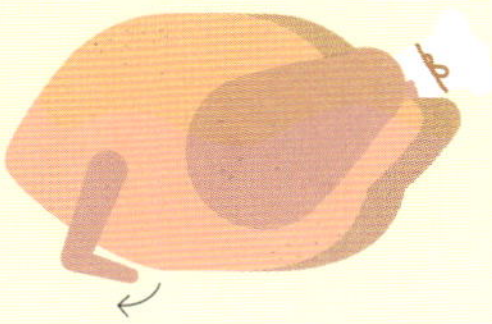

Repliez chaque aile en arrière. Attachez les cuisses ensemble.

Mettez dans un plat, blancs vers le haut. Couvrez les blancs avec de l'aluminium. Arrosez toutes les 45 minutes avec le jus.

Ôtez l'aluminium 1 h avant la fin de la cuisson.

229 Rosbif

1,5 kg de rosbif

1 c. à s. d'huile

sel

poivre

50 cl de bouillon de bœuf

153 Bouillon de bœuf

saignant
52-55 °C
à point
60-65 °C
bien cuit
70+ °C

Enduisez toutes les faces d'huile, de sel et de poivre.

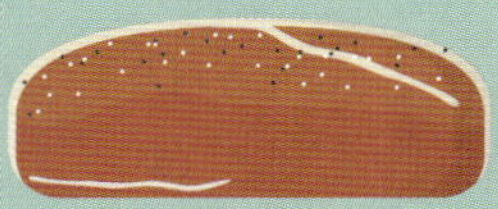

Placez dans un plat à rôtir et faites saisir à feu vif sur toutes les faces. Ajoutez du bouillon.

Couvrez d'aluminium et faites rôtir au four à 180 °C (th. 6) pendant 1 heure.

Ôtez l'aluminium, laissez rôtir encore 30 minutes jusqu'au degré de cuisson désiré.

230 T-bone steak

2 c. à s. de beurre

sel

1 *T-bone steak* (environ 1 kg, pour 3 cm d'épaisseur)

Dans un plat à rôtir, faites fondre le beurre à feu vif.

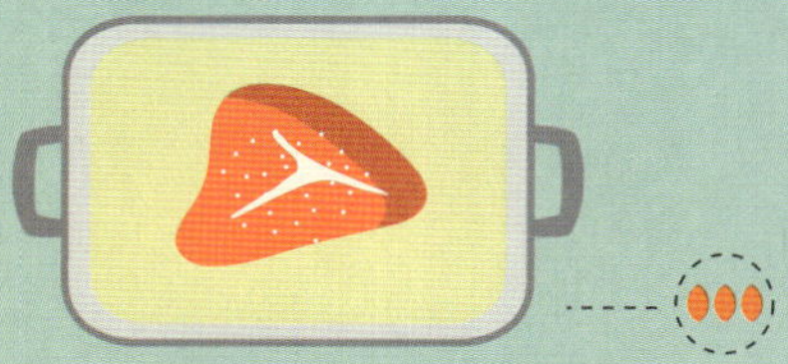

Faites saisir le steak sur une face. Retournez et enfournez immédiatement.

saignant
52-55°C
à point
60-65°C
bien cuit
+70 °C

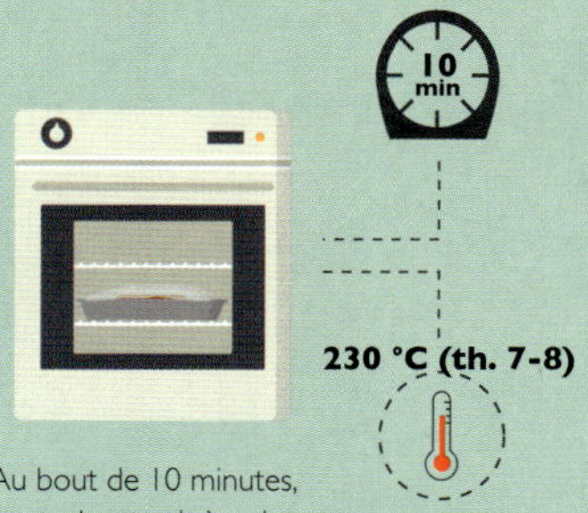

Au bout de 10 minutes, le steak est cuit à point.

Laissez reposer au chaud pendant 5 minutes. Coupez la longe et le filet pour enlever l'os avant de servir en tranches.

231 Carré d'agneau

Mélangez tous les ingrédients.

Enduisez les carrés de cette préparation.

Faites saisir sur toutes les faces dans un plat à rôtir.

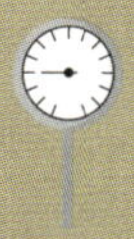

à point
60-65°C
bien cuit
+ 70 °C

232 Papillote de veau

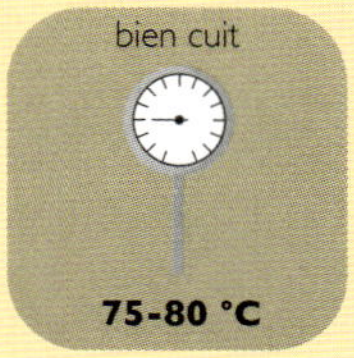

Étalez l'aluminium sur un plat à rôtir. Huilez et salez.

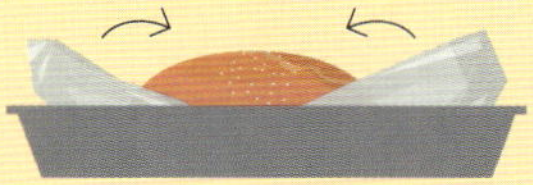

Placez la viande dessus.

Fermez la papillote.

* Utilisez cette technique pour le *vitello tonnato.*

100 Vitello tonnato

* Réservez le jus de cuisson et congelez-le dans un bac à glaçons. Utilisez-le comme base de sauce.

233 Rôti de porc

- 15 cl d'eau
- sel
- 2 gousses d'ail
- 1 c. à s. de moutarde
- 1,5 kg de rôti de porc
- 2 c. à s. d'huile

bien cuit
75-80 °C

1. Mélangez tous les ingrédients.
2. Enduisez le rôti de cette préparation.
3. Dans un plat à rôtir, faites chauffer 2 c. à s. d'huile et faites saisir la viande sur toutes les faces à feu vif.
4. Arrosez de temps en temps avec le jus de cuisson.

1½ h
180 °C (th. 6)

234 Cabillaud tomates-poireaux

- 3 c. à s. d'huile
- 800 g de poireaux, coupés en fines rondelles
- 4 c. à s. de crème
- 200 g de tomates cerises, coupées en deux
- sel
- poivre
- 4 filets de cabillaud (150 g chacun)
- 1 c. à s. de beurre

* Vous pouvez remplacer le cabillaud par du flétan ou du saumon.

1. Dans une poêle, faites revenir dans l'huile le poireau. Ajoutez la crème. (5 min)
2. Répartissez les poireaux et les tomates cerises sur un plat à four.
3. Salez et poivrez les filets, mettez-les dans le plat et parsemez-les de noisettes de beurre.

10 min
180 °C (th. 6)

235 Légumes farcis

4 tomates
2 courgettes
3 c. à s. d'huile

Coupez le chapeau des tomates. Videz la pulpe à l'aide d'une cuillère et réservez.

Coupez les courgettes en deux et videz la chair à la cuillère, en laissant un bord d'environ 2 cm. Réservez la chair.

Huilez un plat, placez-y les tomates et les courgettes.

Faites précuire avant de farcir au riz ou à la viande.

236 Légumes farcis à la viande

1 c. à s. de chapelure
1 œuf
100 g de viande hachée
1 c. à s. de parmesan
sel
poivre
1 c. à s. de beurre

Dans un bol, mélangez la viande, la chapelure, l'œuf et le parmesan. Salez et poivrez.

Farcissez les légumes.

Parsemez de noisettes de beurre.

237 Légumes farcis au riz

8 c. à s. de riz cuit
1 c. à s. de raisins secs
1 c. à s. de pignons de pin
sel
poivre
2 c. à s. d'herbes, ciselées
4-5 c. à s. de crème

177 Cuire le riz

Mélangez tous les ingrédients dans un bol.

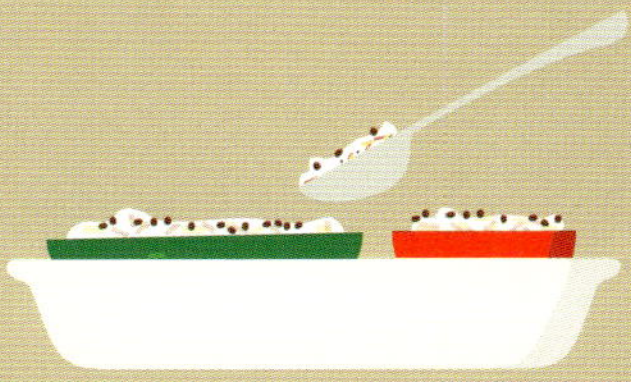

Farcissez les légumes.

238 Bruschetta

8 tranches de pain blanc

4 c. à s. d'huile d'olive

400 g de tomates cerises, coupées en deux

12 feuilles de basilic, ciselées

sel

✱ Pour des bruschettas à l'ail, frottez le pain chaud avec une demi-gousse, versez quelques gouttes d'huile d'olive, salez et poivrez.

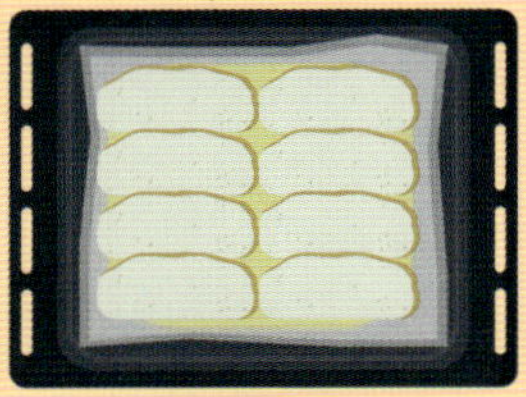

Recouvrez une plaque de papier cuisson et placez les tranches de pain.

→

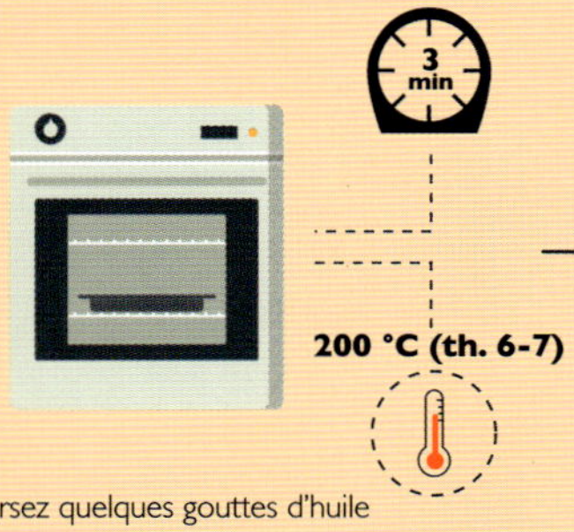

Versez quelques gouttes d'huile d'olive et mettez au four pour faire croustiller.

→

Mélangez les tomates cerises au basilic, puis salez.

→

Garnissez les bruschettas avec les tomates assaisonnées.

239 Frites de patate douce au four

500 g de patates douces, pelées et coupées en frites

2 c. à s. d'huile de tournesol

1 c. à s. de cumin moulu

sel

poivre

✱ Idéal en accompagnement d'une viande rôtie.

Sur les frites crues, versez un filet d'huile d'olive, saupoudrez de cumin, salez et poivrez.

→

Étalez du papier sulfurisé sur une plaque et répartissez les frites dessus.

→

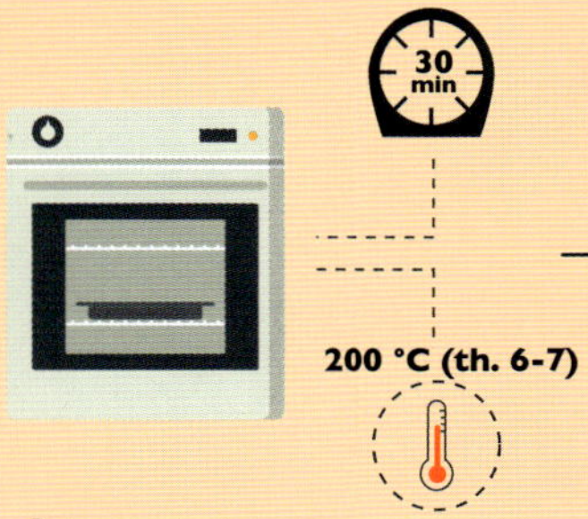

Retournez toutes les 10 minutes.

→

Salez avant de servir.

240 Choux de Bruxelles au four

500 g de choux de Bruxelles, épluchés et coupés en deux

3 c. à s. d'huile d'olive

sel

poivre

3 c. à s. de noisettes, grossièrement hachées

1 c. à s. de vinaigre de vin blanc

2 c. à s. d'huile de noisette

Versez sur les choux de Bruxelles un filet d'huile d'olive, puis salez et poivrez.

→ Étalez du papier sulfurisé sur une plaque et répartissez les choux dessus.

→ 30 min – 200 °C (th. 6-7)

Retournez de temps en temps.

→ Saupoudrez les choux cuits de noisettes et versez quelques gouttes de vinaigre et d'huile de noisette.

241 Frittata

6 œufs

4 gousses d'ail, écrasées

3 c. à s. de parmesan râpé

sel

poivre

2 c. à s. d'huile

Fouettez les œufs avec l'ail, le sel, le poivre et le parmesan.

Graissez un plat à four avec 2 c. à s. d'huile et ajoutez la préparation aux œufs.

→ 15 min – 160 °C (th. 5-6)

Faites cuire au four jusqu'à ce que les œufs durcissent.

242 Tomates rôties

375 g de tomates cerises (jaunes et rouges)

2 c. à s. d'échalotes, émincées

3 c. à s. d'huile d'olive

sel

poivre

Placez les tomates, les échalotes et l'huile sur un plat à four, salez et poivrez.

→ 15 min – 200 °C (th. 6-7)

Retournez de temps en temps.

* Idéal pour garnir une bruschetta.

238 Bruschetta

243 Légumes rôtis

- 2 petits bulbes de fenouil, taillés et coupés en quartiers
- 8 carottes miniatures, coupées en deux
- 300 g pommes de terre miniatures, coupées en deux
- 300 g de céleri-rave, pelé, coupé en gros dés
- 4 c. à s. d'huile
- 1 c. à s. de thym, haché
- 1 c. à s. de romarin, haché
- sel
- poivre

* Idéal en accompagnement de la polenta à découper.

144 Découper la polenta

Mélangez tous les ingrédients.

Étalez du papier sulfurisé sur une plaque et répartissez les légumes dessus.

Retournez de temps en temps.

244 Potimarrons au four

- 2 potimarrons
- 20 cl d'eau
- 3 c. à s. d'huile d'olive
- sel
- poivre
- 4 c. à s. de sucre roux
- 1 c. à s. de cannelle
- 2 c. à s. de jus de citron

Coupez les potimarrons en deux dans le sens de la longueur. Ôtez les pépins.

Disposez dans un plat et ajoutez de l'eau. Badigeonnez d'huile et saupoudrez de sucre et de cannelle. Salez et poivrez.

Arrosez de quelques gouttes de jus de citron avant de servir.

245 Chou-fleur au four

Mélangez tous les ingrédients.

Disposez dans un plat.

246 Oignons aigre-doux

Disposez les oignons dans un plat.

Portez à ébullition le bouillon de légumes avec les autres ingrédients.

Versez le bouillon sur les oignons, recouvrez d'aluminium et faites rôtir au four en retournant souvent.

Ôtez l'aluminium et laissez cuire les oignons jusqu'à ce qu'ils soient tendres et que le liquide soit évaporé.

Mijoter

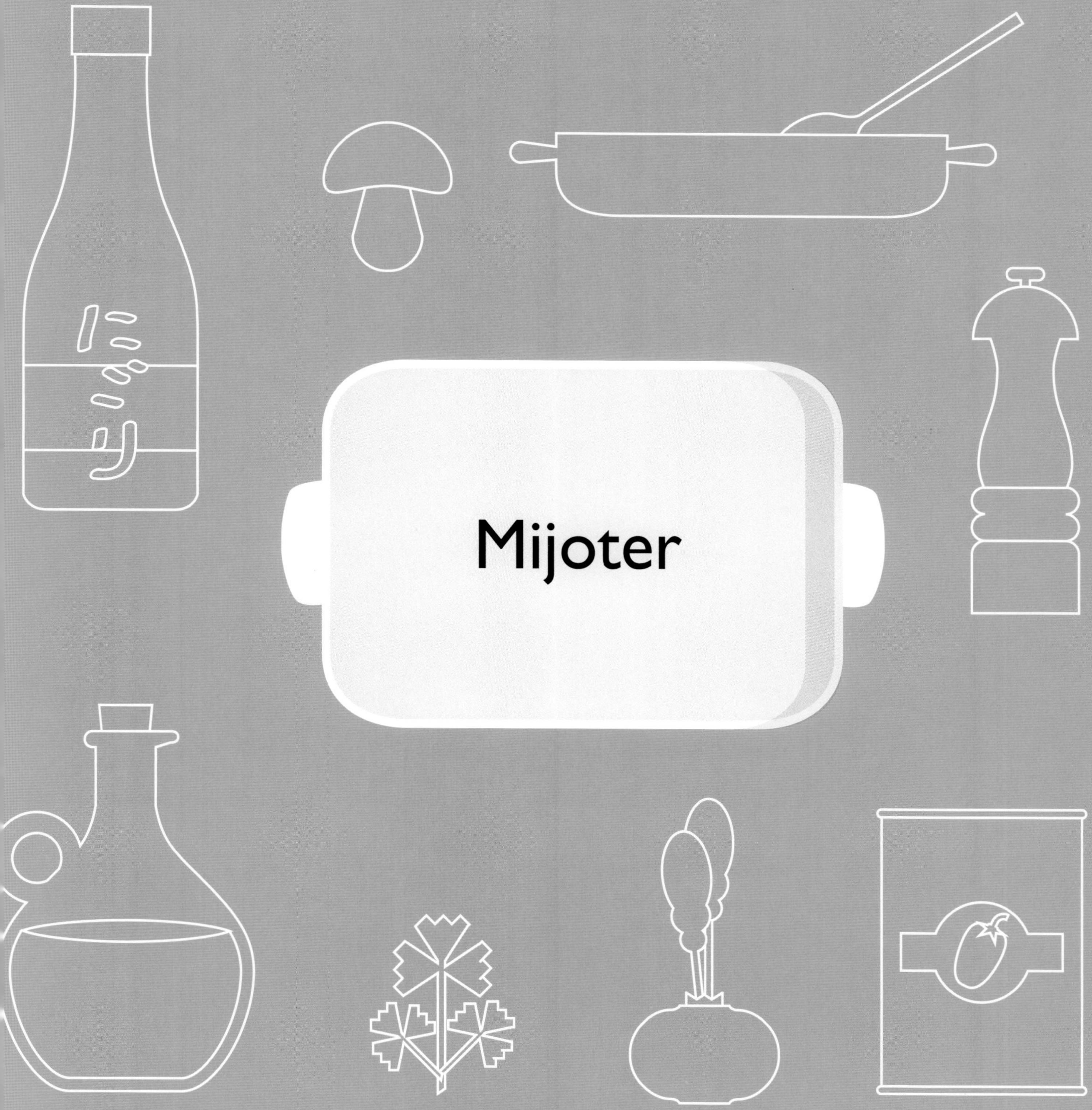

247 Tajine de poulet

10 fils de safran
2 c. à s. d'eau
2 oignons, émincés
2 c. à s. de persil, ciselé
1 c. à s. de coriandre, ciselée
5 c. à s. de jus de citron
1 c. à c. de cumin râpé
1 c. à c. de gingembre, émincé
sel
6 c. à s. d'huile d'olive
4 cuisses de poulet

* Servez avec du couscous ou du taboulé.
* Si vous n'avez pas de tajine, vous pouvez utiliser une cocotte allant au four.

199 Couscous
120 Taboulé

2 c. à s. d'huile
2 citrons, coupés en rondelles
15 cl de bouillon de poulet
4 c. à s. d'olives vertes dénoyautées
1 c. à s. de persil, ciselé

159 Bouillon de volaille

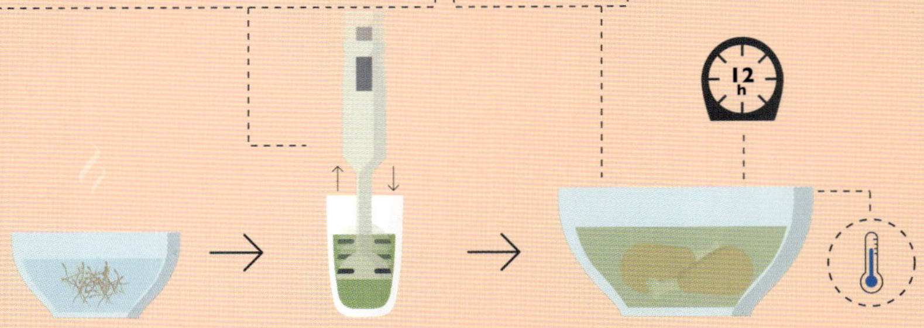

Faites tremper le safran dans l'eau chaude.

Mixez les autres ingrédients pour créer une pâte.

Faites mariner les cuisses de poulet dans cette pâte.

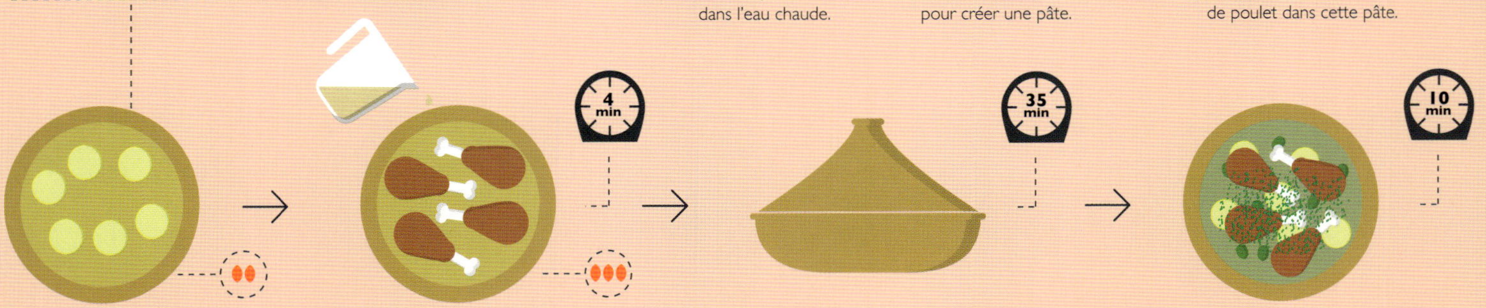

Faites chauffer l'huile dans un tajine, faites rôtir les rondelles de citron et réservez-les.

Faites saisir le poulet pendant 4 minutes puis réservez-le. Déglacez au bouillon, en grattant bien avec une cuillère en bois.

Ajoutez la marinade, le citron et le poulet. Couvrez et braisez à feu doux, ou bien au four à 180 °C (th. 6).

Ajoutez les olives et continuez à braiser sans le couvercle. Décorez de persil.

248 Tajine d'agneau

157 Bouillon de légumes

600 g d'épaule d'agneau, taillée en cubes

Remplacez le bouillon de poulet par du bouillon de légumes et la coriandre par du thym.

Mettez des olives noires au lieu des vertes ainsi que 2 c. à s. de tomates séchées. Ne mettez pas de safran.

249 Tajine de veau

600 g d'épaule de veau, taillée en cubes

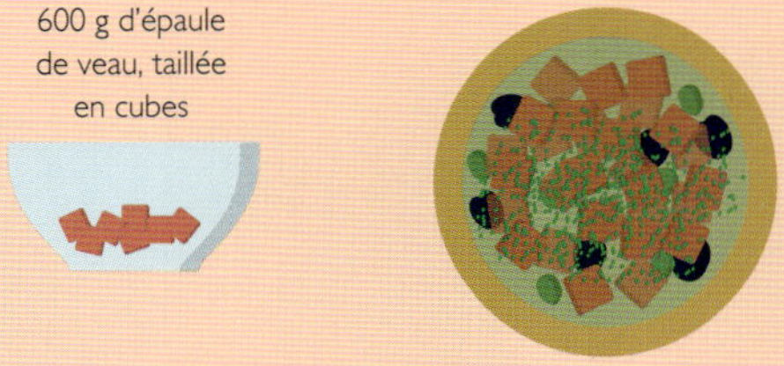

Mettez environ 2 c. à s. de pruneaux à la place du citron, à rôtir comme les rondelles de citron. Saupoudrez de sésame avant de servir.

250 Bœuf braisé

- 37,5 cl de vin rouge
- 2 oignons, finement émincés
- 3 feuilles de laurier
- 2 gousses d'ail, émincées
- sel
- poivre
- 1 c. à c. de thym
- 1,5 kg de bœuf (par ex., poitrine), en un seul morceau
- 3 c. à s. d'huile
- 100 g de lardons
- 1 c. à s. de concentré de tomate
- 2 c. à s. de cognac
- 20 cl de bouillon de bœuf

153 Bouillon de bœuf

Pour la marinade, remuez ensemble le vin rouge, les oignons et les épices. Salez et poivrez.

Immergez la viande dans la marinade et mettez au réfrigérateur. Retirez la viande et réservez la marinade.

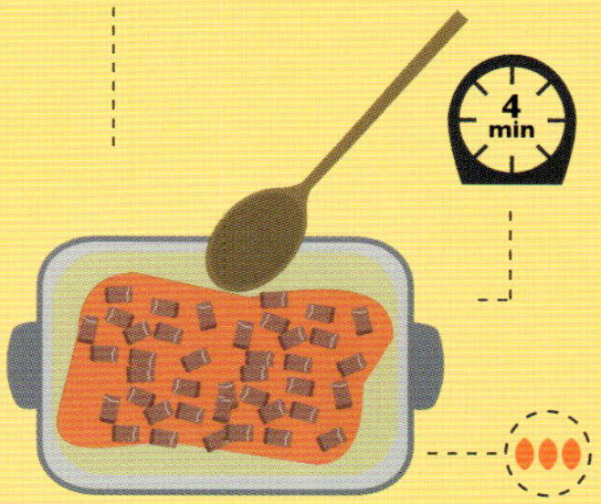

Faites chauffer l'huile dans une sauteuse, faites revenir les lardons dans le concentré

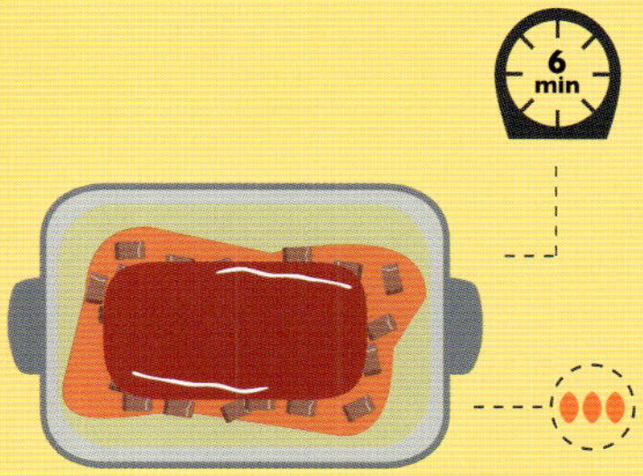

Ajoutez la viande pour la saisir sur toutes les faces.

Déglacez au cognac, ajoutez le reste de la marinade et le bouillon. Le niveau doit arriver aux deux tiers de la viande.

Couvrez et braisez à feu doux. Ajoutez du bouillon si nécessaire.

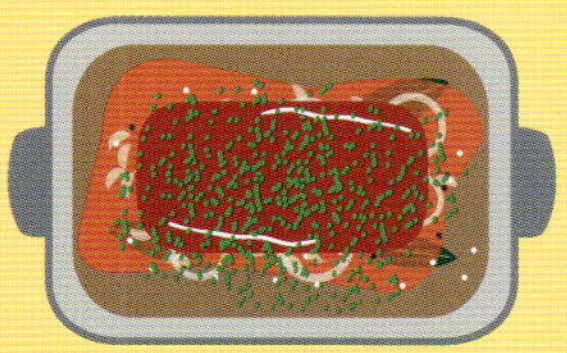

Retirez la viande et laissez-la reposer dans un endroit chaud.

Filtrez la sauce, faites-la bouillir, assaisonnez et servez avec la viande.

* Rehaussez la sauce de 3 c. à s. de crème. Servez avec des fettuccine sautées au beurre.

145 Cuire les pâtes

251 Bœuf bourguignon

1 kg d'épaule de bœuf, sans os, taillée en cubes

sel

farine

4 c. à s. d'huile

100 g de lardons

1 carotte, coupée en rondelles

1 oignon, coupé en dés

1 c. à s. de concentré de tomate

50 cl de vin rouge

1 bouquet garni

300 g de champignons, coupés en lamelles

1 c. à s. de beurre

15 petits oignons (en bocal), égouttés

048 Composer un bouquet garni

Salez et farinez la viande.

Dans l'huile chaude, faites saisir le bœuf et les lardons.

Ajoutez les carottes, l'oignon et le concentré de tomate, puis faites cuire.

Ajoutez le vin et le bouquet garni et faites mijoter jusqu'à ce que la viande soit tendre.

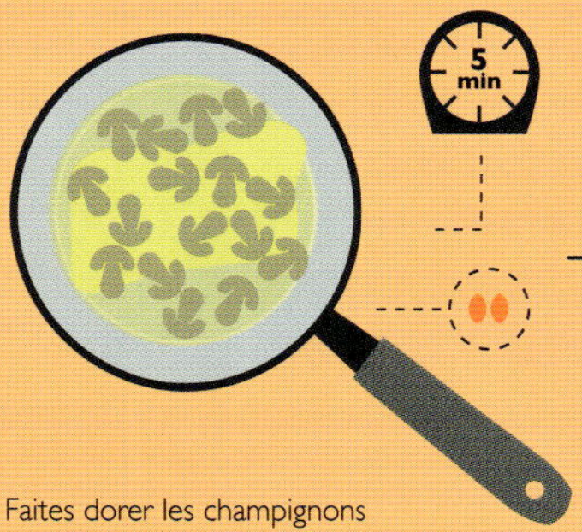

Faites dorer les champignons dans le beurre. Réservez.

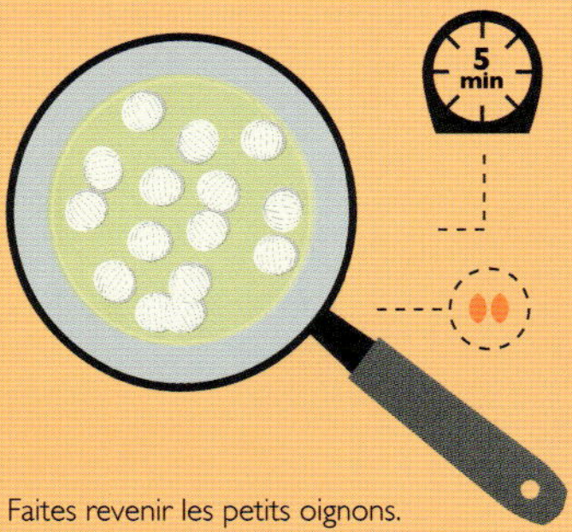

Faites revenir les petits oignons.

Ajoutez les champignons et les petits oignons à la viande et braisez.

252 Ragoût de bœuf aux navets

- 2 c. à s. d'huile
- 1 oignon, émincé
- 1 gousse d'ail, émincée
- 100 g de lardons
- 1 c. à s. de concentré de tomate
- 1 kg d'épaule de bœuf, coupée en cubes
- 40 cl de vin rouge
- 20 cl de bouillon de bœuf
- 1 bouquet garni
- 400 g de navets, coupés en dés
- sel
- poivre

153 Bouillon de bœuf
048 Composer un bouquet garni

1. 4 min — Dans un plat à rôtir, faites saisir les ingrédients dans l'huile chaude.
2. 6 min — Ajoutez la viande, faites saisir sur toutes les faces.
3. 2 h — Déglacez au vin rouge et au bouillon. Ajoutez le bouquet garni. Couvrez et laissez mijoter à feu doux.
4. 15 min — Ajoutez les navets, faites braiser. Salez et poivrez.

253 Chili con carne

- 2 c. à s. d'huile
- 2 oignons, émincés
- 1 gousse d'ail, émincée
- 1 c. à s. de concentré de tomate
- 2 piments, émincés
- 500 g de bœuf haché
- sel
- 1 boîte de tomates pelées (440 g)
- 20 cl de bouillon de bœuf
- 250 g de haricots rouges, égouttés

153 Bouillon de bœuf

1. 5 min — Dans une cocotte, faites revenir dans l'huile chaude les oignons, l'ail, le concentré de tomate et les piments.
2. Ajoutez le hachis et faites saisir jusqu'à ce qu'il s'émiette. Salez, ajoutez des tomates et du bouillon.
3. 1 h — Faites mijoter à feu doux en remuant souvent.
4. 30 min — Ajoutez les haricots et faites braiser.

254 Épaule d'agneau braisée

- 4 c. à s. d'huile
- 2 c. à c. de paprika
- 3 c. à s. de jus de citron
- 1 c. à s. de thym, ciselé
- 1 kg d'épaule d'agneau, taillée en cubes
- 2 c. à s. d'huile
- 40 cl de bouillon de poulet
- sel

Pour la marinade, mélangez le jus de citron et les épices. Mettez-y la viande et laissez mariner au réfrigérateur. Retirez la viande et réservez la marinade.

Faites saisir la viande sur toutes les faces dans l'huile chaude pendant environ 6 minutes. Déglacez avec la marinade et du bouillon.

Couvrez et laissez mijoter à feu doux. Ajoutez du bouillon si nécessaire. Retirez la viande et laissez reposer dans un endroit chaud.

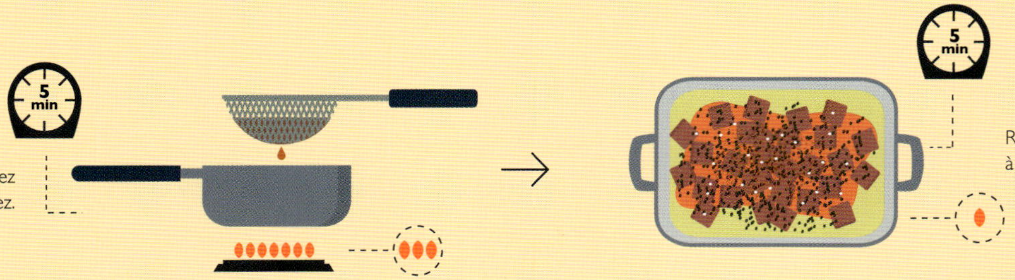

Filtrez la sauce, portez à ébullition et assaisonnez.

Remettez la viande à chauffer dans la sauce.

255 Épaule d'agneau braisée aux légumes

- 2 carottes
- 2 poireaux
- 2 courgettes
- 2 c. à s. d'olives noires dénoyautées

(légumes coupés en rondelles)

Braisez l'agneau avec les courgettes, les carottes et les poireaux.

Ajoutez 2 c. à s. d'olives.

256 Jarret d'agneau aux agrumes

- 3 c. à s. d'huile
- 4 jarrets d'agneau (400 g chacun)
- sel
- poivre
- 1 carotte, coupée en rondelles
- 1 oignon, émincé
- 2 branches de céleri, émincées
- 2 c. à s. de concentré de tomate
- 50 cl de vin blanc
- 30 cl de bouillon de légumes
- 1 bouquet garni
- le zeste et le jus de 2 citrons
- le zeste et le jus de 1 orange

157 Bouillon de légumes
048 Composer un bouquet garni

Dans une sauteuse, faites saisir les jarrets dans l'huile chaude, salez et poivrez.

Retirez la viande.

Mettez les légumes et le concentré de tomate dans la sauteuse et laissez sur le feu.

Ajoutez le vin blanc, le bouillon de légumes, le bouquet garni, les zestes et les jus d'agrumes. Remettez la viande.

Couvrez et laissez mijoter.

Retirez la viande. Utilisez une cuillère pour écumer la graisse de la sauce si besoin. Faites bouillir la sauce, assaisonnez et servez avec la viande.

* Accompagnement idéal : la polenta à découper.

144 Découper la polenta

257 Veau braisé

- 1 kg de veau (épaule), en un seul morceau
- sel
- poivre
- 3 c. à s. d'huile
- 1 carotte, émincée
- 1 oignon, émincé
- 2 c. à s. de concentré de tomate
- 20 cl de lait
- 250 g de crème
- 1 c. à s. de moutarde forte

141 Tagliatelle de courgettes

✱ Accompagnement idéal : les tagliatelle de courgettes.

1. Salez et poivrez la viande.
2. Faites sauter les légumes et le concentré de tomates dans l'huile chaude.
3. Ajoutez la viande, faites-la saisir sur toutes les faces. Baissez le feu, ajoutez la crème et le lait. Laissez mijoter. Retirez la viande et laissez reposer dans un endroit chaud.
4. Ajoutez la moutarde et portez à ébullition. Assaisonnez. Remettez la viande dans la sauce.

258 Cassoulet

- 500 g de saucisses de porc, coupées en rondelles
- 2 c. à s. d'huile
- 200 g de lardons
- 1 oignon, émincé
- 1 boîte de haricots blancs (875 g), égouttés
- 30 cl de bouillon de poulet
- 200 g de tomates pelées en boîte
- 1 c. à s. de sucre
- 1 branche de thym, effeuillée
- sel
- poivre

159 Bouillon de volaille

1. Faites revenir les saucisses dans une poêle.
2. Dans une sauteuse, faites sauter les oignons et les lardons.
3. Ajoutez les haricots, les tomates, le thym et le sucre. Salez et poivrez. Laissez mijoter à feu doux.
4. Ajoutez les saucisses et braisez.

259 Osso-buco

- 2 c. à s. de farine
- sel
- poivre
- 1,5 kg de jarrets de veau (avec os), coupés en tranches d'environ 3 cm
- 5 c. à s. d'huile
- 1 oignon, émincé
- 1 carotte, coupée en rondelles
- 1 branche de céleri, émincée
- 1 c. à s. de concentré de tomate
- 185 g de tomates pelées en boîte
- 37,5 cl de vin rouge
- 1 l de bouillon de veau

154 Bouillon de veau

Farinez, salez et poivrez la viande.

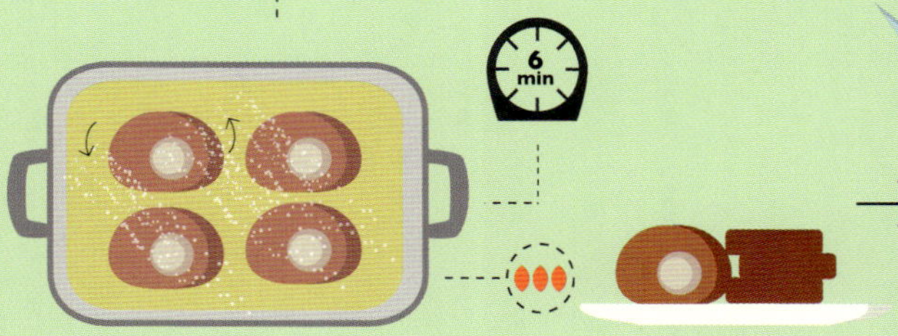

Faites saisir la viande dans l'huile chaude sur toutes les faces. Retirez.

Ajoutez les légumes et le concentré de tomate, laissez cuire puis ajoutez les tomates, le vin et le bouillon.

Remettez la viande, couvrez et braisez à feu doux.

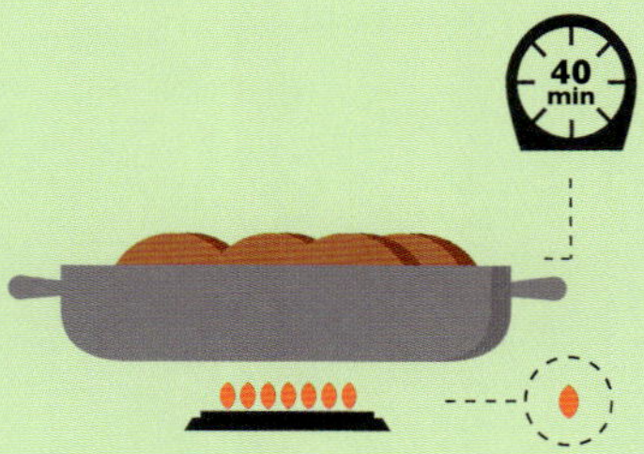

Enlevez le couvercle et braisez. Pendant ce temps, préparez la gremolata.

082 Gremolata

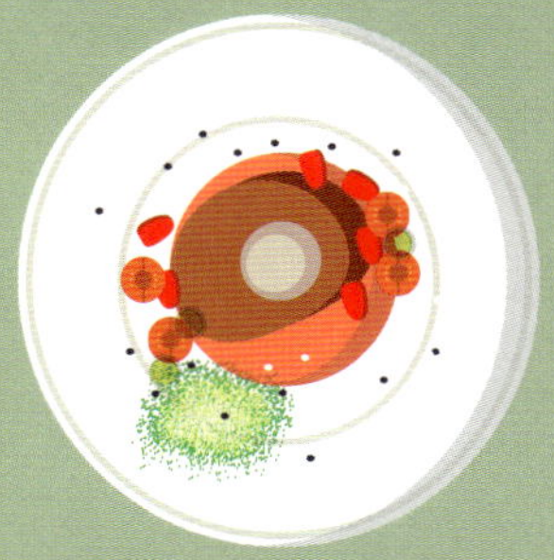

Servez la sauce avec la viande et la gremolata.

260 Porc braisé à la bière

- 1,5 kg d'épaule de porc, prête à cuire
- sel
- poivre
- 2 c. à s. d'huile
- 2 oignons, émincés
- 1 carotte, coupée en rondelles
- 2 gousses d'ail, émincées
- 1 c. à s. de concentré de tomate
- 30 cl de bière brune
- 20 cl de jus de pomme
- 25 cl de bouillon de poulet
- 3 branches de thym, effeuillées

159 Bouillon de volaille

191 Purée de pommes de terre

* Idéal avec de la purée de pommes de terre.

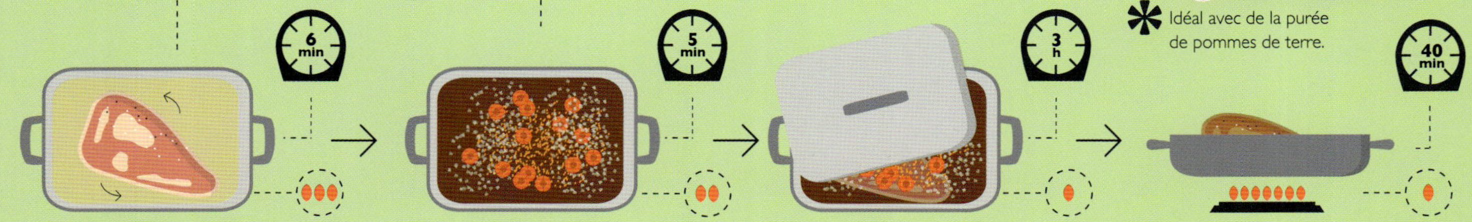

1. Salez et poivrez la viande. Faites-la saisir dans l'huile chaude sur toutes ses faces. Retirez et laissez dans un endroit chaud.
2. Faites sauter les légumes et le concentré de tomates Déglacez avec la bière, le jus de pomme et le bouillon. Ajoutez le thym et remettez la viande.
3. Couvrez et laissez mijoter à feu doux.
4. Enlevez le couvercle et continuez à braiser.

261 Coq au vin

- 2 c. à s. de farine
- sel
- poivre
- 1,5 kg de poulet (blancs et cuisses), coupé en morceaux
- 2 c. à s. d'huile
- 1 oignon, émincé
- 50 cl de vin blanc
- 25 cl de bouillon de poulet
- 2 carottes, coupées en rondelles
- 2 branches de céleri, émincées
- 1 courgette, coupée en dés

159 Bouillon de volaille

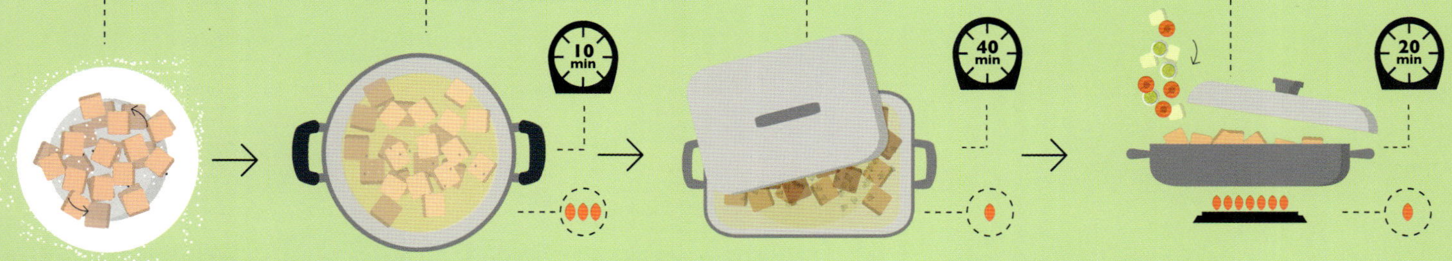

1. Farinez, salez et poivrez le poulet.
2. Braisez la viande dans l'huile chaude, puis retirez.
3. Faites sauter les oignons, déglacez au vin et au bouillon. Remettez la viande, couvrez et laissez mijoter.
4. Ajoutez les carottes, le céleri et les courgettes, puis braisez.

262 Chou farci au porc

30 cl d'eau glacée

8 feuilles de chou

Faites bouillir l'eau. Blanchissez le chou.

Refroidissez rapidement dans l'eau glacée.

- 500 g de porc haché
- 1 œuf
- 2 c. à s. de chapelure
- 1 c. à s. de moutarde forte
- 4 traits de tabasco
- sel
- 2 c. à s. d'huile
- 100 g de lardons
- 1 oignon, émincé
- 1 carotte, émincée
- 1 gousse d'ail, émincée
- 1 c. à s. de concentré de tomate
- 185 g de tomates pelées en boîte
- 50 cl de bouillon de légumes

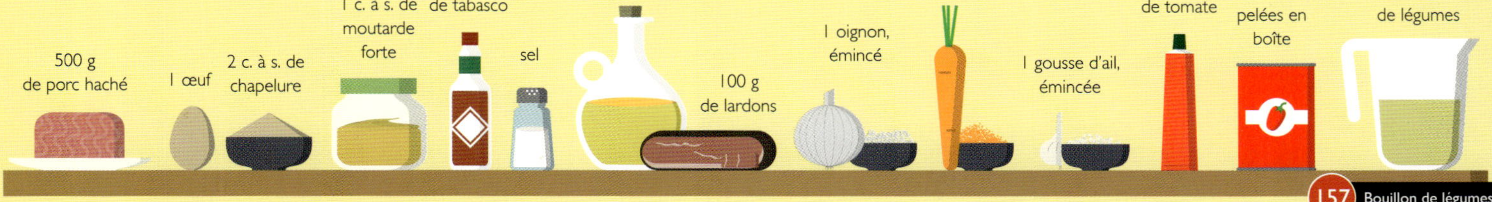

157 Bouillon de légumes

Mélangez tous les ingrédients.

Étalez cette préparation sur les feuilles de chou, roulez et attachez avec de la ficelle de cuisine.

Faites sauter tous les ingrédients dans l'huile chaude.

Placez le chou farci dans la sauteuse face d'ouverture contre le fond.

Ajoutez les tomates et le bouillon.

Couvrez et laissez mijoter.

* Servez avec des pommes de terre.

188 Pommes de terre à l'eau et au sel

263 Cuisses de poulet braisées aux cèpes

- 3 c. à s. de cèpes déshydratés
- 10 cl d'eau
- 2 c. à s. de farine
- sel
- poivre
- 1,5 kg de cuisses de poulet
- 2 c. à s. d'huile
- 1 oignon, émincé
- 50 cl de vin blanc
- 25 cl de bouillon de poulet
- 2 c. à s. de crème
- 1 c. à s. de cerfeuil, ciselé

159 Bouillon de volaille

Trempez les cèpes dans l'eau chaude.

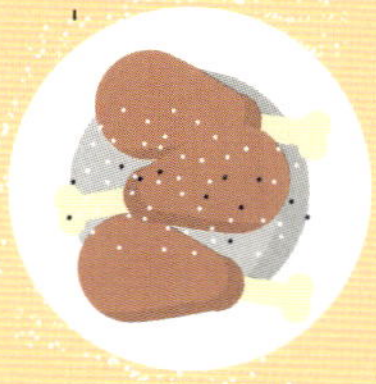

Farinez, salez et poivrez le poulet.

Faites saisir les cuisses sur toutes les faces dans l'huile chaude.

Retirez et laissez dans un endroit chaud.

Égouttez les cèpes en gardant l'eau.

Faites sauter les oignons, déglacez au vin blanc, à l'eau des cèpes et au bouillon.

Ajoutez la viande et braisez à feu doux.

Ajoutez les cèpes ; braisez. Retirez la viande et gardez dans un endroit chaud.

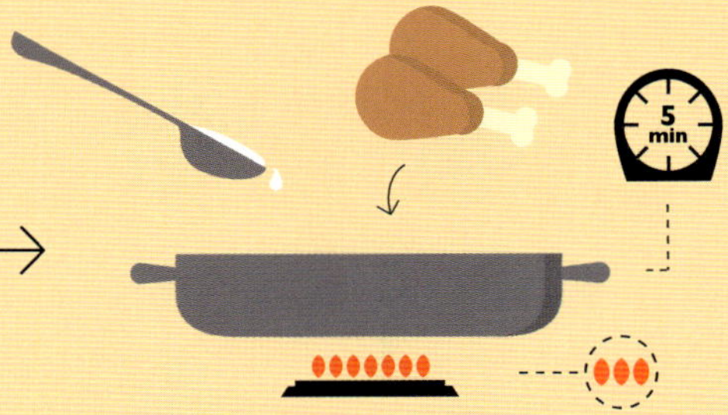

Portez la sauce à ébullition, ajoutez la crème. Remettez la viande et saupoudrez de cerfeuil.

Poulet à la cacciatore

- 2 c. à s. de farine
- sel
- poivre
- 1 kg de poulet (blancs et cuisses), taillé en cubes
- 2 c. à s. d'huile
- 1 oignon, émincé
- 1 c. à s. de concentré de tomate
- 20 cl de vin blanc
- 25 cl de bouillon de poulet
- 1 boîte de tomates pelées (875 g)
- 200 g de champignons, coupés en quatre
- 1 c. à s. de persil, ciselé

159 Bouillon de volaille

* Servez avec des pommes de terre.

188 Pommes de terre à l'eau et au sel

Farinez, salez et poivrez le poulet.

Faites saisir la viande sur toutes les faces dans l'huile chaude, puis réservez dans une assiette.

Faites sauter les oignons et le concentré de tomate et déglacez au vin blanc et au bouillon, puis ajoutez les tomates.

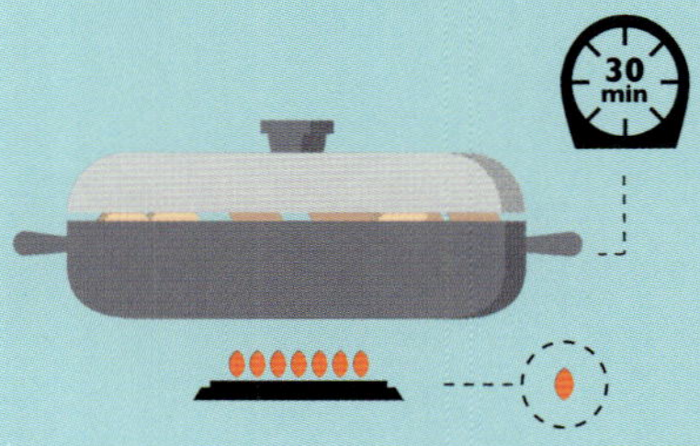

Remettez le poulet. Couvrez et laissez mijoter à feu doux.

Ajoutez les champignons et braisez.

Saupoudrez de persil.

265 Saumon braisé à la japonaise

1 c. à s. d'huile de tournesol

12,5 cl de bouillon de légumes

4 c. à s. de saké

4 c. à s. de mirin

2 c. à c. de pâte miso blanche

1 c. à s. de sauce soja

1 c. à s. de gingembre, émincé

1 ciboule, émincée

4 filets de saumon sans peau (200 g chacun)

200 g de pousses d'épinard

157 Bouillon de légumes

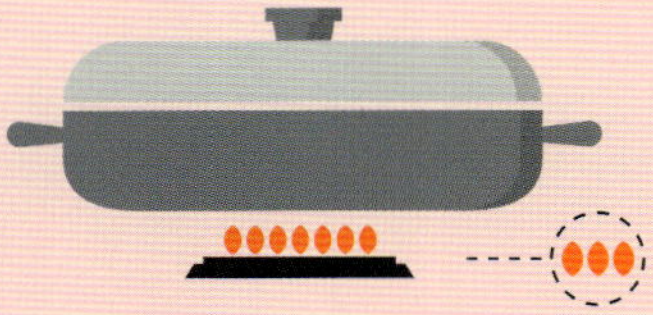

Mélangez tous les ingrédients et portez à ébullition.

Baissez le feu ; ajoutez le saumon ; braisez.

Mettez le saumon sur des assiettes et gardez au chaud.

Faites cuire la sauce jusqu'à ce qu'elle ait réduit de moitié.

Ajoutez les épinards pour les faire suer.

Présentez le saumon avec les épinards, arrosez de sauce.

266 Ratatouille

- 4 c. à s. d'huile
- 3 tomates, coupées en dés
- 3 courgettes, coupées en dés
- 1 poivron rouge, coupé en dés
- 2 aubergines, coupées en dés
- 1 oignon, finement haché
- sel
- poivre
- 3 c. à s. d'eau
- 1 c. à s. de vinaigre balsamique

Faites cuire tous les ingrédients dans l'huile.

→ Ajoutez l'eau et le vinaigre. Salez et poivrez.

→ Braisez à feu doux jusqu'à ce que les légumes soient tendres.

267 Légumes braisés

- 1 c. à s. de beurre
- 600 g de poireaux, coupés en tronçons d'environ 6 cm, effeuillés
- 200 g de ciboules avec tiges, grossièrement hachées
- 12,5 cl de vin blanc
- 15 cl de bouillon de légumes
- sel
- poivre
- 1 c. à s. de persil, ciselé

157 Bouillon de légumes

✱ Idéal avec du couscous.

199 Couscous

Dans un plat à rôtir, faites sauter dans le beurre les poireaux et les ciboules disposés en une seule couche, puis ajoutez le vin blanc et le bouillon. Salez et poivrez.

→ Retirez les légumes.

→ Portez la sauce à ébullition, puis versez sur les légumes.

→ Saupoudrez de persil avant de servir.

Frire

268 Œufs sur le plat

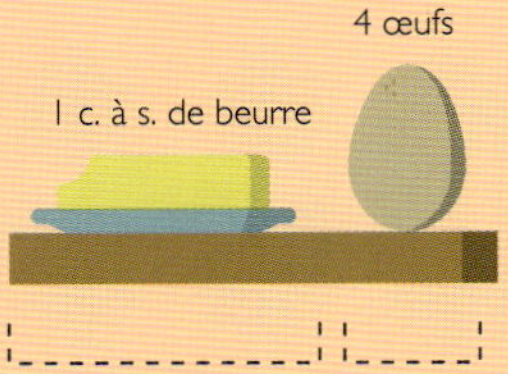

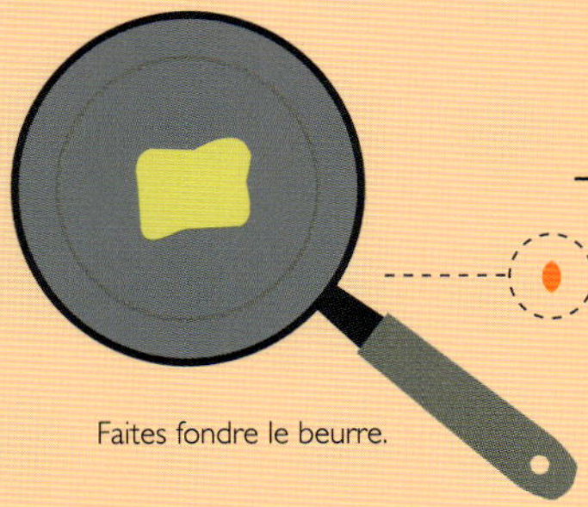

Faites fondre le beurre.

Cassez délicatement chaque œuf pour garder le jaune intact. Faites frire à feu doux jusqu'à épaississement du jaune, puis servez.

*

Pour changer, essayez la cuisson des deux côtés : retournez l'œuf soigneusement et faites frire l'autre face.

269 Omelette

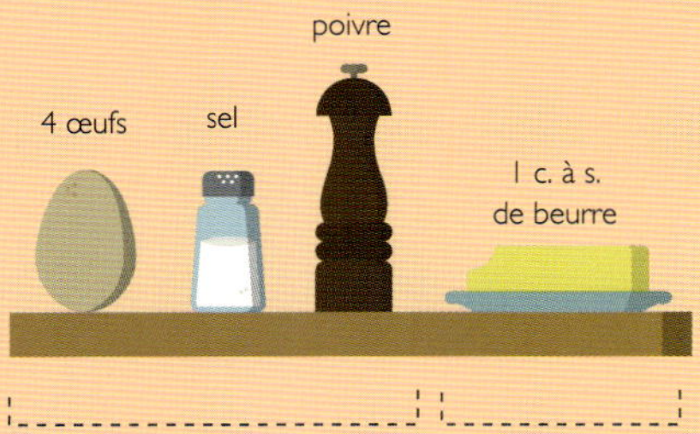

Battez les œufs dans un bol, assaisonnez.

Faites fondre le beurre dans une poêle. Versez les œufs. Laissez durcir à feu doux. Quand l'omelette se solidifie, ramenez les bords vers le centre.

Placez l'omelette à l'envers sur une assiette et augmentez le feu. Quand la poêle est bien chaude, faites glisser l'omelette dedans et faites cuire la deuxième face.

270 Omelette au jambon

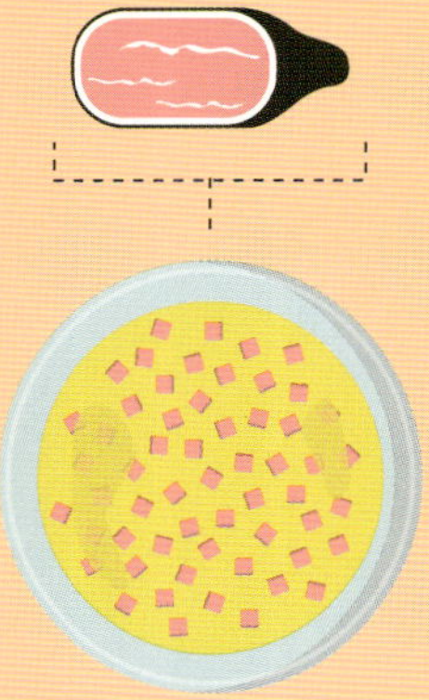

Ajoutez 100 g de dés de jambon dans les œufs.

271 Omelette au fromage

Ajoutez 2 c. à s. de gruyère râpé dans les œufs.

272 Omelette aux herbes

Ajoutez 2 c. à s. d'herbes ciselées (persil, ciboulette et cerfeuil) dans les œufs.

273 Œufs brouillés

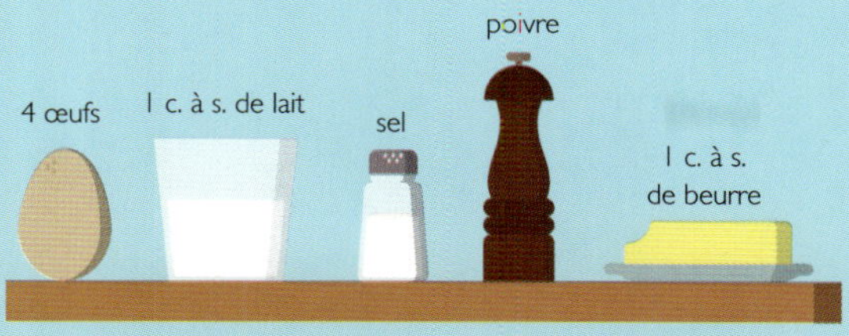

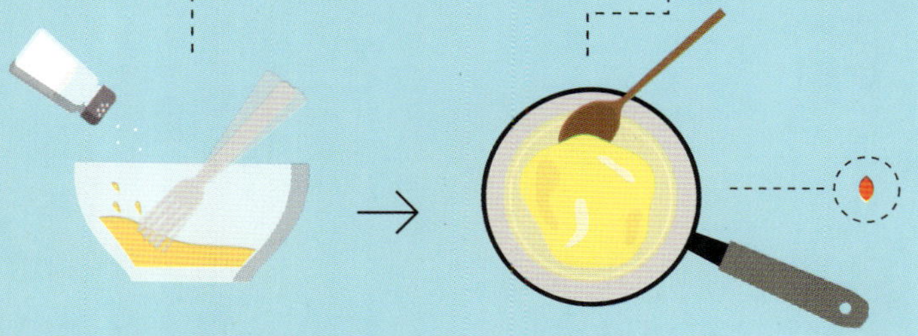

Cassez les œufs dans un bol, ajoutez le lait, salez et poivrez, puis battez.

Dans une poêle, faites fondre le beurre. Sans cesser de remuer, attendez que les œufs durcissent.

274 Œufs au jambon

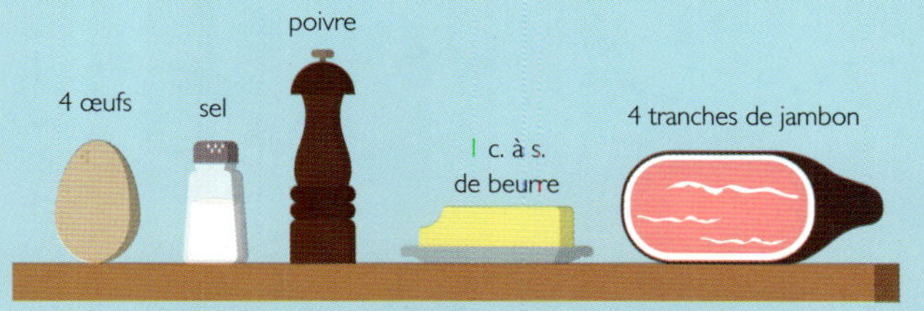

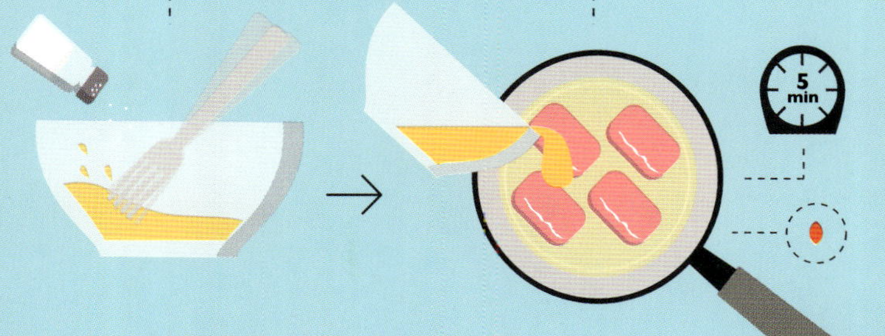

Cassez les œufs dans un bol, battez, puis salez et poivrez.

Dans une poêle, faites frire le jambon dans le beurre, puis ajoutez les œufs battus et laissez cuire à feu doux jusqu'à ce qu'ils durcissent.

275 Pain perdu salé

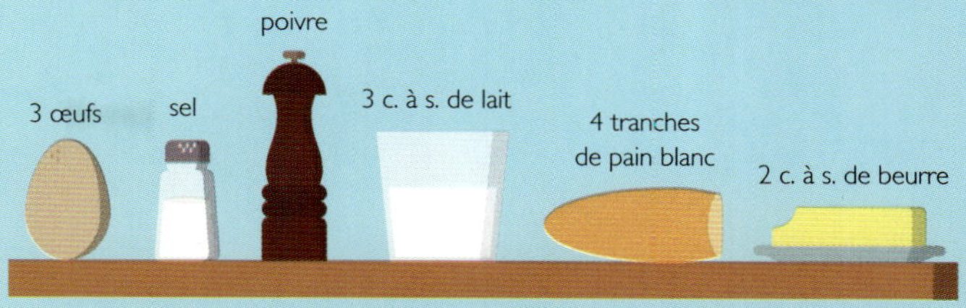

Cassez les œufs dans un bol, ajoutez le lait, salez et poivrez, puis battez.

Imbibez les tranches de pain dans les œufs battus.

Dans une poêle, faites frire le pain dans le beurre jusqu'à ce que les tranches soient dorées.

276 Pain perdu sucré

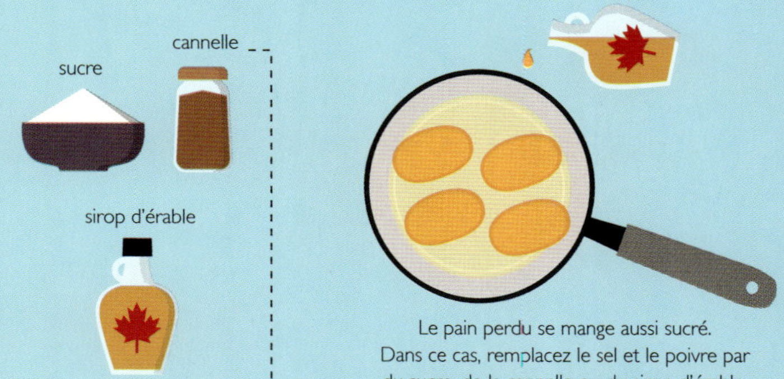

Le pain perdu se mange aussi sucré. Dans ce cas, remplacez le sel et le poivre par du sucre, de la cannelle ou du sirop d'érable.

277 Pad thaï

- 200 g nouilles de riz
- eau chaude
- 4 c. à s. d'huile
- 200 g de tofu, coupé en dés
- 200 g de blancs de poulet, coupés en cubes
- 4 œufs
- 6 c. à s. de nuoc-mâm
- 6 c. à s. d'eau
- 2 c. à s. de sucre roux
- 4 gousses d'ail, émincées

- 200 g de germes de soja
- 4 ciboules, coupées en rondelles d'environ 1 cm
- 1 pincée de piment
- 3 c. à s. de cacahuètes hachées
- 1 citron vert, coupé en quartiers

Trempez les nouilles dans l'eau chaude.

Faites saisir le tofu et le poulet dans l'huile chaude, dans un wok ou une grande poêle.

Réservez.

Ajoutez les œufs dans le wok, puis le nuoc-mâm, l'eau, le sucre, l'ail, le soja et les ciboules. Faites frire en remuant sans cesse.

Ajoutez le tofu et le poulet, ainsi que les nouilles égouttées. Remuez bien.

Saupoudrez de piment et de cacahuètes, puis décorez chaque assiette d'un quartier de citron vert.

278 Pad thaï végétarien

- 200 g de brocolis, en fleurettes
- 6 c. à s. de sauce soja

Remplacez le poulet par des brocolis et le nuoc-mâm par de la sauce soja.

Faites cuire les brocolis jusqu'à ce qu'ils soient tendres. Procédez comme pour le pad thaï.

279 Paella

4 c. à s. d'huile

1 oignon, émincé

4 gousses d'ail, émincées

8 cuisses de poulet

250 g de calamars, prêts à cuisiner et émincés

3 poivrons, vert, jaune, rouge, coupés en dés

2 tomates, pelées

12,5 cl de vin blanc

50 cl de bouillon de volaille

8-10 filaments de safran

159 Bouillon de volaille

300 g de riz rond

sel

poivre

200 g de petits pois

250 g de crevettes, cuites et décortiquées

400 g de moules, lavées

1 citron, en quartiers

061 Décortiquer des crevettes

* Jetez les moules cassées, ou qui ne se ferment pas quand on donne une petite pression. Jetez aussi celles qui sont toujours fermées après la cuisson.

Faites sauter les oignons et l'ail dans l'huile chaude.

Faites saisir le poulet, ajoutez les calamars et les légumes. Continuez à frire.

Ajoutez le vin, le bouillon de volaille, le safran et le riz. Salez et poivrez. Faites cuire à feu doux.

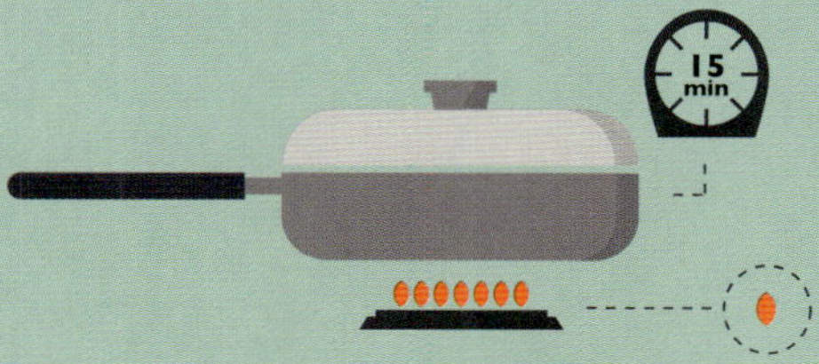

Ajoutez les petits pois, les crevettes et les moules. Couvrez et continuez à cuire.

Décorez de quartiers de citron.

280 Nasi goreng

- 3 œufs
- 1 c. à s. de sauce soja
- 2 c. à s. d'huile
- 6 ciboules, finement émincées
- 2 oignons, émincés
- 2 gousses d'ail, émincées
- 1 petit morceau de gingembre, émincé
- 1 piment, émincé
- 350 g de riz à long grain, cuit

177 Cuire le riz

- 500 g de blancs de poulet cuits, coupés en lanières
- 250 g de crevettes, cuites et décortiquées
- 3 c. à s. de sauce soja légère
- 2 c. à s. de jus de citron
- 1 c. à s. de sucre roux
- sel
- poivre
- 2 c. à s. de cacahuètes, hachées

061

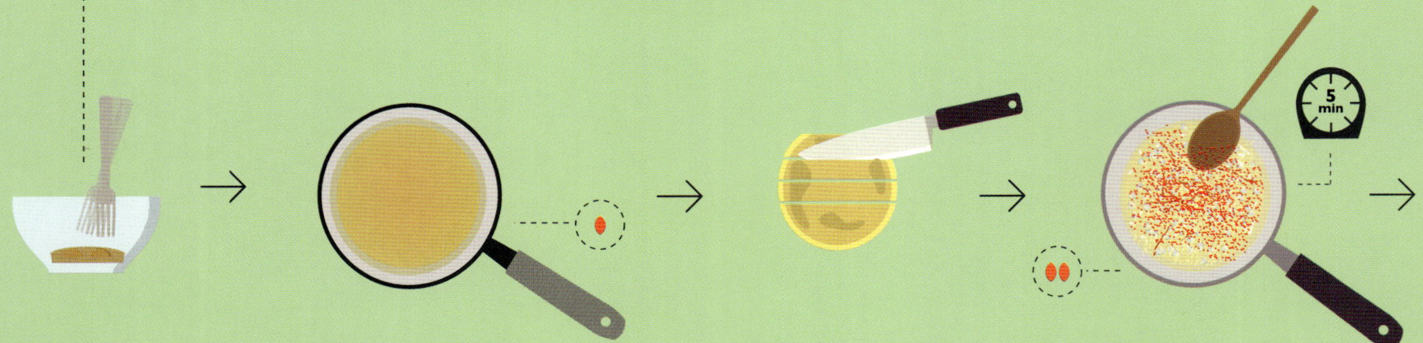

1. Fouettez les œufs et la sauce soja.
2. Faites chauffer 1 c. à s. d'huile et versez la préparation à l'œuf. Faites cuire jusqu'à durcissement des œufs.
3. Retirez. Coupez en lanières.
4. Faites chauffer 1 c. à s. d'huile, puis faites sauter les ciboules, l'ail, le gingembre, les oignons et le piment.

5. Ajoutez le riz. Faites frire. Salez et poivrez.
6. Faites saisir le poulet, les crevettes, la sauce soja, le jus de citron et le sucre à feu vif, en remuant constamment.
7. Incorporez les lanières d'œuf, assaisonnez et saupoudrez de cacahuètes.

281 Riz sauté aux légumes

3 c. à s. d'huile
1 carotte, coupée en dés
3 ciboules, finement émincées
200 g de champignons, coupés en lamelles
100 g de germes de soja
350 g de riz long grain cuit
2 œufs
2 c. à s. de sauce soja

177 Cuire le riz

Faites cuire les légumes dans l'huile.

Ajoutez le riz, puis faites frire.

Fouettez les œufs et la sauce soja. Versez sur le riz et les légumes. Faites frire jusqu'à ce que les œufs durcissent.

282 Riz sauté au poulet et aux légumes

3 c. à s. d'huile
1 carotte, coupée en dés
3 ciboules, finement émincées
200 g de champignons, finement émincés
100 g de germes de soja
2 c. à s. de sauce soja
350 g de riz long grain cuit
300 g de blancs de poulet cuits, coupés en lanières

177 Cuire le riz

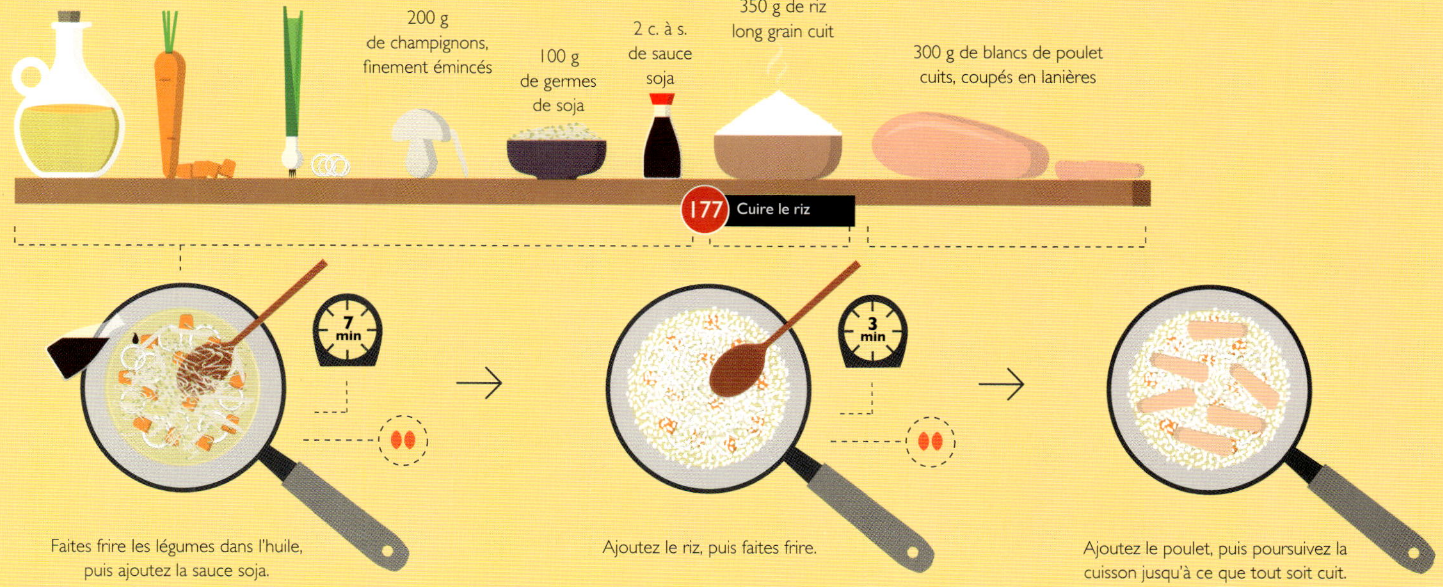

Faites frire les légumes dans l'huile, puis ajoutez la sauce soja.

Ajoutez le riz, puis faites frire.

Ajoutez le poulet, puis poursuivez la cuisson jusqu'à ce que tout soit cuit.

283 Tranches de pommes de terre

- 4 c. à s. d'huile
- 1 oignon, émincé
- 750 g de pommes de terre à chair ferme, pelées et coupées en tranches
- sel

186 Pommes de terre à l'eau

✱ Ne faites pas frire trop de pommes de terre en une seule fois. Faites plusieurs poêlées pour qu'elles deviennent bien croustillantes.

Faites sauter les oignons dans l'huile.

Ajoutez les tranches de pommes de terre. Faites frire un côté jusqu'à ce qu'il croustille, puis retournez.

✱ Égouttez sur du papier absorbant.

Salez la face croustillante. Procédez de même sur l'autre face après cuisson.

284 Galettes de pommes de terre au saumon

- 750 g de pommes de terre à chair ferme, pelées
- 1 oignon, émincé
- 2 œufs
- 1 c. à c. de sel
- 1 c. à s. de farine
- 2 c. à s. d'huile
- 4 tranches de saumon fumé
- 4 c. à s. de crème fraîche
- ciboulette

Râpez les pommes de terre. Mélangez avec l'oignon. Ajoutez les œufs, le sel, la farine, puis mélangez bien.

Dans l'huile chaude, ajoutez 1 c. à s. de cette préparation à la fois. Écrasez pour former une galette plate. Faites frire des deux côtés jusqu'à ce que ce soit croustillant et doré.

Mettez du saumon fumé sur la galette, surmonté de crème fraîche et de ciboulette.

285 Frites

750 g pommes de terre à chair ferme, pelées

2 l d'huile

sel

Coupez en forme de frites.

* L'huile est assez chaude lorsque des bulles apparaissent autour du manche d'une cuillère en bois.

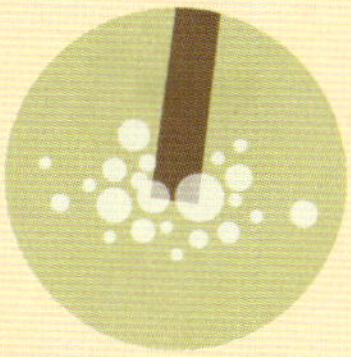

Faites chauffer l'huile dans une friteuse.

Ajoutez les frites dans l'huile jusqu'à l'obtention d'une teinte jaune pâle.

Égouttez sur du papier absorbant.

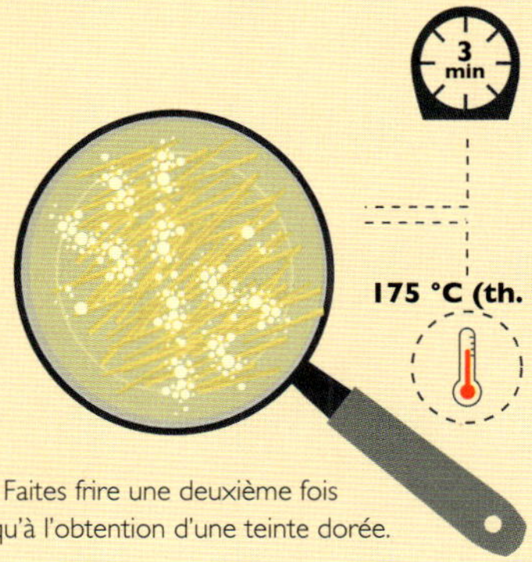

Faites frire une deuxième fois jusqu'à l'obtention d'une teinte dorée.

Retirez les frites, égouttez et salez.

286 Pommes allumettes

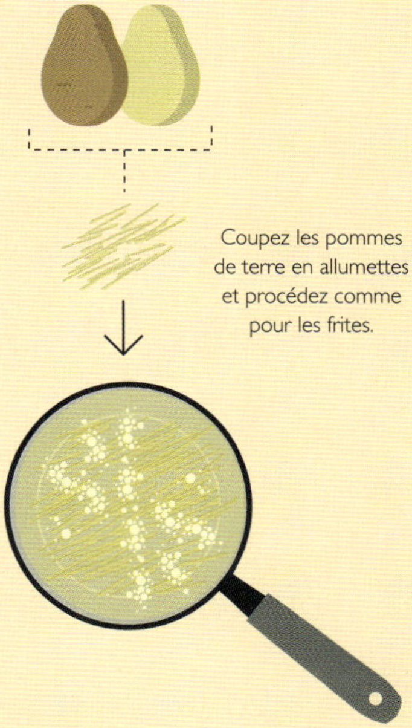

Coupez les pommes de terre en allumettes et procédez comme pour les frites.

287 Frites de patate douce

400 g de patates douces

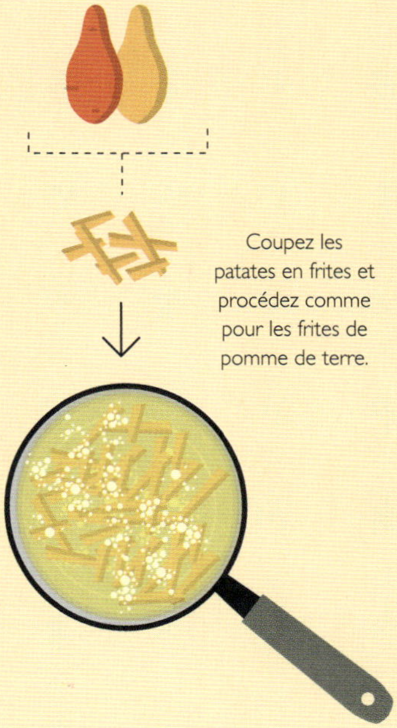

Coupez les patates en frites et procédez comme pour les frites de pomme de terre.

288 Chips

750 g de pommes de terre à chair ferme

1 l d'huile

sel

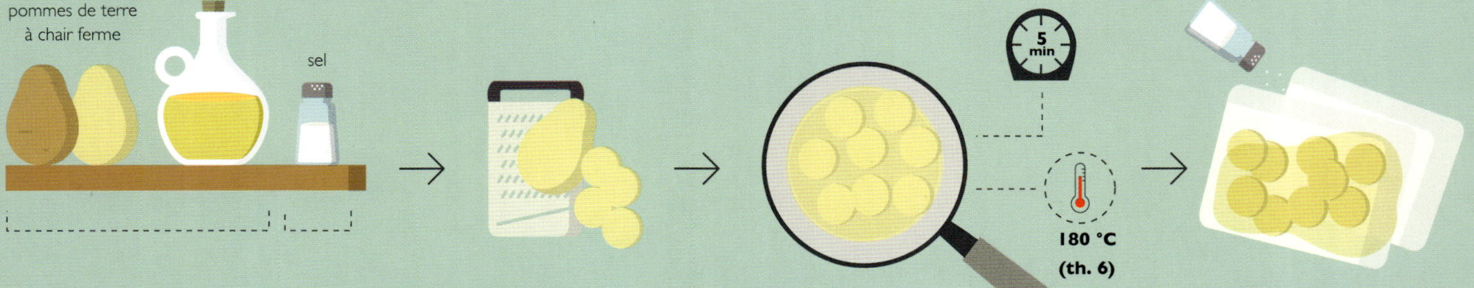

Utilisez une mandoline pour réaliser des tranches très fines.

Faites chauffer l'huile dans une friteuse. Faites frire en plusieurs fois jusqu'à l'obtention d'une teinte jaune dorée.

Égouttez sur du papier absorbant.

289 Chips de légumes

750 g de carottes, céleri, navets et persil tubéreux

1 l d'huile

sel

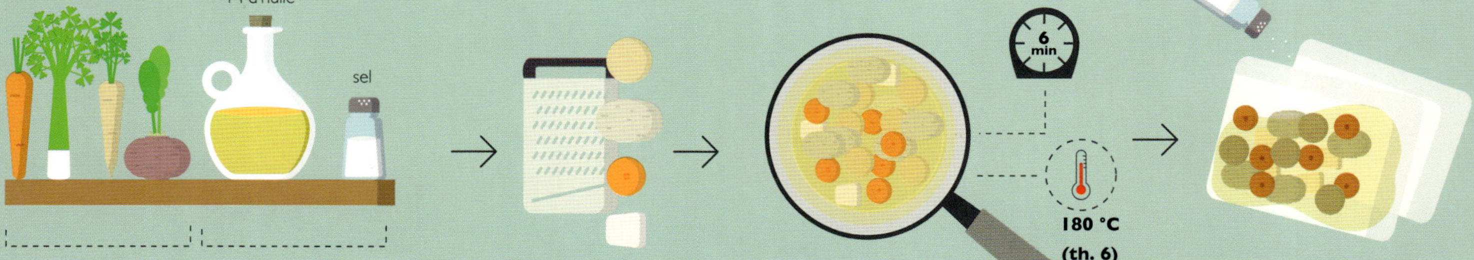

Lavez les légumes et tranchez finement à la mandoline.

Faites chauffer l'huile dans une friteuse. Faites frire en plusieurs fois jusqu'à l'obtention d'une teinte jaune dorée.

Égouttez sur du papier absorbant et salez.

290 Tortilla chips

Coupez des tortillas en huit.

Versez une grande quantité d'huile de maïs dans une poêle, faites chauffer et plongez-y les tortilla chips.

Laissez refroidir, égouttez et salez.

291 Rumsteck

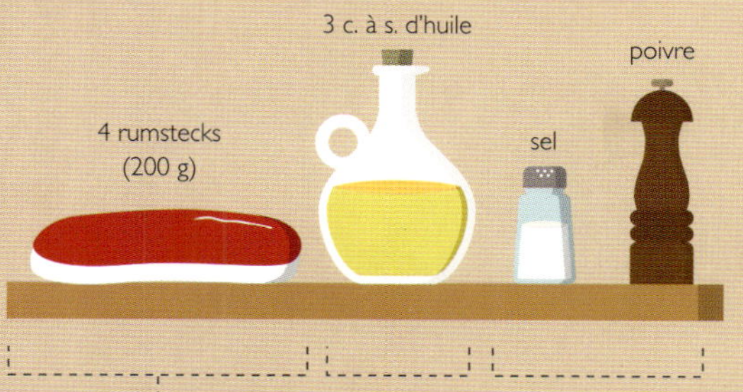

Faites des encoches dans les côtés sans inciser la viande.

Dans une poêle, faites chauffer l'huile et saisissez les rumstecks sur les deux faces.

Faites cuire 4 minutes de chaque côté.

Emballez dans de l'aluminium et laissez reposer dans un endroit chaud. Salez et poivrez. Servez.

saignant **50 °C**
à point **60 °C**
bien cuit **70 °C**

292 Steak Salisbury

Salez la viande et formez 4 steaks à la main.

Dans l'huile chaude, faites cuire les steaks 4 minutes de chaque côté.

335 Burgers

Poivrez avant de servir.

293 Boulettes de bœuf

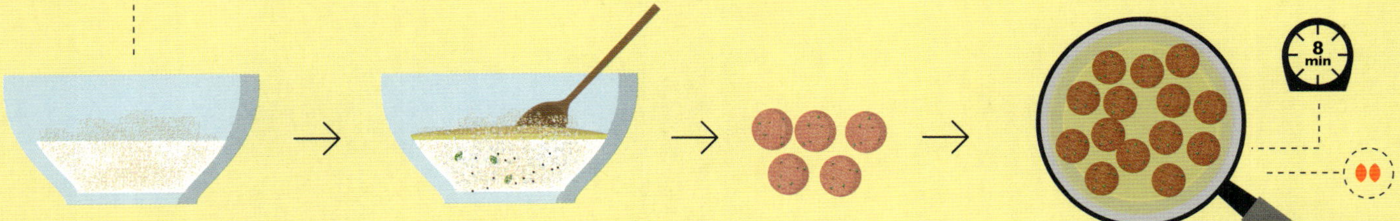

Imbibez la chapelure de lait, égouttez et mélangez avec les autres ingrédients.

Formez des boulettes d'environ 4 cm de diamètre.

Dans l'huile chaude, faites cuire les boulettes de tous les côtés.

294 Boulettes à l'américaine

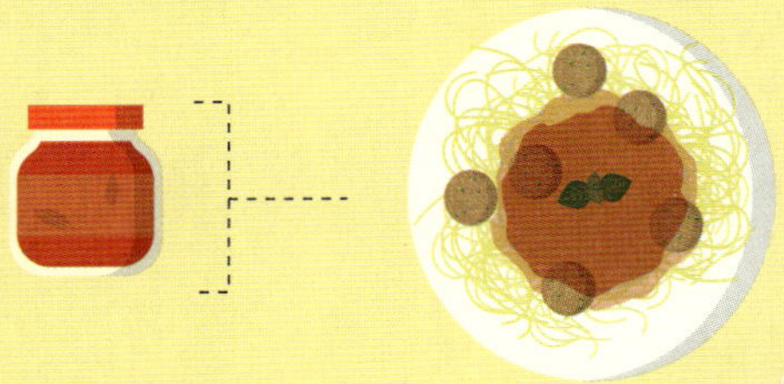

Les boulettes sont généralement servies avec des spaghetti sauce tomate.

146 Sauce tomate

295 Boulettes à l'allemande

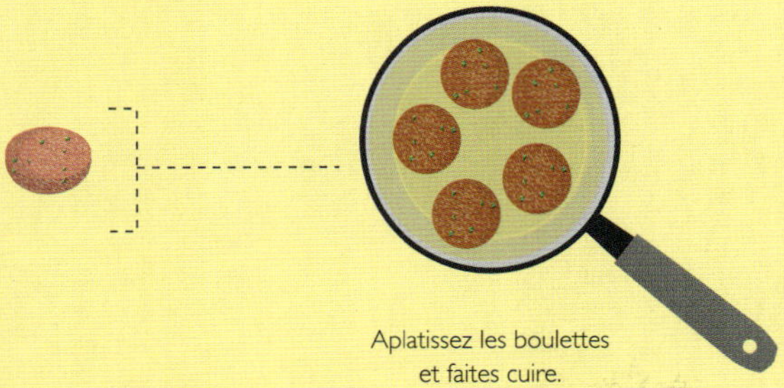

Aplatissez les boulettes et faites cuire.

296 Boulettes à la suédoise (köttbullar)

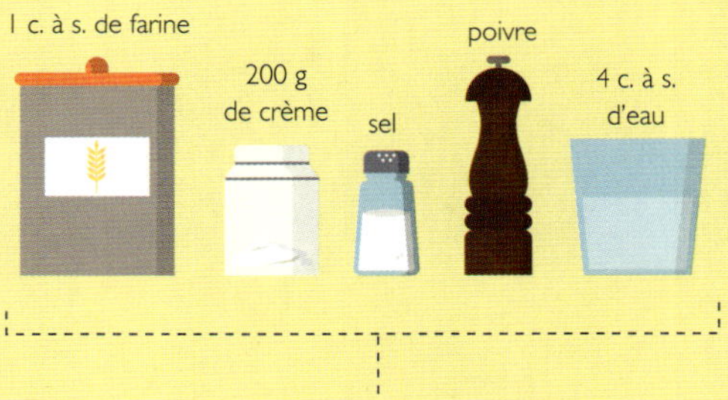

188 Pommes de terre à l'eau et au sel

Sortez les boulettes de la poêle, ajoutez la farine et faites cuire. Ajoutez la crème, l'eau, le sel et le poivre. Faites cuire jusqu'à ce que la sauce commence à épaissir. Servez les boulettes avec cette sauce, des pommes de terre au sel et des airelles rouges.

297 Boulettes à la turque (kefta)

Utilisez du persil au lieu de la marjolaine, ajoutez du piment et du cumin moulus. Remplacez le bœuf par de l'agneau.

298 Boulettes à l'italienne

Utilisez du persil au lieu de la marjolaine ; ajoutez du parmesan dans la viande hachée. Faites brièvement chauffer les boulettes dans la sauce tomate avant de servir.

146 Sauce tomate

299 Boulettes à l'espagnole (albóndigas)

Utilisez du persil au lieu de la marjolaine ; ajoutez les pignons de pin et la muscade dans la viande hachée. Faites brièvement chauffer les boulettes dans la sauce tomate avant de servir.

146 Sauce tomate

300 Raviolis chinois (jiaozi)

157 Bouillon de légumes

Mélangez tous les ingrédients.

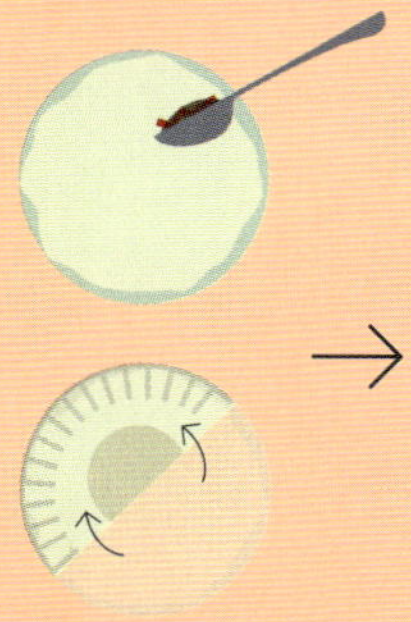

Ajoutez 1 c. à s. de farce pour remplir chaque *jiaozi*. Humectez les bords. Pliez en pinçant aux bords.

Faites frire sur un côté. Quand les *jiaozi* sont brun doré, ajoutez le bouillon sans les recouvrir.

Couvrez et laissez frire jusqu'à complète absorption du liquide.

301 Escalope viennoise

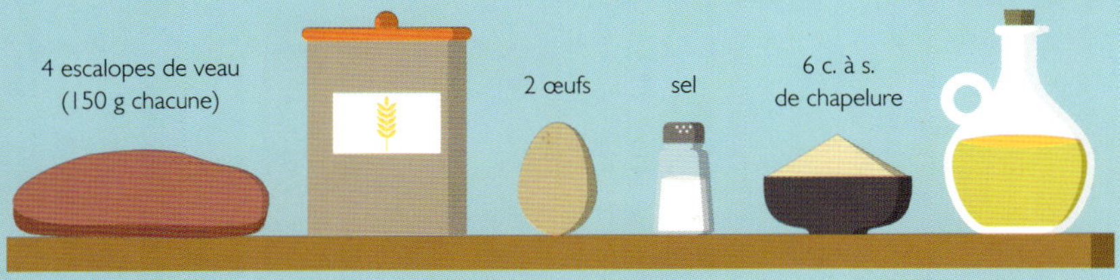

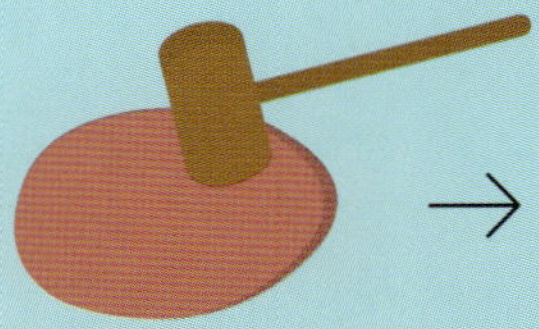

Martelez la viande pour l'aplatir.

* L'escalope est encore meilleure avec du beurre clarifié.

* Après friture, égouttez sur du papier absorbant.

Mettez la farine dans une assiette. Battez les œufs et le sel dans une assiette creuse. Mettez la chapelure sur une autre assiette.

Passez chaque escalope dans la farine, dans les œufs et dans la chapelure des deux côtés.

Faites frire les escalopes (qui doivent nager dans l'huile) 4 minutes de chaque côté jusqu'à ce qu'elles soient bien dorées.

302 Poulet frit

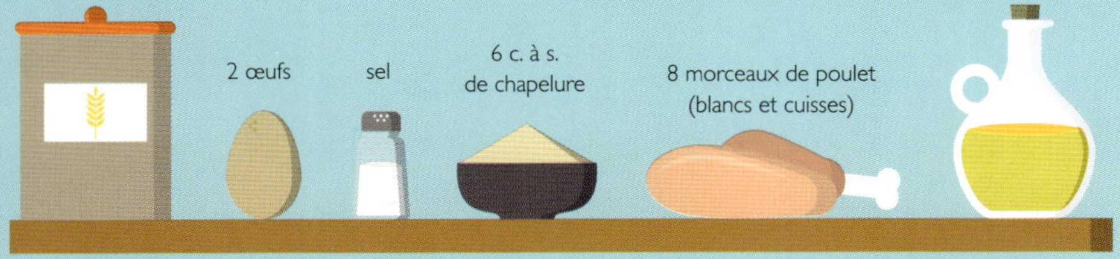

* Après friture, égouttez sur du papier absorbant.

Enlevez la peau du poulet. Mettez la farine sur une assiette. Battez les œufs et le sel dans une assiette creuse. Mettez la chapelure sur une autre assiette.

Passez les morceaux de poulet dans la farine, dans les œufs et dans la chapelure des deux côtés.

Faites frire le poulet (qui doit nager dans l'huile) 4 minutes de chaque côté jusqu'à ce qu'il soit jaune doré.

303 Saltimbocca

Recouvrez de jambon cru et de sauge. Pliez les escalopes et fermez-les par un cure-dent. Salez et poivrez.

Faites frire dans l'huile pendant 3 minutes de chaque côté. Réservez dans un endroit chaud.

Déglacez au vin blanc et faites cuire jusqu'à réduction de moitié. Hors du feu, incorporez le beurre.

Remettez le veau dans la sauce et faites chauffer.

304 Comment plier galettes, pancakes et crêpes

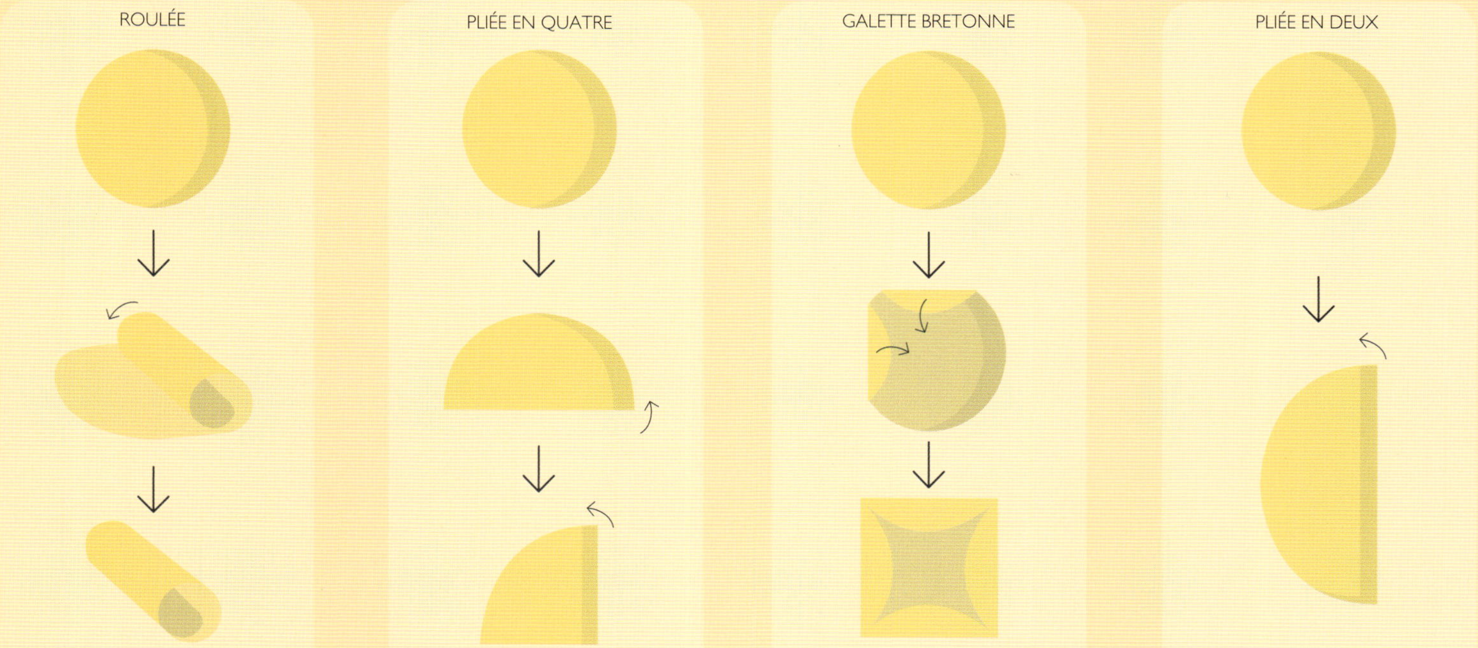

Repliez les bords vers l'intérieur (mettez la garniture au centre, qui reste ouvert).

305 Galettes

2 œufs

250 g de farine de sarrasin

30 cl d'eau

3 c. à s. d'eau gazeuse

sel

2 c. à s. de beurre fondu + beurre pour la poêle

Mélangez tous les ingrédients et laissez reposer.

Faites chauffer la poêle beurrée. Ajoutez une louche de pâte et faites tourner la poêle pour la recouvrir uniformément. Les galettes doivent être très fines.

Quand la première face est dorée, retournez avec une spatule. Faites cuire l'autre face.

306 Pancakes salés

4 œufs

250 g de farine

40 cl de lait

3 c. à s. d'eau gazeuse

1 pincée de sel

beurre pour la poêle

Mélangez tous les ingrédients et laissez reposer.

Faites chauffer la poêle beurrée. Ajoutez une louche de pâte et faites tourner la poêle pour la recouvrir uniformément.

Quand la première face est dorée, retournez avec une spatule. Faites cuire la deuxième face.

307 Galettes aux herbes

200 g de fromage blanc

2 c. à s. de lait

4 c. à s. d'herbes aromatiques (persil, ciboulette, cerfeuil, aneth, romarin, thym), ciselées

1 c. à s. de jus de citron

sel

poivre

Dans un saladier, mélangez tous les ingrédients en remuant bien. Laissez reposer.

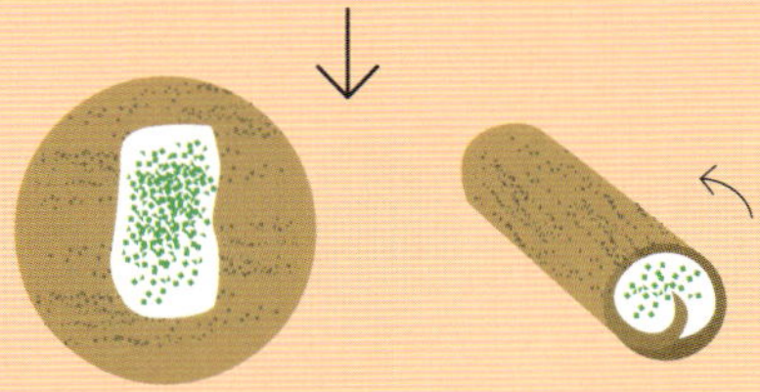

Utilisez pour garnir galettes ou pancakes.

* Le fromage blanc aux herbes se déguste aussi sur du pain bis grillé ou sur de la baguette fraîche.

308 Garniture aux épinards

- 1 c. à s. d'huile
- 1 échalote, émincée
- 1 gousse d'ail, émincée
- 400 g d'épinards
- 1 l d'eau bouillante
- 2 c. à s. de crème
- sel
- poivre

Faites sauter dans l'huile l'échalote et l'ail.

Placez les épinards dans une passoire. Versez l'eau bouillante dessus et égouttez.

Coupez en petits morceaux.

Ajoutez les épinards, puis la crème, assaisonnez et faites chauffer.

Utilisez pour garnir galettes ou pancakes.

309 Garniture à la viande

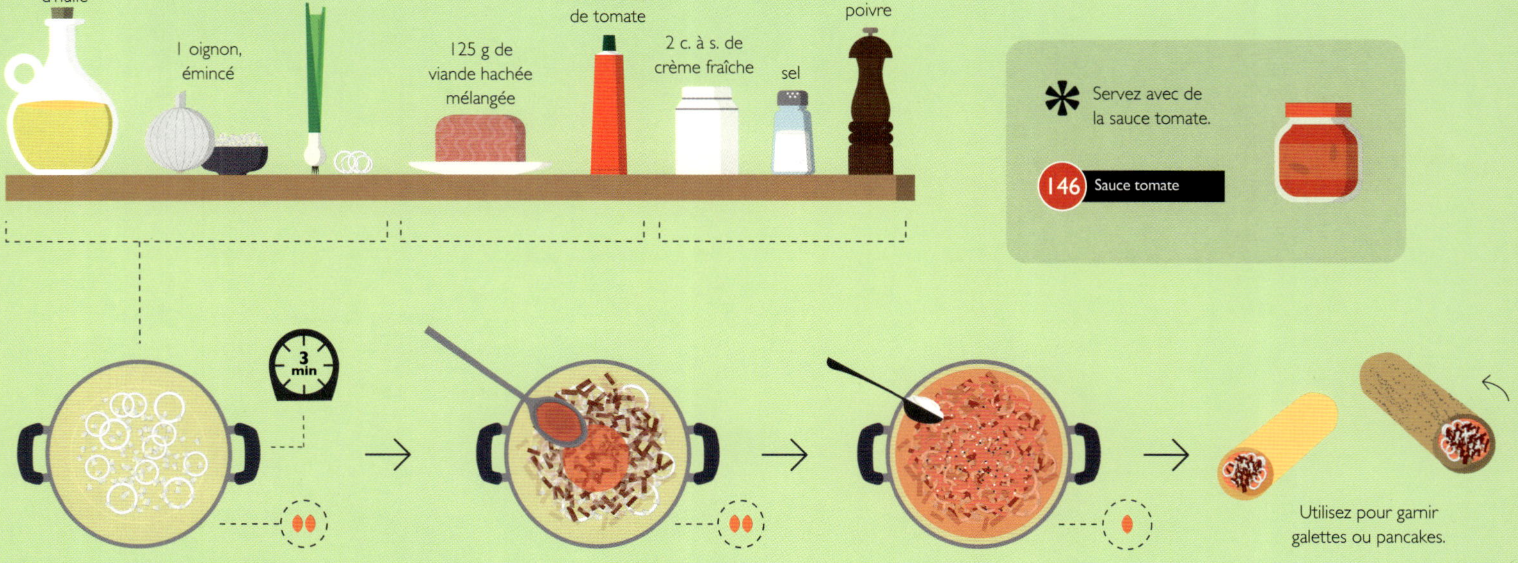

- 2 c. à s. d'huile
- 1 oignon, émincé
- 2 ciboules, finement émincées
- 125 g de viande hachée mélangée
- 1 c. à s. de concentré de tomate
- 2 c. à s. de crème fraîche
- sel
- poivre

* Servez avec de la sauce tomate.

146 Sauce tomate

Faites sauter l'oignon et les ciboules environ 3 minutes.

Ajoutez la viande et faites-la saisir. Ajoutez le concentré de tomate et continuez la cuisson.

Ajoutez la crème fraîche, salez et poivrez.

Utilisez pour garnir galettes ou pancakes.

310 Tempuras de légumes

- 8 c. à s. de farine
- 8 c. à s. de Maïzena
- 8 c. à s. d'eau glacée
- sel
- 40 cl d'huile
- 300 g de légumes variés (carottes, céleri, ciboules, champignons, pleurottes, poivrons ou asperges), coupés en morceaux

Mélangez la farine avec la Maïzena, le sel et l'eau glacée.

Faites chauffer l'huile.

Trempez les légumes dans la pâte, sans les mettre tous à la fois.

Laissez égoutter.

Faites frire les légumes qui doivent baigner dans l'huile.

Égouttez sur du papier absorbant.

311 Tempuras de crevettes

- 300 g de crevettes décortiquées
- 2 c. à s. de sauce soja
- 1 c. à s. de miel
- ½ c. à c. de piment en poudre

061 Décortiquer des crevettes

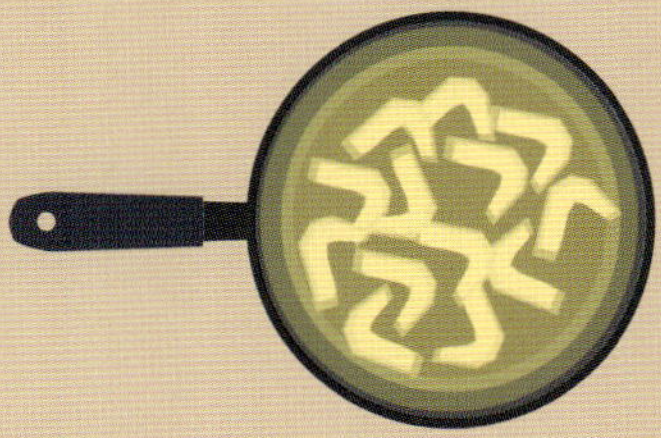

Utilisez des crevettes à la place des légumes.

Servez avec une sauce soja mélangée de miel et de piment.

312 Sauté de légumes de printemps au tofu

- 2 c. à s. d'huile
- 1 petit oignon, émincé
- 1 poireau, émincé finement
- 100 g d'asperges vertes, coupées en tronçons
- 100 g de pois mangetout
- 100 g de champignons, coupés en lamelles
- 1 courgette, coupée en dés
- 2 c. à s. de sauce soja
- 125 g de tofu fumé, coupé en lamelles
- sel
- poivre

Faites sauter les oignons dans l'huile.

Ajoutez le reste des légumes, faites frire. Ajoutez la sauce soja et laissez cuire jusqu'à ce que les légumes soient tendres.

Ajoutez le tofu fumé et chauffez rapidement.

* Variante : ne mettez pas de tofu mais servez avec un œuf sur le plat par personne. Idéal avec des tranches de pommes de terre.

268 Œufs sur le plat
283 Tranches de pommes de terre

313 Sauté de légumes

- 2 c. à s. d'huile
- 1 morceau de gingembre de 3 cm, émincé
- 200 g de champignons de Paris bruns, coupés en lamelles
- 3 ciboules, finement émincées
- 200 g de bettes, coupées en lamelles
- 2 courgettes, coupées en dés
- 2 c. à s. de sauce soja
- poivre

Faites chauffer l'huile dans un wok ou une grande poêle et faites sauter le gingembre. Ajoutez les légumes et faites frire.

Ajoutez la sauce soja et faites frire jusqu'à ce que les légumes soient tendres.

*

Pour un goût plus fort, ajoutez un peu de piment émincé. Servez avec du riz.

045 Émincer un piment
177 Cuire le riz

314 Artichauts frits

- 3 œufs
- 3 c. à s. de parmesan râpé
- sel
- poivre
- 6 petits artichauts, tournés et coupés en quartiers
- 60 g de chapelure
- 50 cl d'huile

053 Tourner un artichaut

✱ Égouttez sur du papier absorbant.

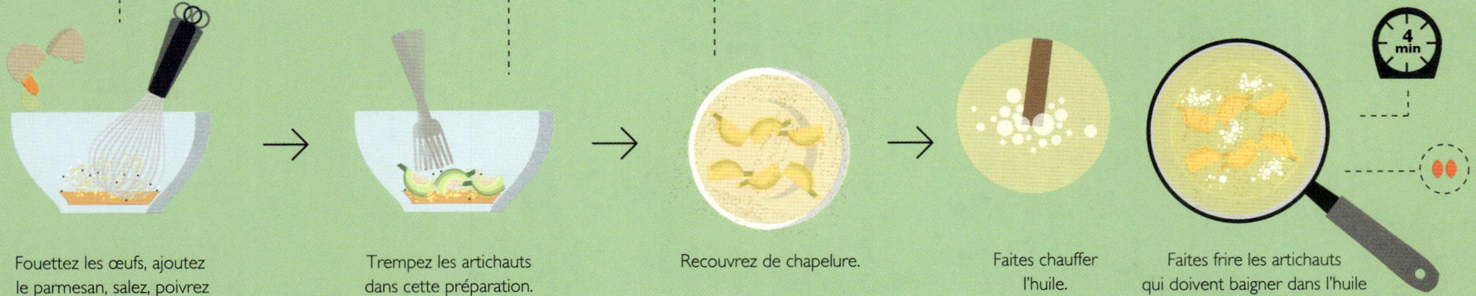

1. Fouettez les œufs, ajoutez le parmesan, salez, poivrez et remuez bien.
2. Trempez les artichauts dans cette préparation.
3. Recouvrez de chapelure.
4. Faites chauffer l'huile.
5. Faites frire les artichauts qui doivent baigner dans l'huile jusqu'à ce qu'ils soient dorés.

315 Tofu frit au gingembre

- 2 tiges de citronnelle, finement émincée
- 1 morceau de gingembre de 3 cm, émincé
- 1 c. à s. de sauce soja
- 1 c. à s. de jus de citron
- 1 c. à c. de sucre
- 3 c. à s. d'huile
- sel
- poivre
- 1 c. à s. d'huile
- 400 g de tofu, coupé en dés
- 1 c. à s. de basilic thaï, coupé en fines lamelles

060 Préparer la citronnelle

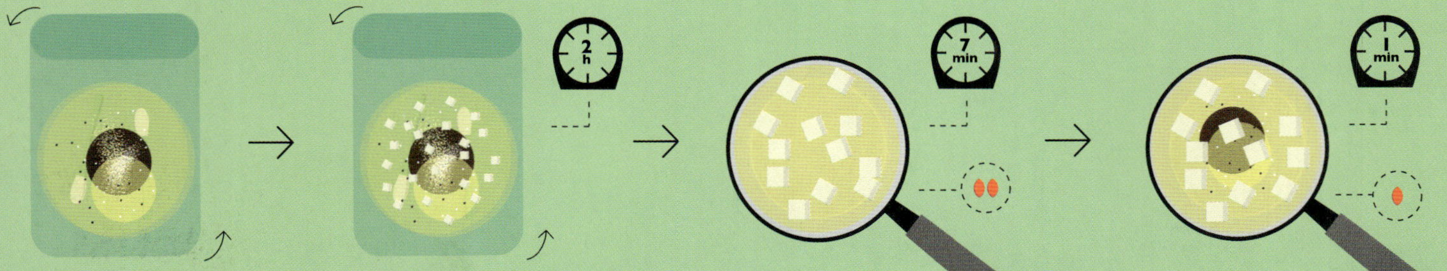

1. Mettez tous les ingrédients dans un sachet plastique pour faire la marinade.
2. Ajoutez le tofu. Secouez bien et laissez mariner. Ôtez le tofu et égouttez-le.
3. Faites frire le tofu sur toutes les faces. Réservez-le dans un endroit chaud.
4. Ajoutez le reste de la marinade et faites cuire jusqu'à réduction de moitié. Mélangez avec le tofu et décorez de basilic thaï.

316 Crevettes à l'ail

2 c. à s. d'huile
5 gousses d'ail, émincées
1 piment, émincé
400 g de crevettes, décortiquées
1 c. à s. de jus de citron
sel
1 c. à s. de persil, ciselé

061 Décortiquer des crevettes

Faites sauter les épices dans l'huile. (2 min)

Ajoutez les crevettes, faites frire sur tous les côtés. (5 min)

Arrosez de quelques gouttes de jus de citron, salez et décorez de persil.

317 Bouchées au crabe

3 c. à s. de mayonnaise
1 c. à s. de moutarde
60 g de chapelure
sel
poivre
1 branche de céleri, émincé
2 ciboules, émincées
500 g de chair de crabe
60 g de chapelure
4 c. à s. d'huile

080 Mayonnaise

* Servez avec une sauce tartare.

084 Sauce tartare

Mélangez tous les ingrédients. Incorporez délicatement le crabe.

Formez 8 petits pâtés à la main.

Mettez la chapelure dans une assiette. Enrobez uniformément chaque pâté.

Dans l'huile chaude, faites frire les bouchées de crabe 3 à 4 minutes de chaque côté jusqu'à ce qu'elles soient dorées. (6 min)

318 Calamars frits

4 c. à s. d'huile
1 c. à s. de gingembre, moulu
1 c. à s. d'ail, émincé
1 piment, émincé
2 ciboules, émincées
400 g de calamars, prêts à cuisiner, découpés
1 c. à s. de jus de citron
1 c. à s. de sauce soja

✱ Servez avec du riz nature ou aux légumes.

177 Cuire le riz
281 Riz sauté aux légumes

Faites sauter les épices dans l'huile chaude.

Ajoutez les calamars et faites-les saisir.

Ajoutez la sauce soja et le jus de citron, puis laissez cuire.

319 Flétan sauce câpres-citron

4 filets de flétan (150 g)
2 c. à s. d'huile
1 c. à s. de câpres
12,5 cl de vin blanc
1 c. à s. de jus de citron
1 c. à s. de zeste de citron
1 c. à s. de beurre froid
1 c. à s. de persil, ciselé
sel
poivre

059 Prélever un zeste de citron

Salez et poivrez les filets. Faites-les frire des deux côtés dans l'huile chaude. Réservez-les dans un endroit chaud.

Ajoutez tous les ingrédients de la sauce dans la poêle et portez à ébullition.

Incorporez progressivement des noisettes de beurre. Ajoutez le persil.

Disposez les filets sur les assiettes et nappez-les de sauce.

✱ Sauce idéale pour les plats à base de veau ou de poulet.

320 Fritto misto

8 c. à s. de farine

500 g de fruits de mer variés (anneaux de calamars, crevettes décortiquées, 6 à 8 anchois, prêts à cuisiner)

sel

poivre

50 cl d'huile

2 citrons

Farinez, salez et poivrez les fruits de mer et les anchois.

Faites chauffer l'huile jusqu'à ce que des bulles se forment autour du manche d'une cuillère en bois. Faites frire les fruits de mer jusqu'à ce qu'ils soient dorés.

Retirez les fruits de mer, égouttez sur du papier absorbant et réservez dans un endroit chaud.

Coupez les citrons en deux et servez avec les fruits de mer.

321 Anneaux de pomme frits

200 g de farine

1 c. à s. de levure chimique

25 cl de lait

2 c. à s. d'eau gazeuse

1 c. à s. de sucre

4 pommes

40 cl d'huile

sucre glace

Mélangez la farine, la levure, le lait, l'eau et le sucre jusqu'à l'obtention d'une pâte lisse. Laissez lever 1 heure.

Pelez et épépinez les pommes. Coupez-les en 4 ou 5 anneaux.

Trempez les anneaux de pomme dans la pâte pour qu'ils soient recouverts.

Faites frire les pommes 3 à 4 minutes de chaque côté jusqu'à ce qu'ils soient dorés. Égouttez sur du papier absorbant

Saupoudrez de sucre glace.

322 Donuts

pâte levée

50 cl d'huile

glaçage au chocolat

071 Pâte levée

131 Glaçage au chocolat

Étalez la pâte.

Découpez des disques d'environ 10 cm de diamètre. Videz un rond de 1 cm de diamètre au centre.

Faites frire les donuts dans l'huile chaude 2 minutes de chaque côté jusqu'à ce qu'ils soient dorés.

Égouttez sur du papier absorbant.

Recouvrez de glaçage au chocolat.

323 Donuts au lait ribot

350 g de farine

½ c. à s. de muscade

½ c. à s. de cannelle

½ c. à c. de levure chimique

1 pincée de sel

1 œuf

125 g de sucre

12,5 cl de lait ribot

70 cl d'huile

3 c. à s. de sucre mêlé de 1 c. à c. de cannelle

Battez les œufs et le sucre jusqu'à l'obtention d'une pâte homogène. Ajoutez les autres ingrédients préalablement mélangés.

Étalez la pâte. Découpez des disques d'environ 10 cm de diamètre. Videz un rond de 1 cm de diamètre au centre.

Faites frire les donuts dans l'huile chaude 2 minutes de chaque côté jusqu'à ce qu'ils soient dorés.

Égouttez sur du papier absorbant.

Saupoudrez de sucre à la cannelle.

324 Crêpes

- 4 œufs
- 250 g de farine
- 40 cl de lait
- 2 c. à s. de sucre
- 3 c. à s. d'eau gazeuse
- 1 pincée de sel
- 125 g de beurre
- 4 c. à s. de confiture d'abricots
- sucre glace

415 Confiture d'abricots

Mélangez tous les ingrédients et laissez reposer.

Faites fondre 1 c. à c. de beurre par crêpe dans la poêle.

Ajoutez une louche de pâte et faites tourner la poêle pour la recouvrir uniformément.

Quand la première face est dorée, retournez avec une spatule. Faites cuire la deuxième face.

Garnissez de confiture d'abricots.

Pliez ou roulez.
Saupoudrez de sucre glace.

325 Crêpes au chocolat

- sauce au chocolat
- noix concassées
- crème chantilly

217 Sauce au chocolat

Versez le coulis sur les crêpes et saupoudrez de noix.

Servez avec de la chantilly.

Griller

326 Poulet grillé à la canette de bière

1 poulet, prêt à cuisiner

1 c. à s. d'huile

1 c. à s. d'épices pour barbecue

sel

poivre

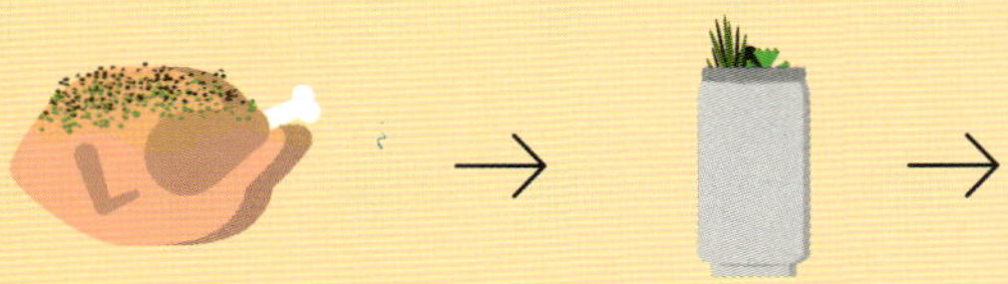

Frottez de beurre et d'épices.

Ouvrez la canette et boire la moitié de la bière.

1 brin de romarin

1 branche de thym

3 brins de persil

Empalez le poulet sur la canette. En cuisant, la saveur de la bière imprégnera et parfumera la chair du poulet.

bien cuit
80-85 °C

* Ne fonctionne qu'avec le couvercle fermé.

327 Chiche-kebab

8 piques à brochettes en bois

eau

500 g de viande, coupée en dés, marinée

2 oignons, coupés en rondelles

2 poivrons, coupés en cubes

150 g de bacon, coupé en morceaux

088 Sauce barbecue

* Peut se faire avec porc, du bœuf ou du poulet.

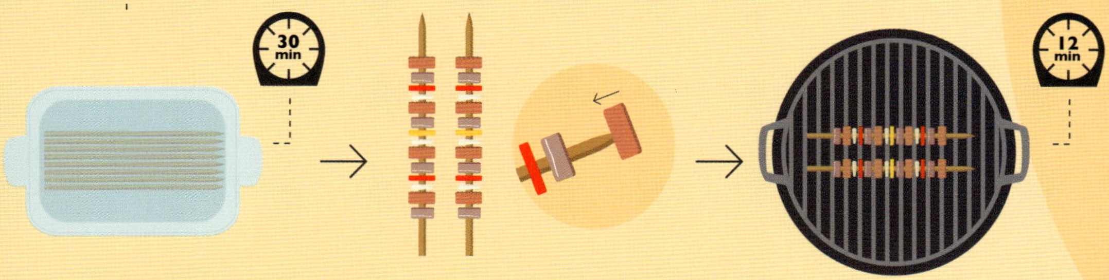

Trempez les piques à brochettes dans l'eau.

Enfilez alternativement des morceaux de viande, d'oignon, de poivron et de bacon.

Faites cuire au barbecue 6 à 10 minutes de chaque côté, selon la viande.

328 Travers de porc

1,5 kg de travers de porc marinés

eau

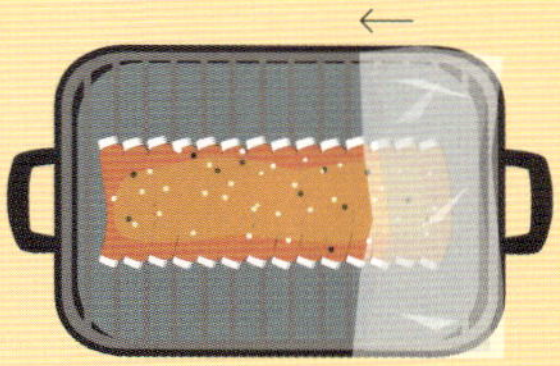

Placez les travers sur un plat à rôtir, versez de l'eau et couvrez d'aluminium.

Faites rôtir au four.

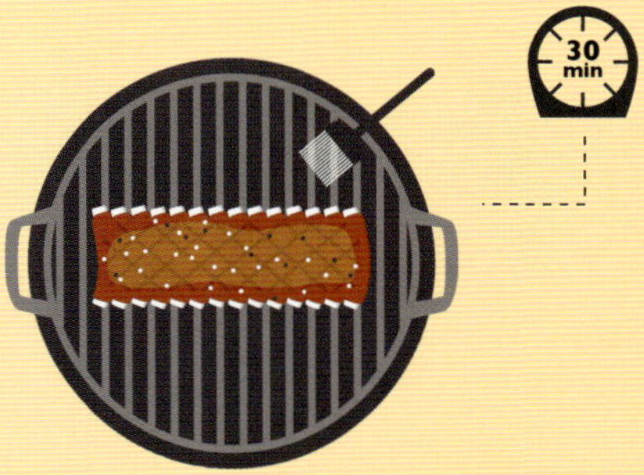

Sortez les travers du plat, faites-les griller au barbecue en arrosant jusqu'à ce qu'ils croustillent.

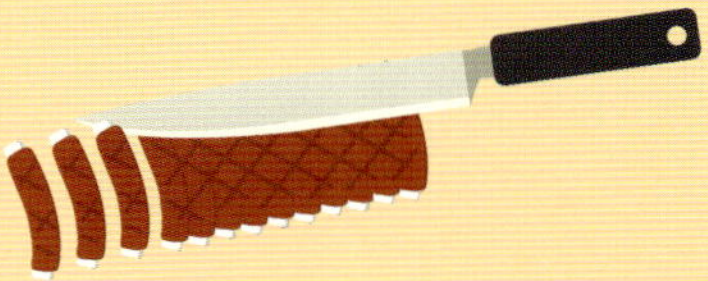

Découpez et servez.

329 Saucisses grillées

8 chipolatas

huile

Badigeonnez d'huile les saucisses et faites-les griller au barbecue 4 à 6 minutes de chaque côté.

330 Steaks grésillants

088 Sauce barbecue

Enlevez le gras.

Pour éviter que la viande ne s'enroule, incisez les côtés.

Placez sur un gril préchauffé.

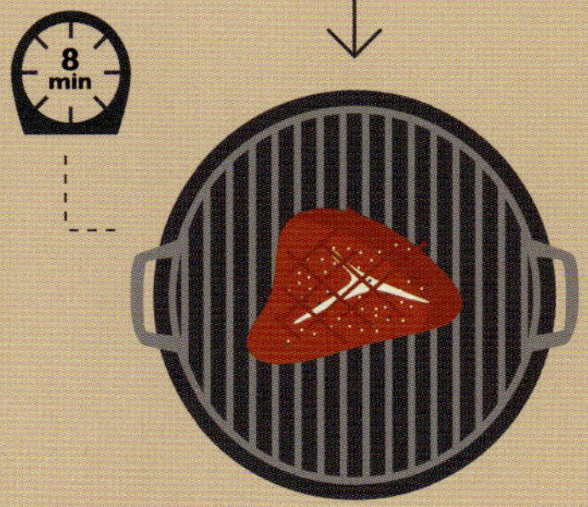

Faites griller 4 à 6 minutes de chaque côté pour une cuisson à point.

* Servez avec du beurre persillé.

079 Beurre persillé

saignant
52-55 °C
à point
60-65 °C
bien cuit
70+ °C

331 Steaks de thon au barbecue

Salez, poivrez et badigeonnez d'huile les steaks.

Placez sur le gril et faites cuire 3 minutes de chaque côté.

* Remplacez le thon par du flétan ou du saumon.

332 Côtelettes de porc au romarin

- 4 côtelettes (175 g chacune)
- 2 c. à s. d'huile
- 1 c. à s. de jus de citron
- 1 gousse d'ail, émincée
- 2 c. à s. de romarin, ciselé
- sel
- poivre

Incisez les côtés.

Mélangez l'huile, le jus de citron, l'ail, le romarin, le sel et le poivre. Versez sur les côtelettes et laissez mariner.

Grillez 6 à 8 minutes de chaque côté.

333 Côtelettes d'agneau marinées

- 12 côtelettes d'agneau, marinées
- sauce barbecue

Incisez les côtés.

Faites mariner les côtelettes dans la sauce barbecue.

Grillez 4 à 5 minutes de chaque côté.

334 Steaks hachés

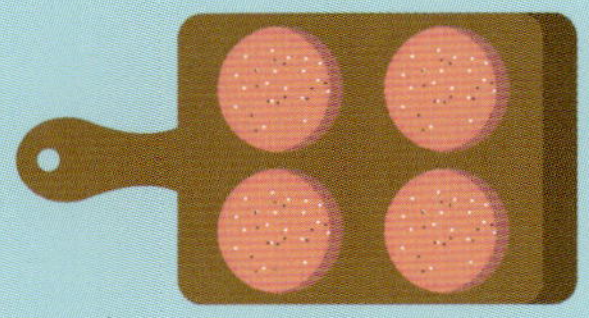

Formez 4 steaks à la main.

Huilez la grille. Faites griller les steaks
4 minutes de chaque côté.

335 Burgers

336 Saumon à la planche de cèdre

- huile d'olive
- 600 g de filet de saumon, en un seul morceau, sans la peau
- sel
- poivre
- 1 citron, coupé en rondelles
- 2 c. à s. de jus de citron

Faites tremper une planche de cèdre dans l'eau.

→ Badigeonnez la planche à l'huile d'olive.

→ Placez le saumon sur la planche, salez, poivrez et décorez de rondelles de citron.

→ Faites cuire dans un barbecue à couvercle. Arrosez de temps en temps de jus de citron.

337 Fromage en papillote

- 2 plaques de feta (200 g chacune)
- 1 c. à s. d'huile
- 1 gousse d'ail, écrasée
- 1 c. à s. d'herbes (origan, basilic ou thym), ciselées
- poivre

✱ Servir avec de la baguette.

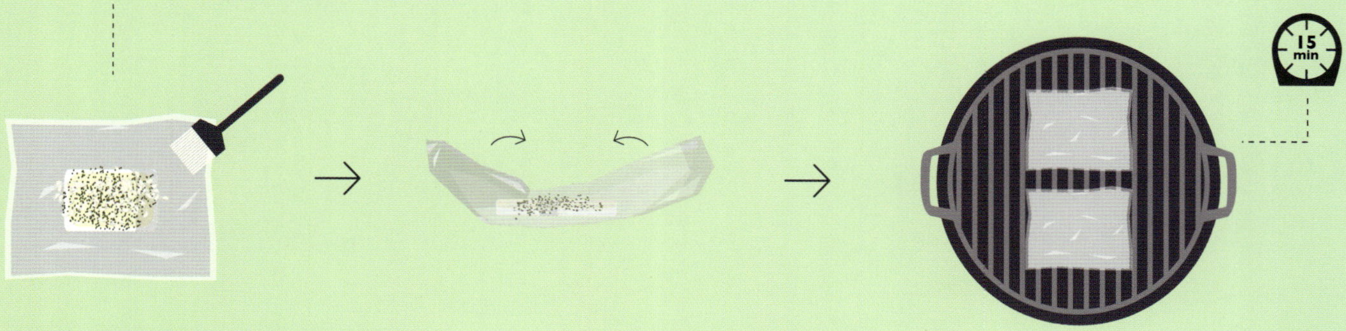

Placez chaque plaque de feta sur une feuille d'aluminium et badigeonnez d'huile. Saupoudrez les herbes.

→ Fermez les papillotes.

→ Faites griller.

338 Truite en papillote

- 4 c. à s. d'huile
- 4 truites, prêtes à cuisiner
- 4 c. à s. de jus de citron
- sel
- poivre

✱ Les truites sont prêtes lorsque la nageoire dorsale se retire facilement. Servez avec du beurre persillé.

079 Beurre persillé

Huilez la feuille d'aluminium.

Placez une truite dessus, assaisonnez l'intérieur et arrosez de jus de citron.

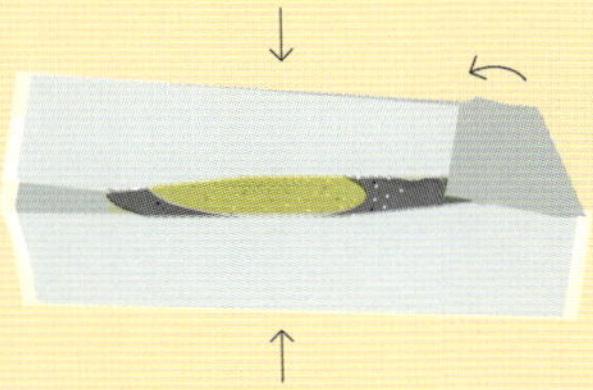

Refermez.

Grillez 10 minutes de chaque côté.

339 Brochettes de crevettes

- 12 piques à brochettes en bois
- 60 crevettes, décortiquées
- 2 c. à s. de jus de citron
- sel
- poivre
- 2 c. à s. de persil, ciselé

061 Décortiquer des crevettes

✱ Excellent avec de la sauce tartare.

084 Sauce tartare

Faites tremper les piques à brochettes dans l'eau.

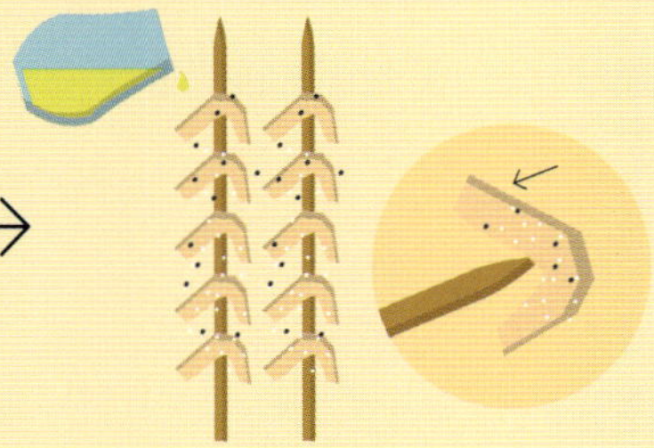

Enfilez 5 crevettes sur chaque pique. Salez, poivrez et arrosez de jus de citron.

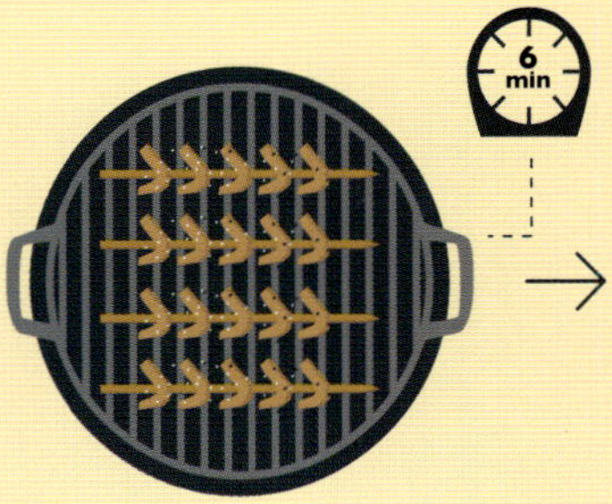

Faites griller les crevettes 3 minutes de chaque côté.

Saupoudrez de persil.

340 Antipasti grillés

- 4 c. à s. d'huile
- 2 gousses d'ail, écrasées
- 1 c. à s. de jus de citron
- sel
- poivre
- 1 pincée de sucre
- 1 c. à s. d'herbes (origan, basilic ou thym), ciselées
- 2 aubergines, coupées en rondelles
- 2 poivrons rouges, coupés en rondelles
- 2 poivrons jaunes, coupés en rondelles
- 3 courgettes, coupées en gros morceaux
- 6 tomates, coupées en deux
- 8 petits oignons, coupés en deux

Mélangez tous les ingrédients pour faire la marinade.

Placez une feuille d'aluminium sur le gril et badigeonnez de marinade.

Placez les légumes sur l'aluminium et badigeonnez-les avec la marinade. Faites griller pendant 5 minutes de chaque côté.

* Mélangez 2 c. à s. de vinaigre balsamique et 4 c. à s. d'huile d'olive, puis versez en petites gouttes sur les légumes.

341 Poireaux ciboulette et persil

- 2 c. à s. de vinaigre de vin blanc
- 1 c. à s. de moutarde forte
- 1 c. à s. de persil, ciselé
- 1 c. à s. de ciboulette, ciselée
- 4 poireaux

Préparez une marinade.

Coupez les poireaux dans la longueur sans retirer la racine, pour qu'ils ne se délitent pas.

Faites mariner les poireaux.

Faites griller 5 à 7 minutes en retournant fréquemment.

342 Épis de maïs grillés

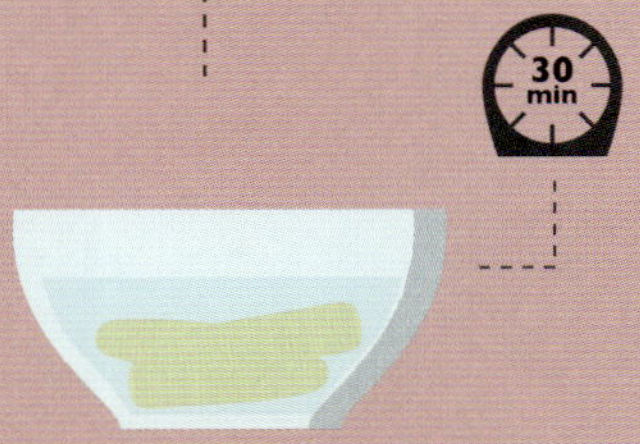

Faites tremper les épis dans l'eau.

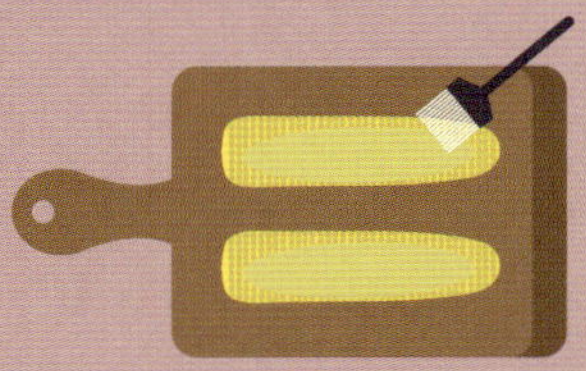

Faites sécher et badigeonnez d'huile.

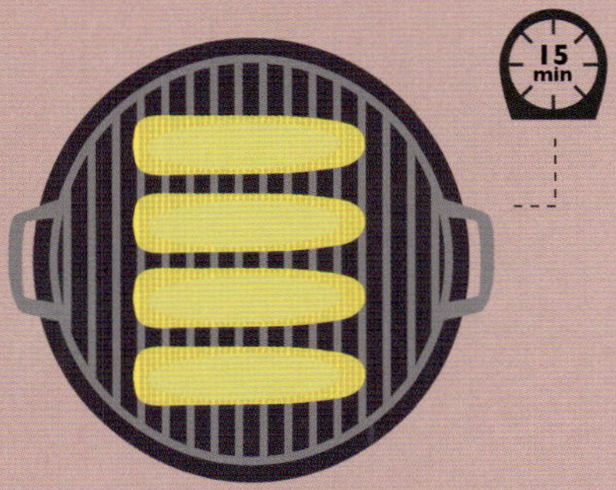

Faites griller en retournant constamment.
Salez avant de servir.

343 Pommes de terre rôties sur le gril

Huilez les tranches de pommes de terre des deux côtés.

Assaisonnez.

Grillez 6 à 7 minutes de chaque côté.

344 Papillote de légumes

1 petite courgette, coupée en cubes
100 g de poireaux, coupés en fines rondelles
4 petits oignons, finement émincés
100 g de carottes, coupées en dés
2 c. à s. d'huile
sel
poivre

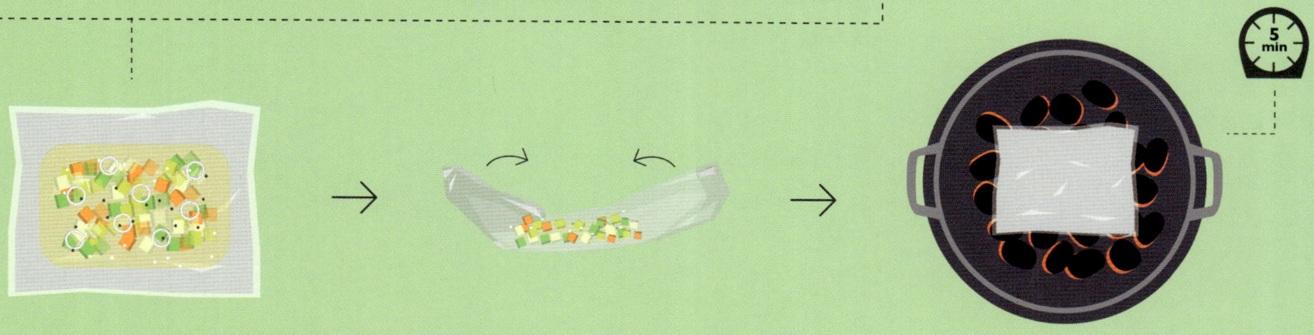

Placez les légumes sur une feuille d'aluminium. Remuez avec l'huile et assaisonnez.

Fermez la papillote.

Placez sur les charbons ardents ou sur le gril pendant 10 minutes.

345 Brochettes de fruits grillées

8 piques à brochettes en bois
eau
le jus de 2 citrons
625 g de fruits variés (pêches, melons, figues et bananes)
2 c. à s. de rhum
1 c. à s. de miel

Faites tremper les piques à brochettes dans l'eau.

Mélangez 1 l d'eau avec le jus de citron. Coupez les fruits et mettez-les dans le saladier pour qu'ils ne s'oxydent pas.

Enfilez les fruits sur deux piques parallèles. Ajoutez le rhum et le miel.

Grillez jusqu'à ce que les fruits soient sucrés et gluants.

Au four

346 Pommes de terre au four

4 grosses pommes de terre farineuses

✱ Accompagnement idéal pour des grillades.

Lavez les pommes de terre et emballez-les dans de l'aluminium. Mettez dans un plat à four.

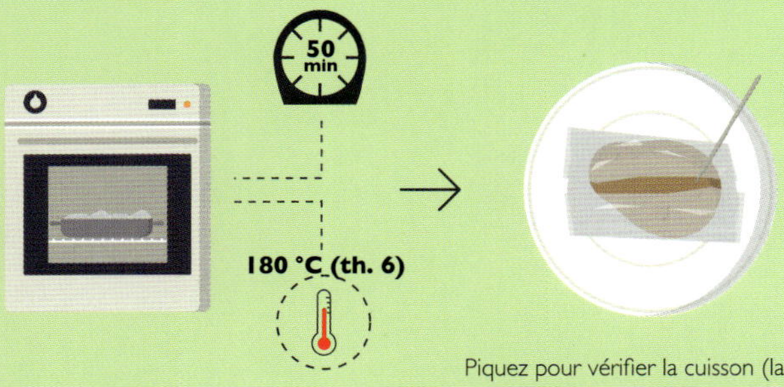

Piquez pour vérifier la cuisson (la pointe doit entrer sans résistance dans la chair). Mettez les pommes de terre sur une assiette et ouvrez l'aluminium.

347 Pommes de terre au four garnies

sel

poivre

125 g de crème fraîche

2 c. à s. de ciboulette, finement ciselée

Mélangez et déposez-en une cuillère sur les pommes de terre.

348 Pommes de terre aux œufs brouillés

2 c. à s. d'herbes, ciselées

œufs brouillés

273 Œufs brouillés

Préparez des œufs brouillés aux herbes et remplissez-en les pommes de terre.

349 Pommes de terre aux crevettes

3 c. à s. de mayonnaise

080 Mayonnaise

200 g de crevettes cuites

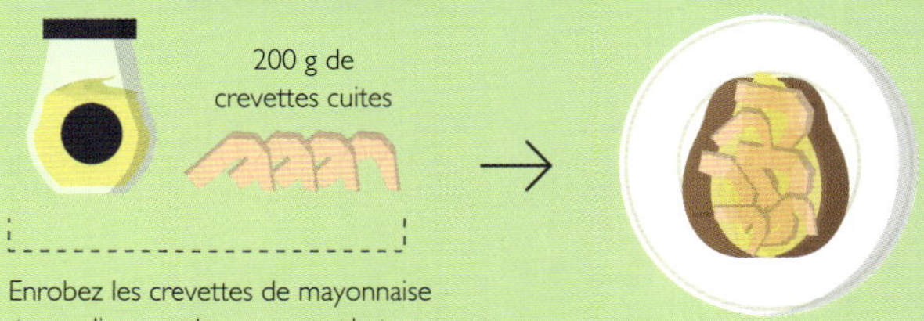

Enrobez les crevettes de mayonnaise et remplissez-en les pommes de terre.

350 Pommes de terre sauce fromage

200 g de béchamel au fromage

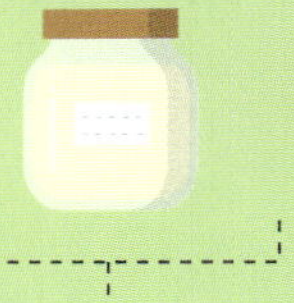

198 Béchamel au fromage

Déposez une cuillère de béchamel au fromage sur les pommes de terre.

351 Gratin de pommes de terre

- 1 kg de pommes de terre à chair ferme
- 1 gousse d'ail
- 2 c. à s. de beurre
- sel
- poivre
- 550 g de crème

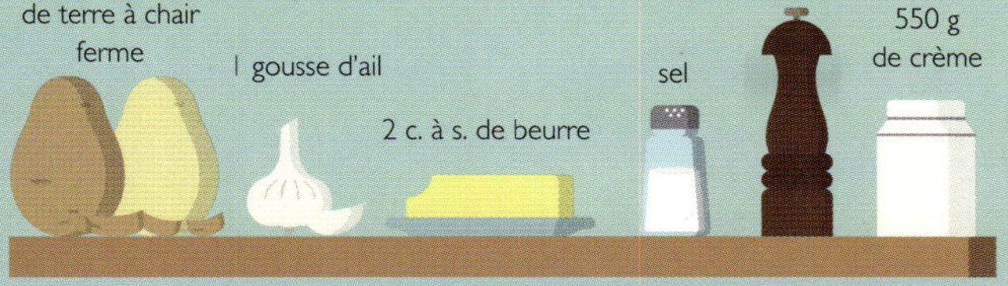

Pelez les pommes de terre et coupez-les en fines tranches.

Frottez un plat avec une gousse d'ail, puis beurrez-le. Disposez les tranches en les laissant légèrement se chevaucher. Salez et poivrez.

Versez la crème par-dessus.

352 Gratin poireaux-pommes de terre

- 180 g de poireaux, coupés en fines rondelles

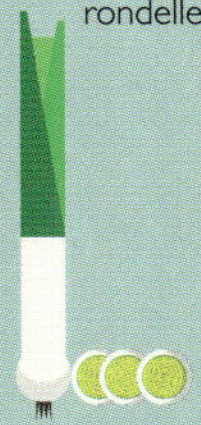

Disposez le poireau entre les pommes de terre.

353 Lasagne

- 250 g de plaques de lasagne
- 1 c. à s. de beurre
- 250 g de béchamel
- 500 g de bolognaise
- 125 g de parmesan râpé

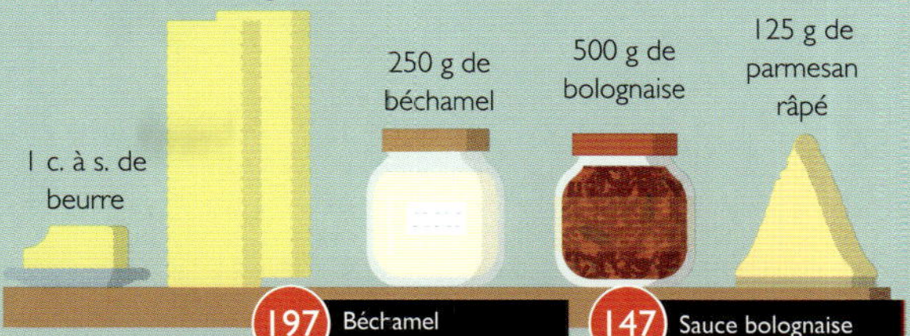

197 Béchamel
147 Sauce bolognaise

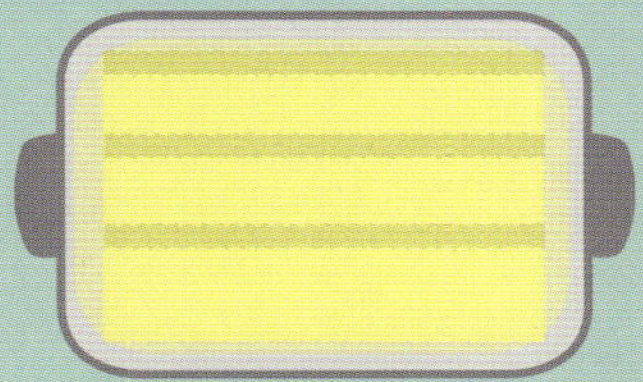

Beurrez un plat à gratin. Faites une couche de lasagne qui se chevauchent légèrement.

Ajoutez une couche de béchamel.

Ajoutez une couche de bolognaise et saupoudrez de parmesan. Répétez les couches en finissant par des lasagne.

Nappez de béchamel et saupoudrez de parmesan.

354 Gratin d'aubergines

- 2 aubergines, coupées en tranches
- 3 c. à s. de sel
- 4 c. à s. d'huile
- 250 g de béchamel
- 500 g de sauce bolognaise
- 125 g de chapelure
- 125 g de parmesan râpé

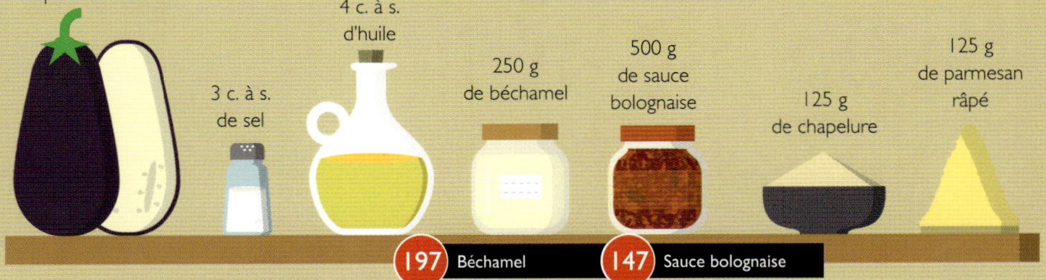

197 Béchamel
147 Sauce bolognaise

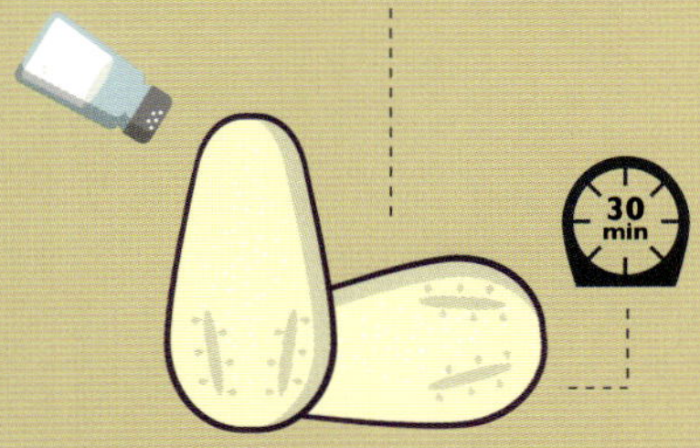

Saupoudrez les aubergines de sel et laissez dégorger.

Rincez à l'eau froide et séchez avec du papier absorbant.

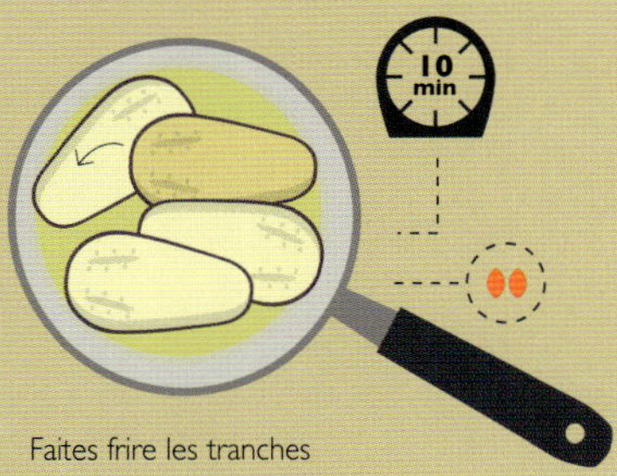

Faites frire les tranches de chaque côté dans l'huile.

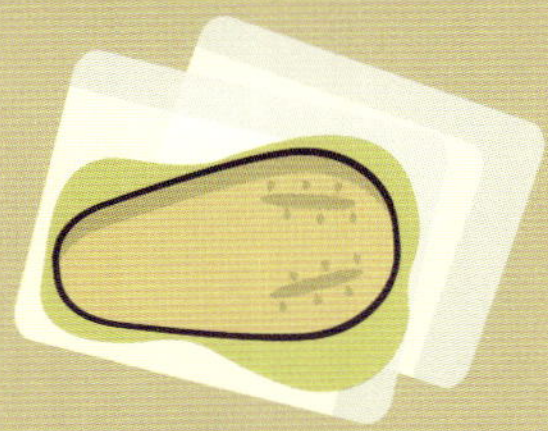

Égouttez sur du papier absorbant.

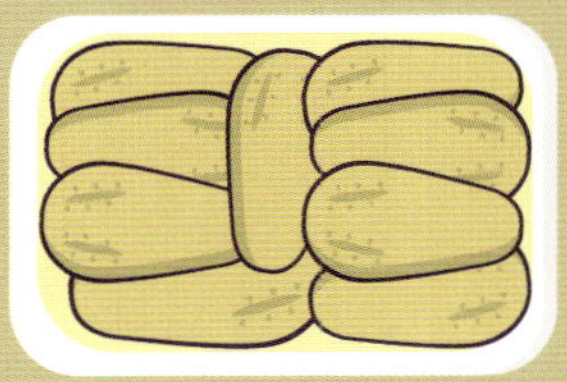

Faites une couche d'aubergines dans un plat à gratin en laissant les tranches se chevaucher.

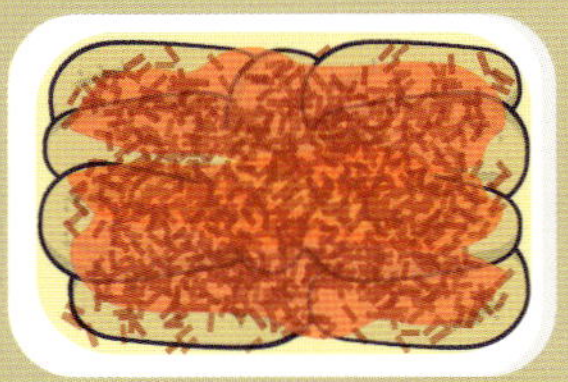

Couvrez de bolognaise et de béchamel. Saupoudrez de chapelure.

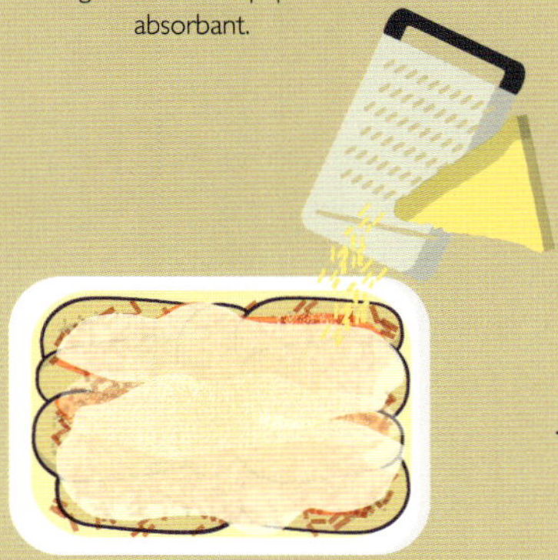

Répétez les couches et finissez avec la béchamel. Saupoudrez de parmesan.

355 Aubergines au parmesan

2 aubergines, coupées en tranches

3 c. à s. de sel

4 c. à s. d'huile

50 cl de sauce tomate

300 g de mozzarella, coupée en tranches

125 g de parmesan râpé

146 Sauce tomate

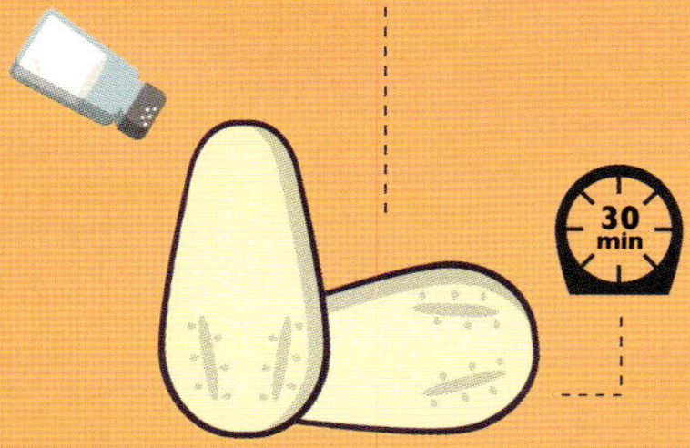

Saupoudrez les aubergines de sel et laissez dégorger.

Rincez à l'eau froide et séchez avec du papier absorbant.

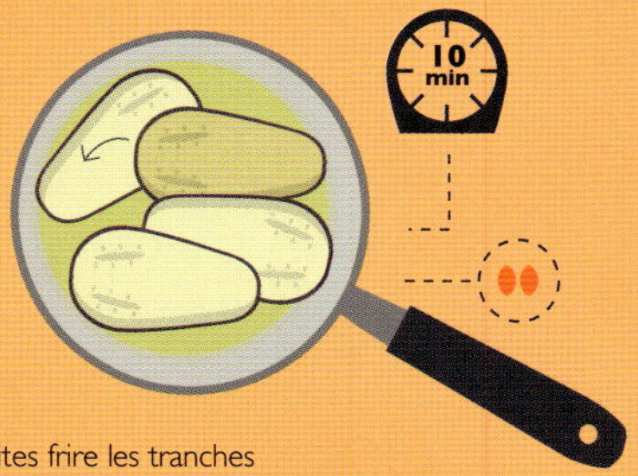

Faites frire les tranches de chaque côté dans l'huile.

Égouttez sur du papier absorbant.

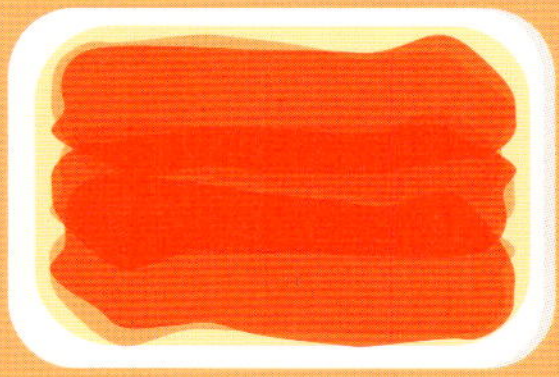

Étalez la sauce tomate au fond d'un plat.

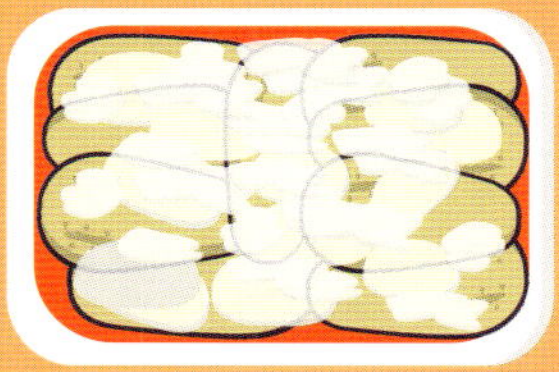

Couvrez la sauce avec une couche d'aubergines, puis de mozzarella. Répétez les couches en finissant par la sauce tomate.

Saupoudrez de parmesan.

356 Pizza

pâte à pizza

Étalez la pâte en fine couche.

↓

Garnissez.

↓

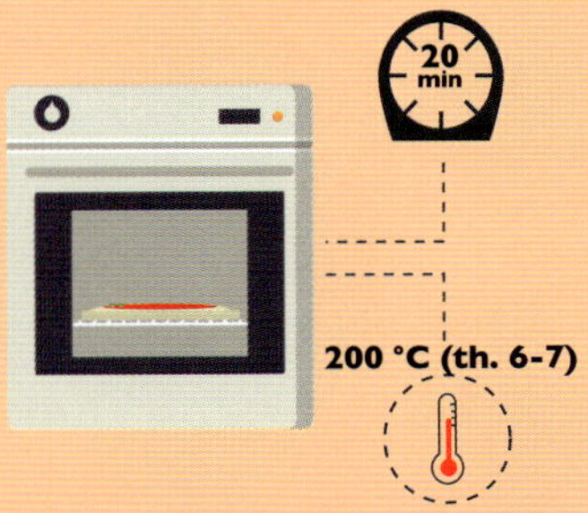

357 Pizza napolitaine

2 c. à s. d'huile d'olive

20 cl de sauce tomate

sel

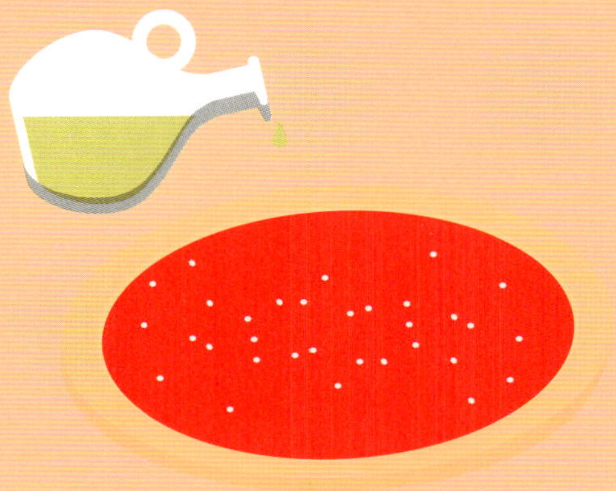

358 Pizza tomate-mozzarella

2 c. à s. d'huile d'olive

20 cl de sauce tomate

200 g de mozzarella, coupée en tranches

20 feuilles de basilic

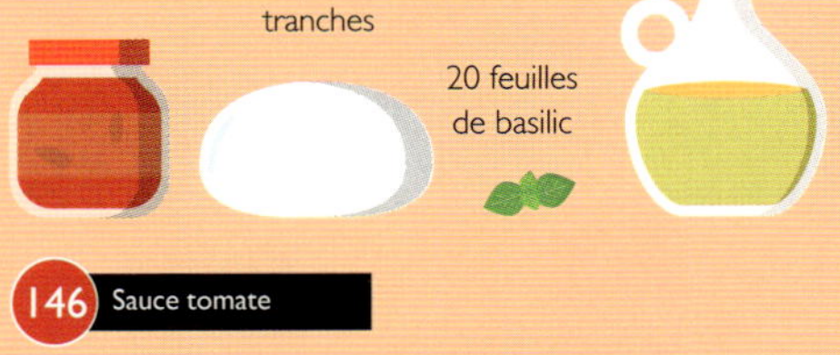

359 Pizza jambon-mozzarella

20 cl de sauce tomate

200 g de mozzarella, coupée en tranches

200 g de jambon cuit, coupé en tranches

20 feuilles de basilic

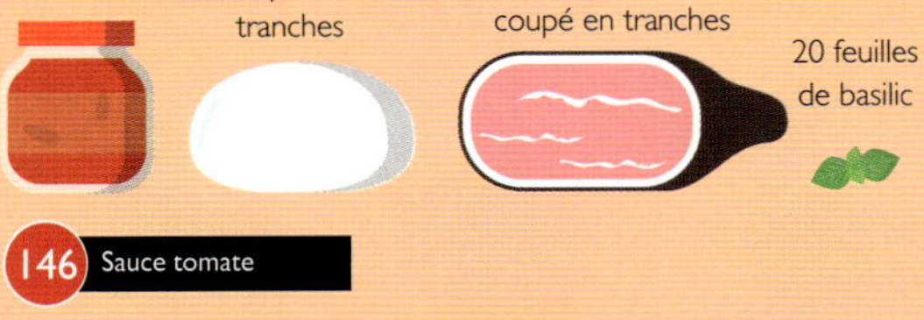

360 Pizza oignons-olives

4 c. à s. d'huile
300 g d'oignons, coupés en fines rondelles
250 g de feta, coupée en cubes
16 olives noires dénoyautées

Faites sauter les oignons dans l'huile pour les attendrir.

Garnissez la pizza d'oignons, de feta et d'olives.

361 Pizza blanche

400 g de mozzarella, coupée en tranches
2 c. à s. d'herbes fraîches (romarin, thym, origan), ciselées
4 c. à s. d'huile

362 Pizza quatre fromages

20 cl de sauce tomate
150 g de gorgonzola, coupé en morceaux
125 g de gruyère râpé
150 g de gouda râpé
150 g de mozzarella, coupée en tranches

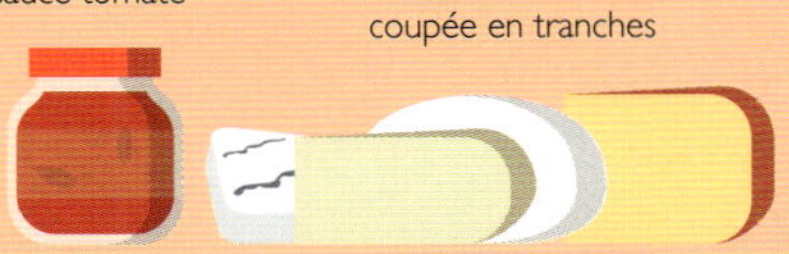

146 Sauce tomate

Parsemez la pizza de gorgonzola et de fromage râpé, puis répartissez les tranches de mozzarella par-dessus.

363 Fougasse

2 c. à s. d'huile d'olive
2 c. à s. de romarin, ciselé
sel de mer

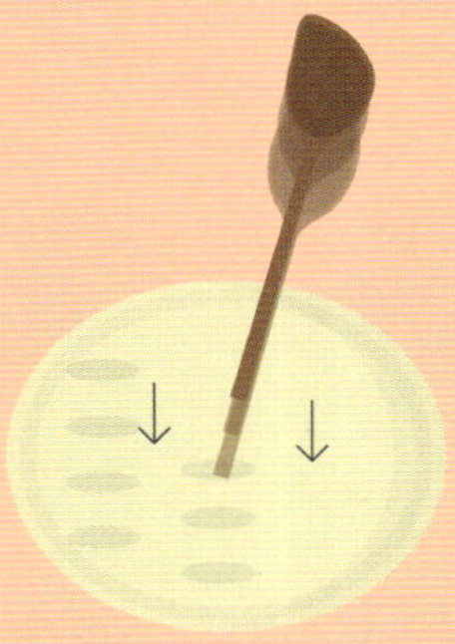

Avec le manche d'une cuillère en bois, dessinez des ondulations dans la pâte.

Saupoudrez de sel de mer et de romarin, puis arrosez de gouttes d'huile.

200 °C (th. 6-7)

364 Cuire le pain

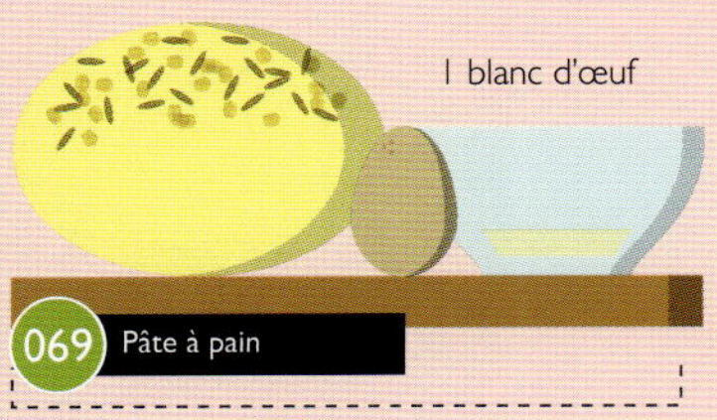

Fouettez le blanc d'œuf.

+

Mettez la pâte à pain dans un moule à cake et badigeonnez d'œuf.

↓

✱ On peut aussi faire des petits pains : ils cuiront seulement 25 minutes.

365 Pain de maïs

Mélangez la Maïzena, la farine, le sucre, le sel, le bicarbonate et la levure chimique.

+

Fouettez les œufs avec l'huile et le lait.

→

Ajoutez à la préparation de farine et remuez avec une fourchette. La pâte ne doit pas être trop lisse.

Versez dans un moule à cake préalablement graissé.

↓

366 Pain de maïs sucré

Ajoutez 2 c. à s. de sucre et 2 c. à s. de miel à la pâte et faites cuire comme le pain de maïs.

367 Quiche lorraine

pâte brisée
225 g de haricots secs
200 g de lardons
3 œufs
180 g de crème
15 cl de lait
1 pincée de muscade
sel
poivre

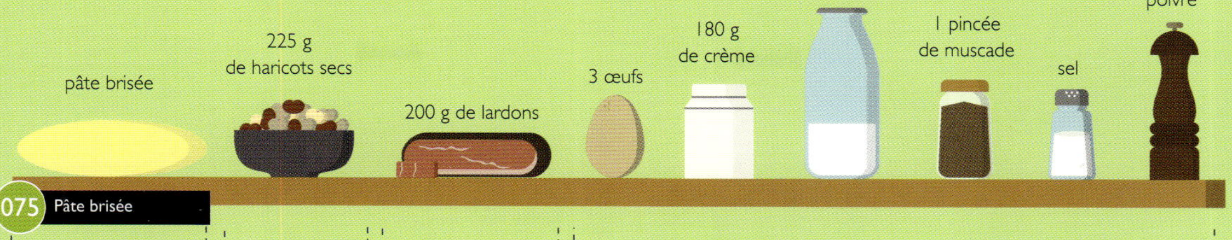

075 Pâte brisée

Étalez la pâte et foncez un moule à tarte.

Piquez avec une fourchette, couvrez de papier sulfurisé et répartissez les haricots dessus.

Faites cuire à blanc, puis retirez le papier et les haricots.

Faites frire les lardons dans une poêle pour les faire croustiller.

Fouettez les œufs, ajoutez la crème, le lait, les épices et les lardons.

Versez sur la pâte.

368 Quiche aux épinards

eau
250 g de pousses d'épinard

Utilisez des épinards à la place des lardons. Versez de l'eau chaude dessus et égouttez.

Émincez et ajoutez à l'appareil.

369 Quiche aux poireaux

250 g de poireaux, coupés en fines rondelles

Ajoutez les poireaux à l'appareil à la place des lardons.

370 Tarte oignons-asperges

- huile pour graisser
- 1 pâte feuilletée
- 125 g de fromage à pâte dure, râpé
- 10 asperges, cuites
- 4 ciboules, coupées en quartiers
- 2 œufs
- 3 c. à s. de crème
- sel
- poivre

207 Asperges

Foncez un moule à tarte graissé.
Piquez la pâte à la fourchette.

Saupoudrez la moitié du fromage sur la pâte,
puis ajoutez les asperges et les ciboules.

Fouettez les œufs et la crème.

Versez cet appareil sur la tarte,
saupoudrez avec le reste du fromage.

* Vous pouvez aussi utiliser des légumes de saison comme des poivrons et des courgettes.

* Vous pouvez aussi cuire la tarte sur une plaque, auquel cas il faut doubler les quantités.

371 Gratin de pâtes aux légumes

250 g de béchamel

125 g de parmesan râpé

300 g de pennes cuites

200 g de légumes cuits variés, coupés en petits morceaux

2 c. à s. d'huile

3 c. à s. de fromage à pâte dure râpé (gruyère)

197 Béchamel

145 Cuire les pâtes

Mélangez la béchamel et le parmesan.

Incorporez les légumes et les pâtes.

Huilez un plat à gratin. Versez la préparation et saupoudrez de fromage.

372 Pancakes roulés au fromage

8 pancakes

2 c. à s. d'huile

3 c. à s. de fromage à pâte dure râpé (gruyère)

306 Pancakes salés

✱ Variante : vous pouvez utiliser des pancakes fourrés.

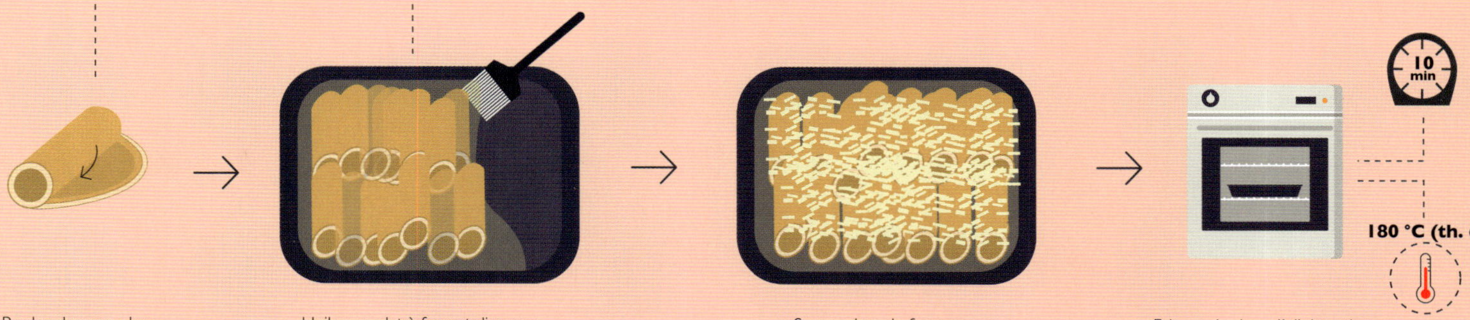

Roulez des pancakes.

Huilez un plat à four et disposez une couche de pancakes roulés.

Saupoudrez de fromage.

Faites cuire jusqu'à l'obtention d'une teinte dorée.

373 Hachis parmentier d'agneau

- 2 c. à s. d'huile
- 1 kg d'épaule d'agneau, taillée en cubes
- 1 oignon, émincé
- 1 carotte, émincée
- 1 branche de céleri, émincée
- 2 gousses d'ail, émincées
- 80 cl de bouillon de bœuf
- 1 c. à s. de romarin, ciselé
- 200 g de petits pois
- 250 g de purée de pommes de terre

Faites chauffer l'huile et saisissez la viande sur toutes les faces.

Réservez la viande dans un endroit chaud.

Ajoutez les légumes et faites cuire à feu vif.

Alternez les couches de viande et de légumes dans un plat à four, ajoutez le bouillon et le romarin.

Ajoutez les petits pois. Recouvrez de purée de pommes de terre.

374 Carrot cake

- 155 g de farine
- 1 c. à s. de levure chimique
- ½ c. à s. de cannelle moulue
- 2 œufs
- 250 g de sucre
- 4 c. à s. de jus de citron
- 12,5 cl d'huile de tournesol + huile pour graisser
- 1 carotte (90 g), finement émincée
- 60 g de poudre de noix

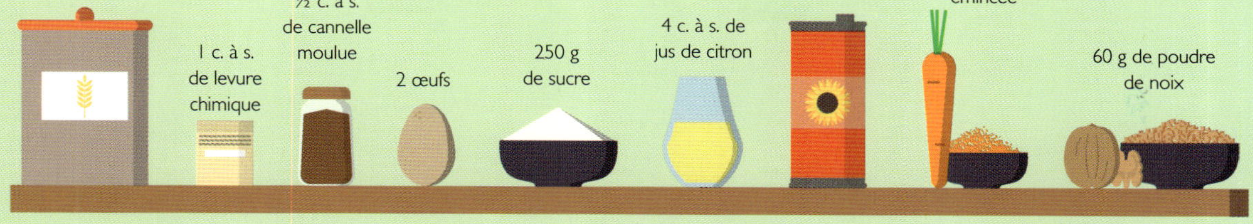

Mélangez la farine, la levure chimique et la cannelle.

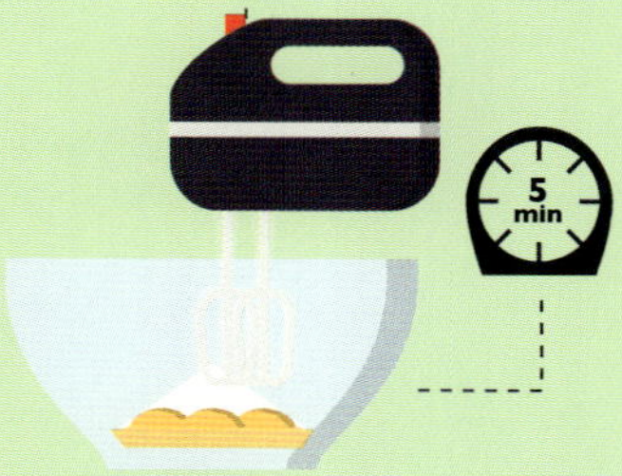

Dans un autre bol, fouettez les œufs et le sucre jusqu'à l'obtention d'un mélange homogène.

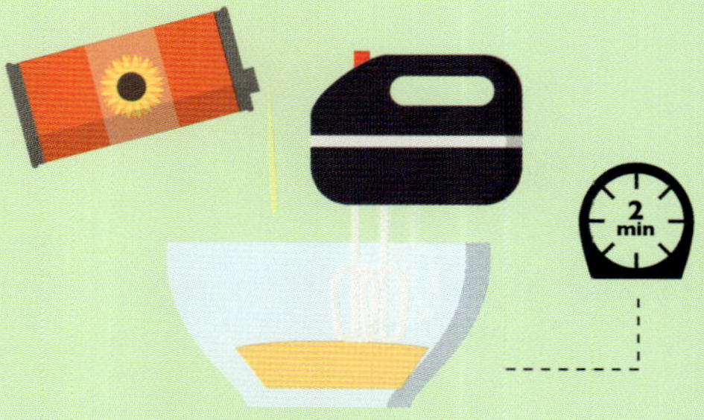

Ajoutez le jus de citron et l'huile et battez.

Incorporez le mélange de farine, puis incorporez les carottes et les noix.

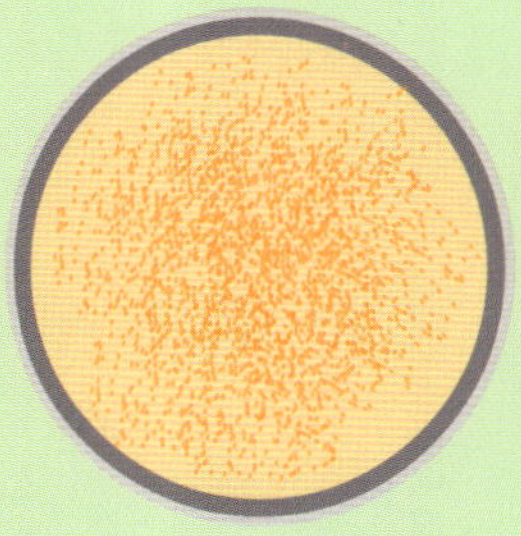

Versez dans un moule graissé à paroi amovible.

130 Réaliser un glaçage

✱ Couvrez de glaçage.

375 Gâteau roulé

250 g de confiture d'abricots

génoise

077 Génoise

415 Confiture d'abricots

Placez la génoise sur du papier sulfurisé.

↓

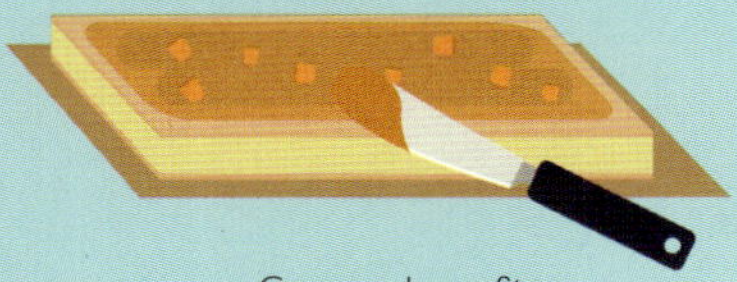

Couvrez de confiture.

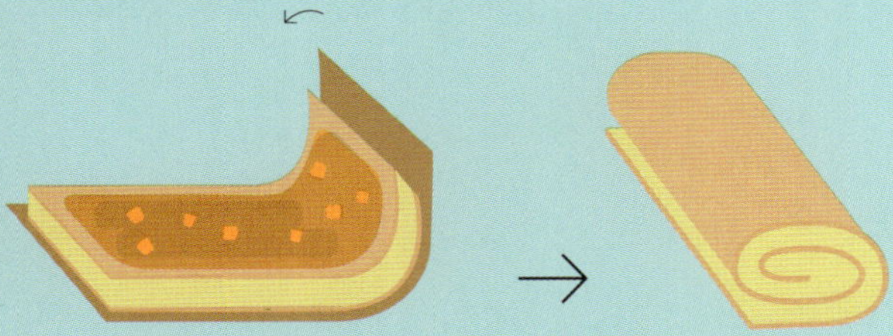

Roulez pendant que la génoise est encore chaude. Laissez refroidir.

* Vous pouvez aussi fourrer le gâteau de crème au beurre au chocolat et décorer avec des feuilles en chocolat.

127 Crème au beurre au chocolat

133 Feuilles en chocolat

376 Gâteau marbré

1 c. à s. de beurre

1 c. à s. de chapelure

pâte à gâteau

2 c. à s. de cacao en poudre

076 Pâte à gâteau

Beurrez un moule à cake et couvrez le fond de chapelure.

↓

Séparez la pâte dans deux saladiers. Dans l'un d'eux, mélangez le cacao.

↓

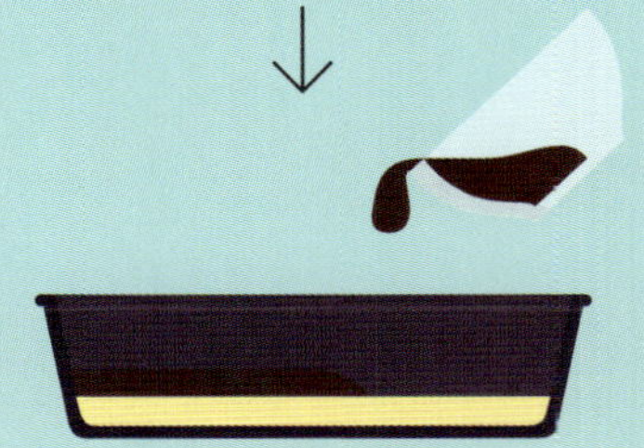

Remplissez le moule en alternant pâte claire et pâte foncée.

↓

377 Gâteau aux abricots

125 g de beurre + beurre pour graisser
125 g de sucre
2 c. à s. de sucre vanillé
1 c. à s. de zeste de citron râpé
3 œufs
1 c. à s. de levure chimique
200 g de farine
3 c. à s. de crème
30 oreillons d'abricots

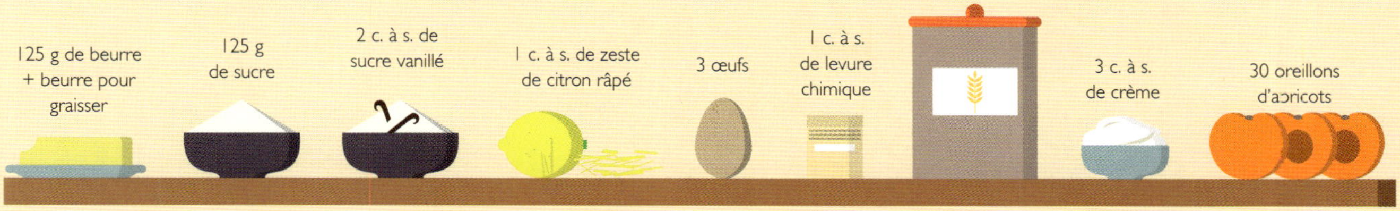

Beurrez un moule à manqué.

Fouettez tous les ingrédients jusqu'à l'obtention d'une pâte lisse.

Versez dans le moule.

Disposez les abricots face tranchée vers le bas.

378 Gâteau aux prunes

Utilisez 30 moitiés de prunes à la place des abricots.

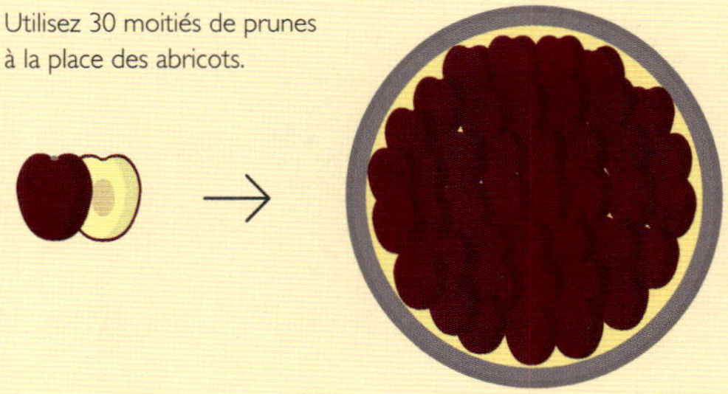

379 Gâteau aux cerises

Utilisez 500 g de cerises dénoyautées à la place des abricots.

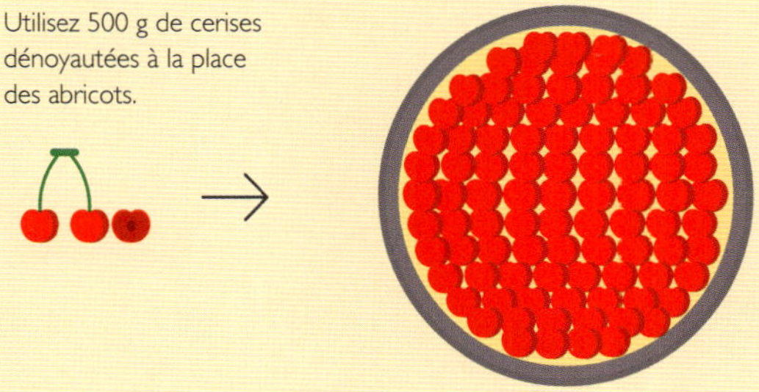

380 Cheesecake

45 petits-beurre

2 c. à s. de beurre fondu

1 c. à s. de beurre pour graisser

250 g de fromage frais à tartiner

220 g de sucre

2 c. à s. de sucre vanillé

1 kg de ricotta

6 œufs

1 c. à s. de farine

1 c. à s. de zeste de citron râpé

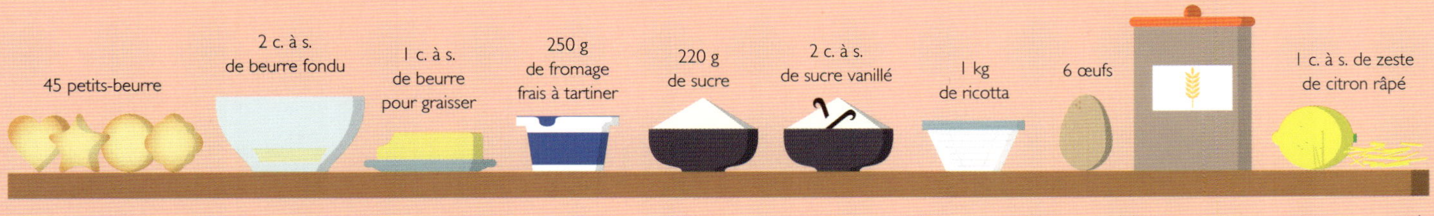

Écrasez grossièrement les biscuits et mélangez avec le beurre.

Répartissez avec les doigts les biscuits écrasés de façon uniforme dans un moule à paroi amovible.

Battez le fromage frais à tartiner avec les sucres jusqu'à l'obtention d'une pâte lisse.

Ajoutez la ricotta et battez pour que le mélange devienne homogène.

Ajoutez les œufs, un par un.

Incorporez la farine et le zeste.

Versez la pâte par-dessus les biscuits.

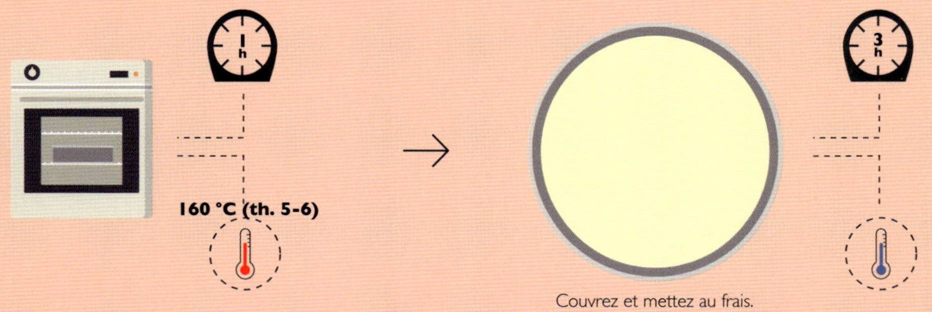

Couvrez et mettez au frais.

381 Tarte au citron

Foncez un moule à tarte et piquez la pâte sablée avec une fourchette. Étalez du papier sulfurisé et des haricots secs par-dessus.

Faites cuire à blanc, puis retirez les haricots et le papier.

Battez le sucre, l'œuf et le jaune jusqu'à ce que le mélange devienne clair.

Versez le beurre fondu, incorporez le jus et le zeste de citron.

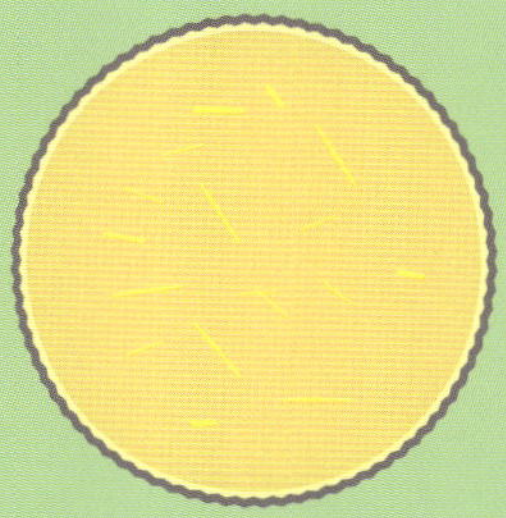

Versez délicatement à la cuillère l'appareil sur le fond de tarte refroidi.

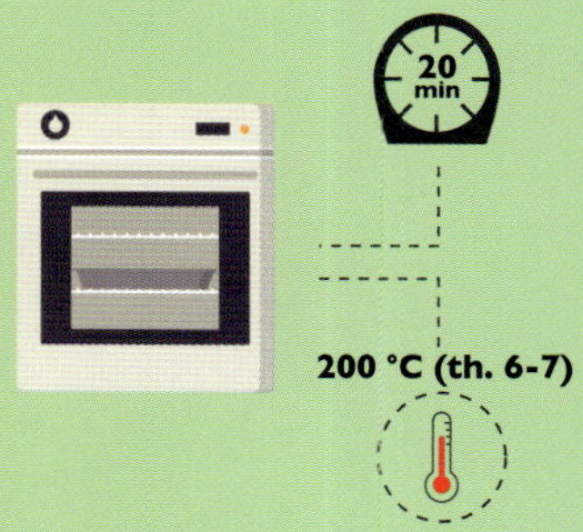

382 Gâteau au chocolat sans farine

200 g de chocolat

200 g de beurre + beurre pour graisser

150 g de sucre

300 g de poudre d'amande

1 c. à s. de sucre vanillé

5 œufs

Faites fondre le chocolat au bain-marie.

Battez le beurre et le sucre jusqu'à ce que le mélange soit homogène.

Ajoutez tous les autres ingrédients, puis remuez.

5 min

Beurrez un moule à manqué. Versez la pâte.

40 min

180 °C (th. 6)

383 Brownies

200 g de chocolat noir

125 g de beurre + beurre pour graisser

2 œufs

200 g de sucre

1 c. à s. de sucre vanillé

130 g de farine

1 c. à s. de levure chimique

3 c. à s. de noix hachées

* Ne faites pas cuire trop longtemps, les brownies doivent rester moelleux à l'intérieur.

Faites fondre le chocolat et le beurre au bain-marie.

Battez les œufs, le sucre et le sucre vanillé jusqu'à ce que le mélange soit homogène.

5 min

Incorporez le chocolat. Ajoutez la farine, la levure et les noix.

Versez cette pâte sur une plaque de cuisson beurrée et enfournez.

20 min

180 °C (th. 6)

Laissez refroidir. Coupez des parts en carrés.

384 Muffins

- 120 g de farine
- 1 c. à s. de levure chimique
- 1 pincée de cannelle
- 1 œuf
- 80 g de sucre
- 2 c. à s. d'huile
- 125 g de yaourt
- 1 c. à s. de beurre

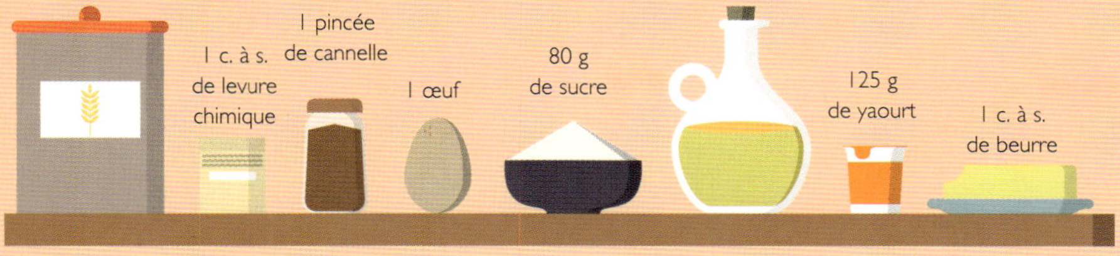

Mélangez la farine avec la levure et la cannelle.

Battez l'œuf et le sucre jusqu'à ce que le mélange soit homogène.

Ajoutez l'huile et le yaourt, puis remuez.

Incorporez le mélange de farine.

Mettez la pâte à la louche dans un moule à muffins.

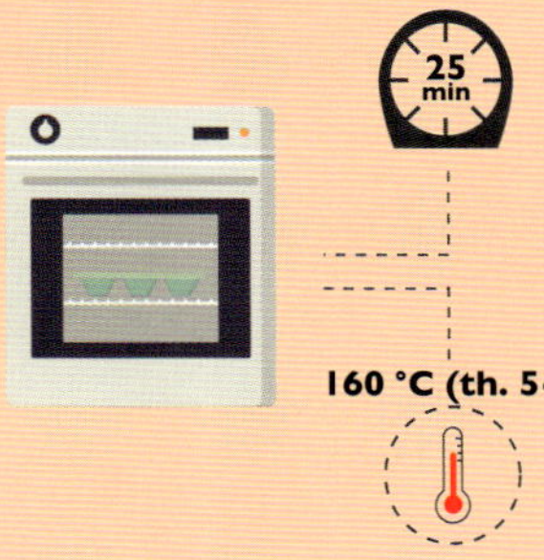

385 Muffins aux myrtilles

125 g de myrtilles

1 c. à s. de cannelle

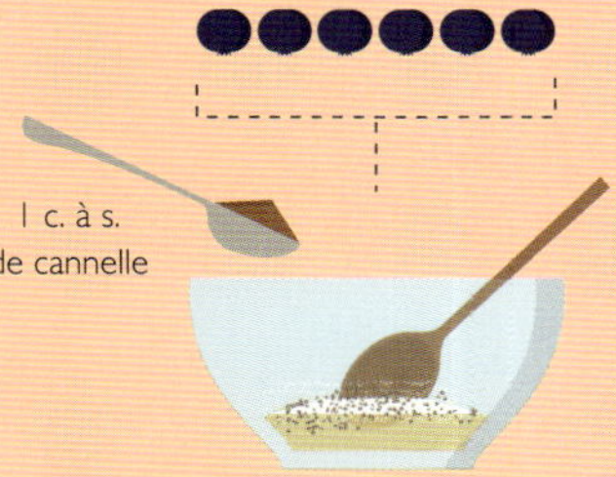

Ajoutez les myrtilles et la cannelle à la pâte.

386 Muffins au chocolat

2 c. à s. de cacao en poudre

Ajoutez le cacao à la farine.

387 Muffins aux pépites de chocolat

100 g de pépites de chocolat

Mélangez les pépites à la pâte.

388 Muffins aux courgettes

Utilisez de la crème fraîche à la place du yaourt et mélangez 150 g de courgettes finement hachées dans la pâte.

389 Cupcakes

- 100 g de farine
- 1 c. à s. de levure chimique
- 100 g de beurre + beurre pour graisser
- 120 g de sucre
- 2 c. à s. de sucre vanillé
- 2 œufs
- 12,5 cl de lait

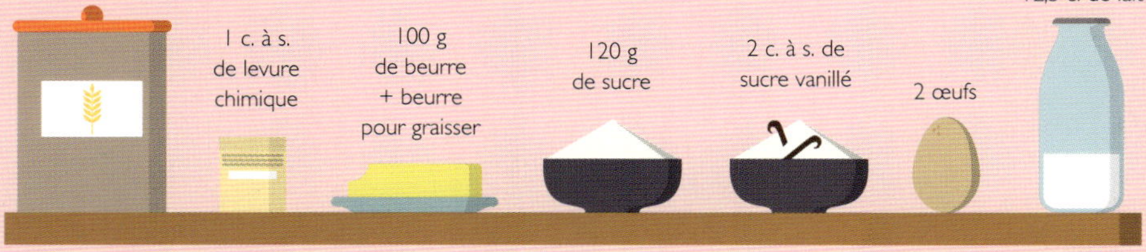

Mélangez la farine et la levure.

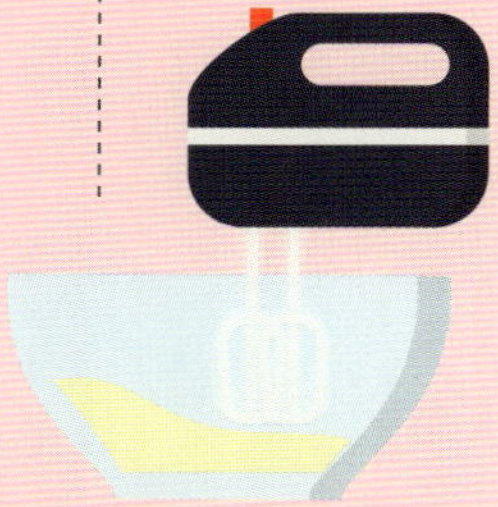

Battez le beurre avec le sucre jusqu'à l'obtention d'une pâte lisse.

Ajoutez les œufs, un par un.

Incorporez farine et lait en alternance.

Versez à l'aide d'une cuillère dans un moule à 6 cupcakes en remplissant chaque trou aux deux tiers.

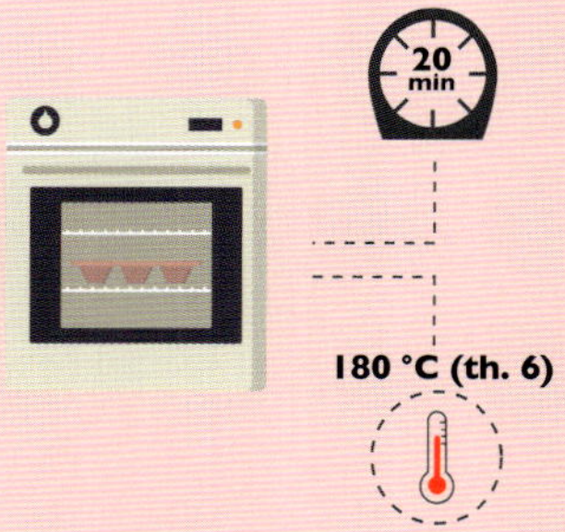

390 Cupcakes au chocolat

75 g de cacao en poudre

Mélangez la farine avec le cacao.

Ajoutez éventuellement 2 c. à s. de pépites de chocolat.

✱ Cupcakes à différents parfums : ajoutez une préparation par-dessus.

- 126 Crème au beurre
- 127 Crème au beurre au chocolat
- 413 Crème au citron
- 134 Quadrillage au chocolat
- 130 Réaliser un glaçage
- 395 Meringues
- 133 Feuilles en chocolat

391 Scones

320 g de farine
60 g de sucre
1 c. à s. de levure chimique
1 c. à s. de zeste de citron râpé
90 g de beurre, en noisettes, + beurre pour graisser
3 c. à s. de raisins secs
180 g de crème, + 2 c. à s. de crème

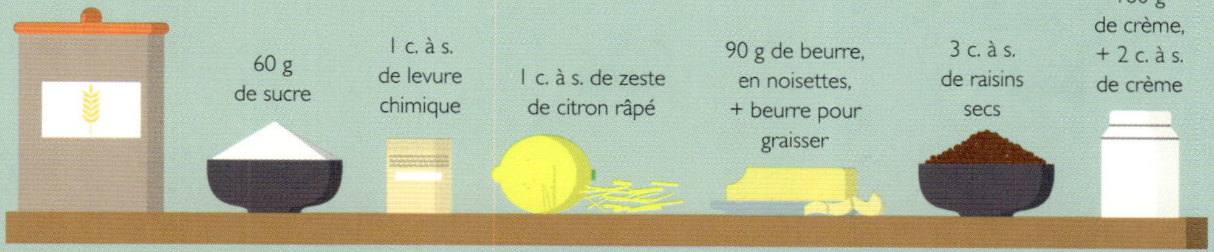

Mélangez la farine avec le sucre, la levure et le zeste.

Incorporez le beurre. Ajoutez peu à peu la crème et les raisins. Couvrez et placez au frais pendant 30 minutes.

Étalez la pâte sur une surface enfarinée pour qu'elle fasse 2 à 3 cm d'épaisseur.

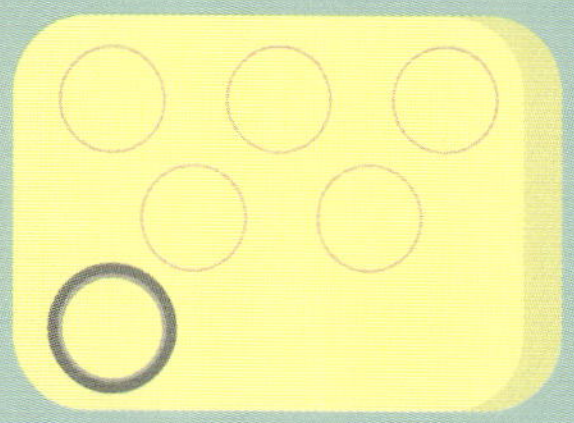

Avec un emporte-pièce, faites des disques de 6 cm de diamètre.

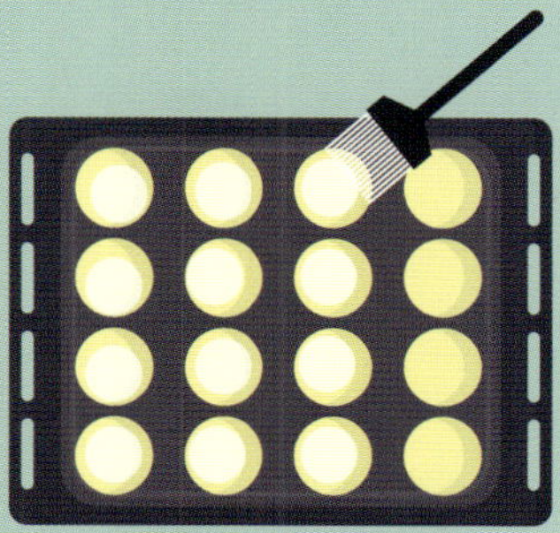

Placez sur une plaque beurrée et enduisez de crème au pinceau.

392 Profiteroles

pâte à choux
30 cl de glace à la vanille
sauce au chocolat

073 Pâte à choux
217 Sauce au chocolat

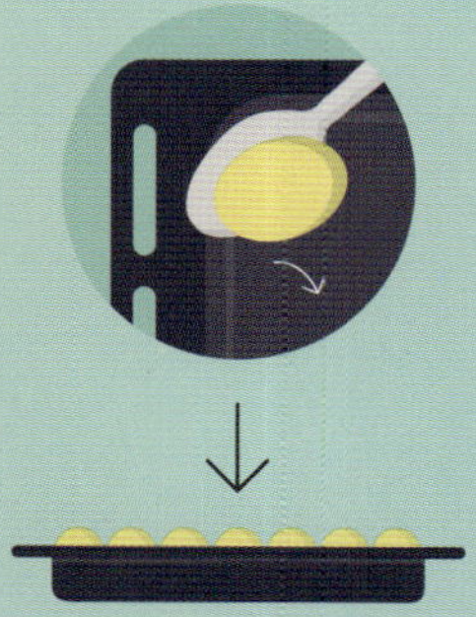

Avec une cuillère à café, formez des petites boules de pâte de la taille d'une noix et disposez-les sur une plaque.

Laissez refroidir les choux, puis ouvrez-les pour les rempl r de glace à la vanille. Nappez de sauce au chocolat chaud.

393 Pain d'épices

- 125 g de beurre + beurre pour graisser
- 250 g de sucre roux
- 2 œufs
- 300 g de farine
- 115 g de mélasse raffinée
- 25 cl de lait
- 1 c. à s. de gingembre, moulu
- 1 c. à s. de cannelle, moulue
- 2 c. à s. de levure chimique
- ½ c. à s. de bicarbonate

Battez le beurre avec le sucre et les œufs jusqu'à ce que le mélange soit homogène.

Ajoutez le reste des ingrédients, puis remuez bien.

Versez la pâte dans un moule à cake beurré.

394 Petits pains d'épices

Sur une surface enfarinée, étalez une pâte de pain d'épices sur une épaisseur de 2 cm.

Découpez les pains d'épices.

Disposez sur une plaque de cuisson beurrée.

Décorez avec des amandes ou du gingembre confit.

395 Meringues

4 blancs d'œufs

1 pincée de sel

200 g de sucre extra-fin

068 Séparer les blancs des jaunes

Battez les œufs en neige très ferme avec une pincée de sel.

Ajoutez progressivement le sucre tout en continuant de battre. La neige doit devenir brillante.

Remplissez une douille avec les œufs en neige et créez les formes souhaitées.

Laissez refroidir.

396 Meringues à la framboise

60 g de framboises

Réduisez les framboises en purée et filtrez les grains.

Ajoutez le jus de framboises à la préparation et faites cuire comme les meringues.

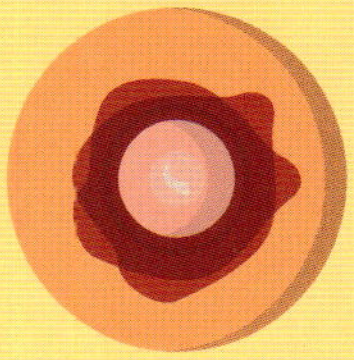

* Servez avec du coulis de fruits.

216 Coulis de fruits

397 Roulés à la cannelle

pâte levée

5 c. à s. de beurre fondu
+ beurre pour graisser

75 g de sucre

1 c. à s.
de cannelle

100 g
de raisins secs

glaçage

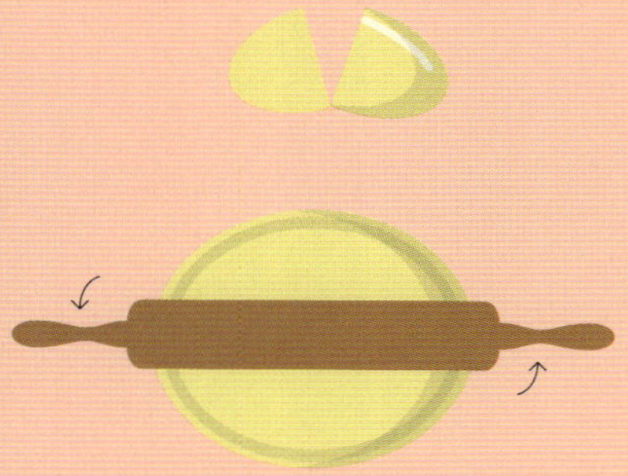

Divisez la pâte en deux
et étalez chaque moitié.

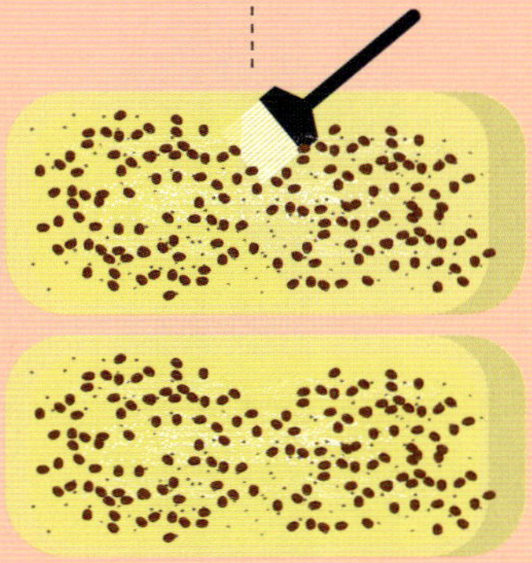

Enduisez de beurre et saupoudrez
de sucre, de cannelle et de raisins.

Roulez dans le sens de la longueur.

Coupez chaque rouleau
en 10 ou 12 tranches.

Disposez sur une plaque de cuisson
beurrée et laissez reposer.

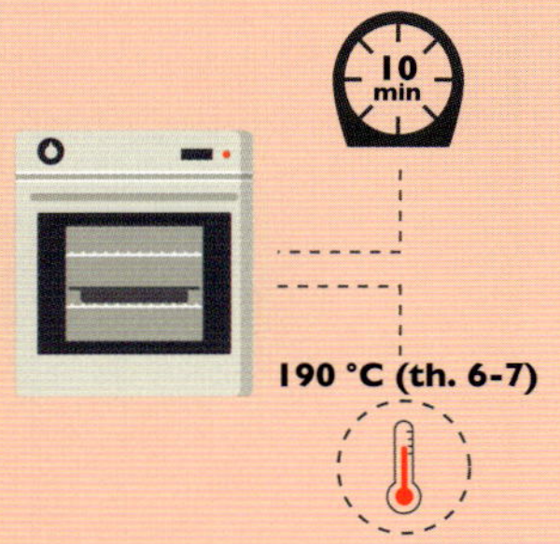

Laissez refroidir et couvrez de glaçage.

398 Crumble aux pommes

6 pommes, pelées, épépinées, coupées en quartiers

3 c. à s. de jus de citron

100 g de beurre + beurre pour graisser

100 g de sucre

175 g de farine

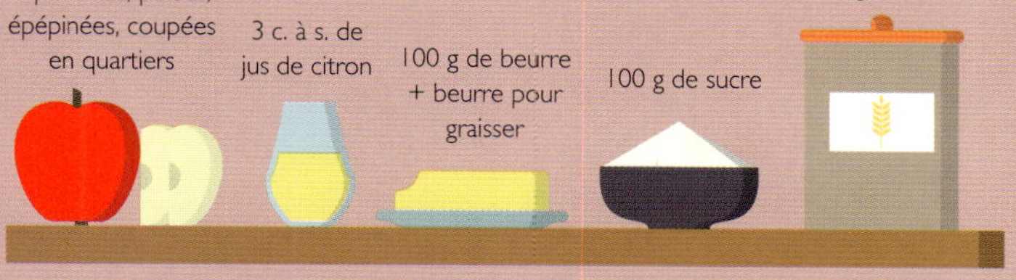

Arrosez les quartiers de pommes de quelques gouttes de jus de citron, puis disposez-les dans un plat beurré.

→

Mélangez le beurre, le sucre et la farine jusqu'à l'obtention d'un sable grossier.

Répartissez sur les pommes.

→

*

Pour un crumble encore plus goûteux, faites mariner les pommes dans le rhum au préalable.

399 Crumble aux poires

Utilisez des poires à la place des pommes et procédez de la même manière.

400 Gâteau aux fruits

1 kg de fruits frais (pêches, cerises, abricots), dénoyautés, coupés en deux

1 c. à s. de jus de citron

90 g de sucre

la moitié d'une pâte à génoise

077 Génoise

Mélangez les fruits, le jus de citron et le sucre dans un plat.

→

→

Recouvrez de pâte à génoise.

→

Faites cuire jusqu'à ce que la pâte soit légèrement brunie.

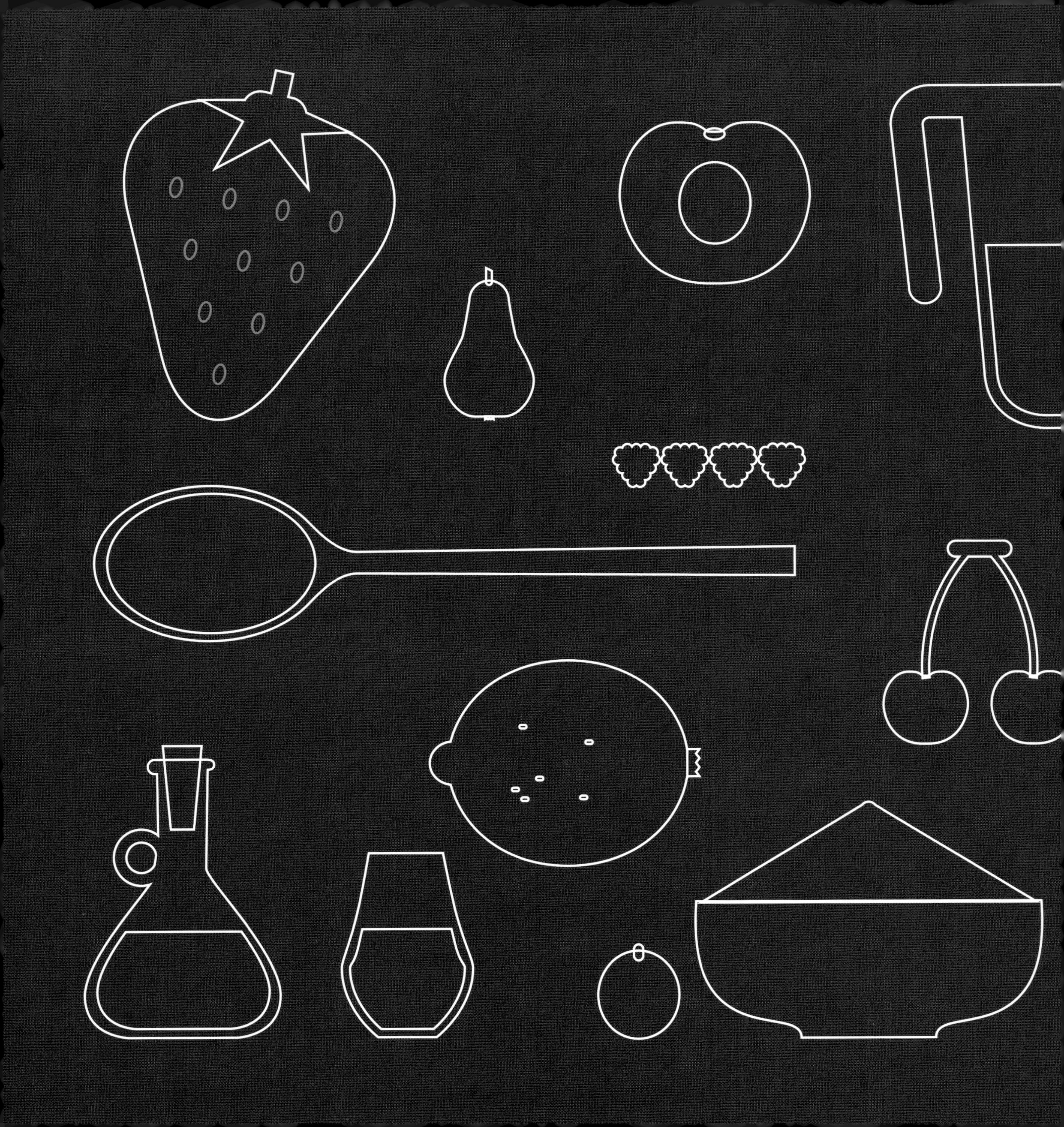

En conserve

401 Concombres au vinaigre

x 6

- 4 petits concombres, coupés en tranches
- 2 poivrons verts, coupés en cubes
- 2 oignons rouges, coupés en tranches
- 4 gousses d'ail, grossièrement hachées
- 50 cl d'eau
- 300 g de sucre
- 25 cl de vinaigre de vin blanc
- 1 c. à c. de grains de moutarde
- 1 c. à c. de sarriette
- 1 c. à c. de sel
- 1 c. à c. de grains de poivre

Placez les légumes dans des bocaux stérilisés.

Faites cuire les autres ingrédients dans l'eau en remuant constamment.

Remplissez les bocaux jusqu'en haut de cette marinade bouillante et fermez-les hermétiquement.

Faites chauffer dans l'eau bouillante. Laissez reposer au moins 1 semaine. Se conserve jusqu'à 6 mois au réfrigérateur.

* On peut utiliser d'autres légumes et même des œufs durs écalés.

402 Conserves de champignons

x 6

- 50 cl d'eau
- 6 c. à s. de vinaigre de vin blanc
- 2 feuilles de laurier
- 100 g de sucre
- 1 c. à c. de sel
- 1 c. à c. de poivre
- 4 c. à s. d'huile
- 1 kg de champignons, coupés en fines tranches

* Gardez au réfrigérateur. Consommez dans les 2 jours après ouverture.

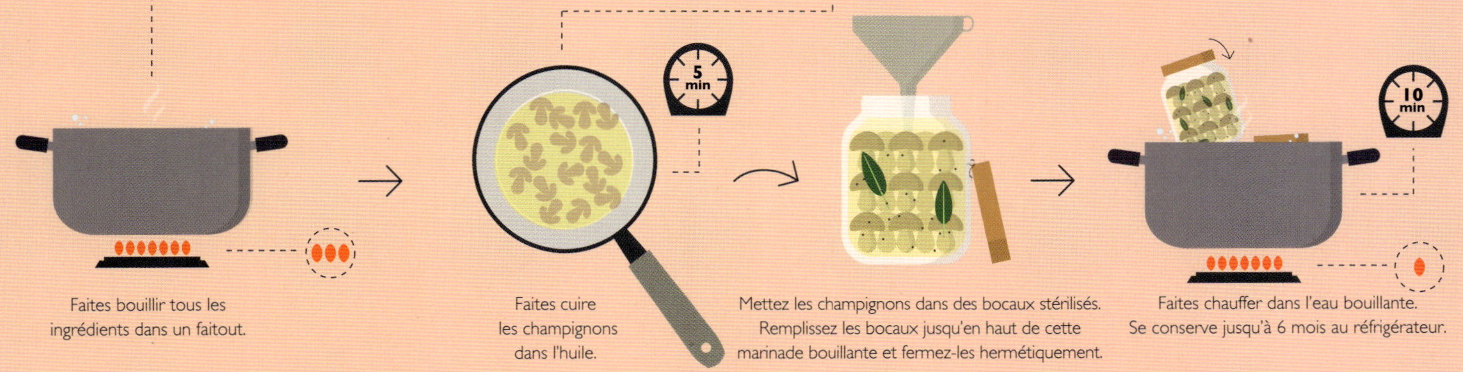

Faites bouillir tous les ingrédients dans un faitout.

Faites cuire les champignons dans l'huile.

Mettez les champignons dans des bocaux stérilisés. Remplissez les bocaux jusqu'en haut de cette marinade bouillante et fermez-les hermétiquement.

Faites chauffer dans l'eau bouillante. Se conserve jusqu'à 6 mois au réfrigérateur.

403 Conserves de tomates

x 6

- 1 kg de tomates cerise
- 1 oignon, coupé en rondelles
- 6 brins d'estragon
- 40 cl de vin blanc
- 25 cl de vinaigre de vin blanc
- 3 c. à c. de sel
- 3 c. à c. de sucre
- 1 c. à s. de grains de poivre
- 6 morceaux de sucre

Disposez les tomates, l'oignon et l'estragon dans des bocaux stérilisés.

→ Faites cuire tous les autres ingrédients. 10 min

→ Versez le liquide brûlant sur les tomates, ajoutez un morceau de sucre par bocal et fermez hermétiquement.

→ Faites chauffer dans l'eau bouillante. 10 min
Se conserve jusqu'à 6 mois.

404 Sauce barbecue

x 6

- 50 cl de ketchup
- 15 cl de jus de citron
- 3 c. à s. de zeste de citron
- 4 c. à s. de miel
- 2 c. à s. de sauce Worcestershire
- 1 c. à s. de sel fumé
- 2 c. à s. de moutarde forte
- poivre

405 Ketchup
059 Prélever un zeste de citron

Faites chauffer tous les ingrédients à feu doux.

→ Faites mijoter jusqu'à épaississement de la sauce. 10 min

→ Versez dans des bocaux stérilisés et fermez hermétiquement.

→ Faites chauffer dans l'eau bouillante. 10 min
Se conserve jusqu'à 6 mois.

405 Ketchup

x 6

2 c. à s. d'huile
2 oignons, émincés
6 kg de tomates, pelées, coupées en quartiers
5 gousses d'ail
1 c. à c. de graines de fenouil
1 c. à c. de clous de girofle
1 c. à c. de poivre
1 c. à c. de piment de la Jamaïque
37,5 cl de vinaigre de cidre
1 c. à s. de sucre
1 c. à c. de sel

050 Peler des tomates

Faites sauter les oignons dans l'huile.

Ajoutez les tomates et laissez mijoter en remuant de temps en temps.

Mixez.

Faites chauffer les épices dans le vinaigre, avec le sucre et le sel, puis laissez mijoter.

Filtrez le liquide aux épices.

Ajoutez le liquide dans les tomates et faites cuire jusqu'à réduction de moitié.

Versez dans des bocaux stérilisés et fermez hermétiquement.

Faites chauffer dans l'eau bouillante. Se conserve jusqu'à 6 mois.

406 Petits concombres à l'anglaise

x 6

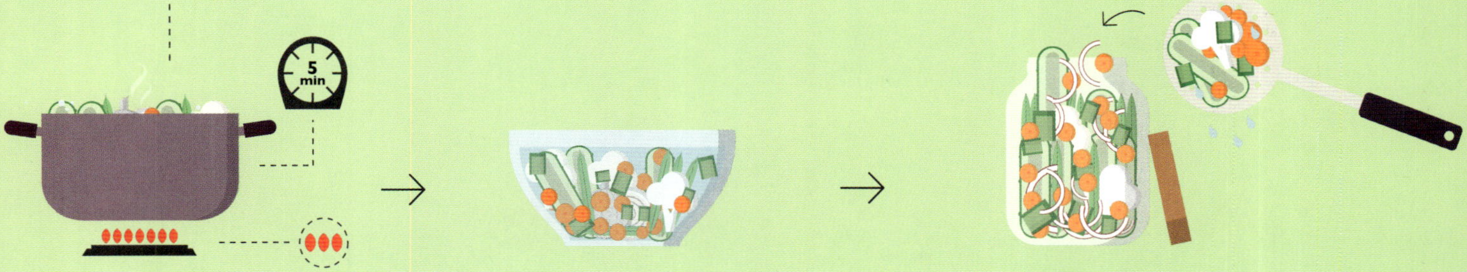

Faites cuire les légumes dans l'eau d'abord froide jusqu'à ce qu'ils soient tendres.

Refroidissez dans l'eau glacée.

Utilisez une écumoire pour remplir les bocaux stérilisés

Faites cuire les épices avec le vinaigre, l'eau et le sucre.

Versez dans des bocaux stérilisés et fermez hermétiquement.

Faites chauffer dans l'eau bouillante. Se conserve jusqu'à 6 mois.

407 Chutney de fruits

x 6

500 g de pêches, dénoyautées et coupées en dés

500 g de prunes, dénoyautées et coupées en dés

500 g de cerises, dénoyautées et coupées en deux

250 g d'oignons, émincés

2 piments, émincés

350 g de sucre

1 c. à c. de sel

15 cl de vinaigre de vin blanc

2 c. à s. de jus de citron

Faites cuire tous les ingrédients en remuant constamment jusqu'à épaississement.

Remplissez des bocaux stérilisés et fermez hermétiquement.

Faites chauffer dans l'eau bouillante. Se conserve jusqu'à 6 mois.

408 Chutney d'abricot

1,5 kg d'abricots, dénoyautés et coupés en dés

1 bâton de cannelle

À la place des pêches, des prunes et des cerises, utilisez des abricots. Préparez avec le reste des ingrédients et la cannelle.

409 Chutney de pêche

* Délicieux avec du fromage.

1,5 kg de pêches, dénoyautées et coupées en dés

15 cl de vinaigre balsamique

3 c. à s. de miel

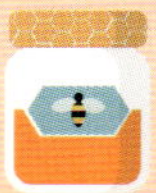

Ne mettez que des pêches et préparez avec le reste des ingrédients et le miel. Prenez du vinaigre balsamique.

410 Chutney de prune

3 c. à s. de gingembre moulu

1,5 kg de prunes, dénoyautées et coupées en dés

Ne mettez que des prunes et préparez avec le reste des ingrédients.

411 Chutney de mangue

1 c. à s. de curry

1,5 kg de mangue, dénoyautée, pelée et coupée en dés

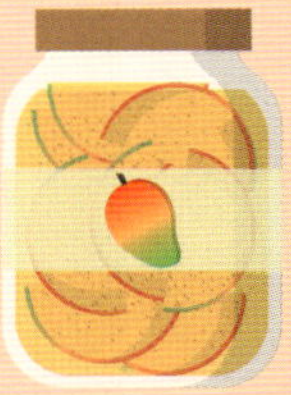

À la place des pêches, des prunes et des cerises, utilisez de la mangue. Préparez avec le reste des ingrédients et le curry.

412 Citrons confits dans le sel

x 2

10 citrons

12 c. à s. de gros sel marin

7,5 cl de jus de citron

50 cl d'eau

* Utilisez des citrons non traités.

Lavez les citrons. Coupez chacun en quartiers en les laissant attachés au bout. Récupérez le jus.

Utilisez deux bocaux stérilisés de 50 cl chacun et placez 1 c. à s. de sel au fond. Remplissez chaque citron de 1 c. à s. de sel.

Faites bouillir le jus et l'eau.

Mettez 5 citrons dans chaque bocal. Remplissez avec le jus, fermez hermétiquement. Laissez 3 ou 4 semaines avant de consommer. Se conserve jusqu'à 6 mois au réfrigérateur.

413 Crème au citron

x 2

3 œufs

8 cl de jus de citron

le zeste de 1 citron

125 g de sucre

125 g de beurre, coupé en petits morceaux

* Ne faites pas bouillir pour éviter les grumeaux.

Battez soigneusement les œufs.

Battez le jus et le zeste de citron avec le sucre et les œufs à feu doux au bain-marie.

Ajoutez peu à peu le beurre en le laissant fondre. Battez 10 à 15 minutes jusqu'à l'obtention d'une consistance crémeuse.

Mettez dans des bocaux stérilisés et fermez hermétiquement. Se conserve jusqu'à 2 semaines au réfrigérateur.

414 Confiture de fraises

x 4

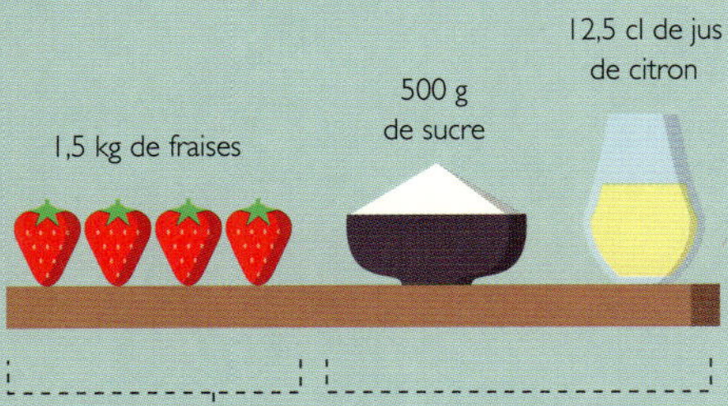

Équeutez les fraises.
Écrasez avec une fourchette.

Mélangez dans un faitout avec le jus de citron et le sucre. Portez à ébullition, écumez.

Remplissez les pots stérilisés presque jusqu'en haut. Fermez hermétiquement ; la confiture ne doit pas toucher le bord.

Faites chauffer dans l'eau bouillante. Se conserve jusqu'à 6 mois.

415 Confiture d'abricots

Utilisez des abricots à la place des fraises et procédez de même.

416 Confiture de framboises

Utilisez des framboises à la place des fraises et procédez de même.

417 Confiture de fruits rouges

Utilisez des fruits rouges mélangés à la place des fraises et procédez de même.

418 Gelée de mûres

1,5 kg de mûres

750 g de sucre

12,5 cl de jus de citron

Écrasez les mûres à la fourchette.

Mélangez avec le jus de citron et le sucre. Faites cuire et écumez.

Filtrez. Remplissez les pots stérilisés presque jusqu'en haut. Fermez hermétiquement ; la gelée ne doit pas toucher le bord.

Faites chauffer dans l'eau bouillante. Se conserve jusqu'à 6 mois.

419 Gelée de groseilles

1,5 kg de groseilles

Utilisez des groseilles à la place des mûres et procédez de même.

420 Gelée de raisin

1,5 kg de raisin

Utilisez du raisin à la place des mûres et procédez de même.

421 Gelée de citron

1 kg de citrons, coupés en rondelles très fines

500 g de sucre

50 cl de jus de citron

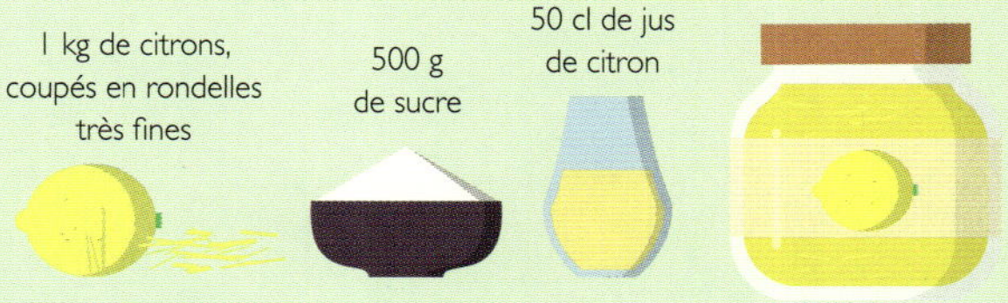

Procédez comme pour la gelée de mûres.

422 Marmelade d'orange

x 6

800 g d'oranges, coupées en fines tranches

2 l d'eau

1,250 kg de sucre

40 cl de jus d'orange

12,5 cl de jus de citron

✱ Utilisez des oranges non traitées.

Portez à ébullition les oranges et l'eau, puis faites cuire en remuant sans cesse.

Ajoutez le sucre, les jus d'orange et de citron. Faites cuire sans cesser de remuer jusqu'à ce que la préparation s'épaississe.

Versez dans des pots stérilisés et fermez hermétiquement.

Faites chauffer dans l'eau bouillante. Se conserve jusqu'à 6 mois.

423 Purée de pommes

x 6

1,5 kg de pommes, pelées, épépinées et coupées en petits morceaux

1 l de jus de pomme

3 bâtons de cannelle

3 c. à s. de sucre vanillé

2 c. à s. de jus de citron

✱ Pour une purée de pommes extrafine, filtrez au moment de remplir les pots.

Faites cuire les pommes avec les autres ingrédients jusqu'à ce qu'elles soient molles.

Retirez la cannelle. Mixez.

Versez dans des pots stérilisés et fermez hermétiquement.

Faites chauffer dans l'eau bouillante. Se conserve jusqu'à 6 mois.

424 Compote de pommes

x 4

1 kg de pommes, pelées, épépinées et coupées en quartiers

250 g de sucre

2 bâtons de cannelle

1 c. à s. de clous de girofle

2 c. à s. de jus de citron

50 cl d'eau

* Retirez la cannelle et les clous de girofle avant de servir.

Faites cuire tous les ingrédients jusqu'à ce que les pommes soient molles.

Versez dans des pots stérilisés et fermez hermétiquement.

Faites chauffer dans l'eau bouillante. Se conserve jusqu'à 6 mois.

425 Compote de poires

1 kg de poires, pelées, épépinées et coupées en quartiers.

Utilisez des poires à la place des pommes et procédez de même.

426 Compote de cerises

1 kg de cerises, dénoyautées

Utilisez des cerises à la place des pommes et procédez de même.

427 Compote de prunes

1 kg de prunes, dénoyautées

Utilisez des prunes à la place des pommes et procédez de même.

À boire

428 Accords mets-champagne

Le champagne révèle des arômes de citron, de noisette, de pomme verte, de pain grillé, ainsi que des notes florales.

Les bulles pétillantes du champagne sont sublimées par la forme allongée de la flûte.

noisettes, caviar, huîtres, saumon fumé

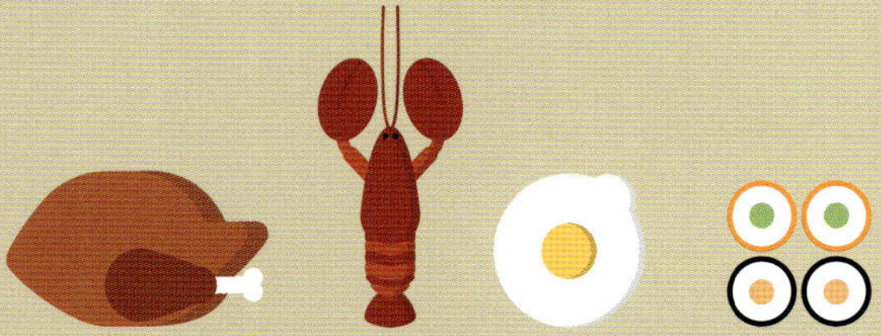

poulet, homard, œufs, sushis, makis

maïs, radis, pommes de terre

sel, fromage à pâte dure, beurre, soja

pamplemousses, fraises, raisin

429 Accords mets-pinot grigio

Le pinot grigio est célèbre pour sa touche minérale, ses notes de concombre, de pomme, de citron et d'herbes aromatiques.

À boire dans un petit verre tulipe pour en révéler la fraîcheur.

olives, huîtres, fromage à pâte molle, fondue

poisson, poulet, charcuterie

brocolis, légumineuses, asperges, piments, tomates

citron, ail, herbes, beurre

oranges, pommes, poires

430 Accords mets-chardonnay

Les amateurs sont nombreux à détecter dans le chardonnay des arômes de beurre, de poire, de noisette, d'orange et de vanille.

À boire dans un petit verre tulipe pour en concentrer les arômes au bord.

amandes, noix, fromage

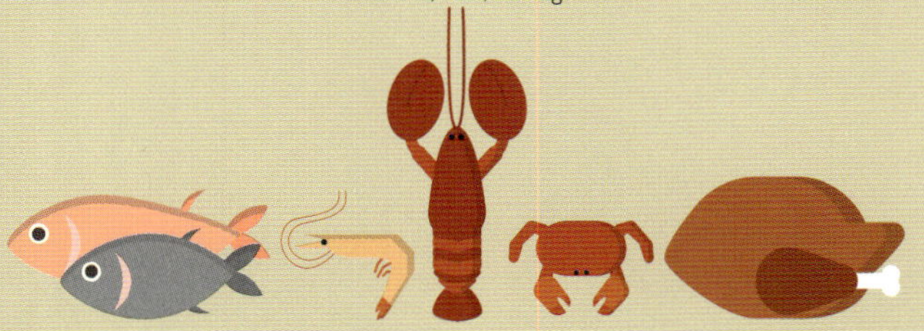

poisson, fruits de mer, poulet

maïs, pommes de terre, champignons, potiron

concentré de tomate, ail, herbes, beurre

bananes, poires, pêches, pommes

431 Accords mets-pinot noir

Ce vin juteux révèle des notes de banane, de cerise, de lavande, d'herbes et de fraise.

Le verre à bourgogne dévoile la robustesse du pinot noir.

olives, noix

poisson, rosbif, poulet, charcuterie

petits pois, légumineuses, champignons, tomates, potiron

concentré de tomate, ail, herbes

fruits rouges

432 Accords mets-merlot

Le merlot est marqué par des notes épicées de poivron, d'anis étoilé, de cannelle et de prune.

Un grand verre tulipe laisse éclore son bouquet d'humus.

433 Accords mets-cabernet sauvignon

Le « cab » révèle des touches de mûre, de poivron, de cigare, de poivre et de girofle.

La forme effilée du verre à bordeaux intensifie l'arôme du cabernet sauvignon.

434 Déboucher une bouteille de vin

Coupez la capsule en tournant contre la lame.

Vissez le tire-bouchon à moitié.

Tirez.

Empêchez les gouttes par un petit mouvement de rotation.

435 Ôter les résidus de liège dans le vin

Regardez s'il y a des morceaux de bouchon.

Placez un filtre sur le verre.

Repoussez le bouchon en versant.

436 Goûter le vin

Regardez la robe et la limpidité. Faites tourner dans le verre ; observez la cuisse.

Sentez les arômes.

Prenez en bouche pour qu'elle soit au tiers remplie.

Dégustez attentivement.

437 « Bière » dans plusieurs langues

438 Verres décorés au sucre ou au sel

Faites tourner dans le sucre ou dans le sel.

439 Martini classique

* James Bond, qui l'aime mélangé au shaker et non à la cuillère, a-t-il tort ? C'est une question de préférence personnelle. Même si la règle générale veut qu'on utilise le shaker pour tous les cocktails contenant du jus de fruits, de nombreux connaisseurs préfèrent le martini mélangé à la cuillère pour sa texture soyeuse. D'un autre côté, le shaker crée des éclats d'eau et de glace qui décuplent le délicieux frisson de cette boisson.

cosmo
6 cl de vodka citron
1 c. à s. de triple sec
1 c. à s. de jus de canneberge
1 c. à s. de jus de citron vert
1 demi-tranche de citron vert pour décorer

opéra
6 cl de gin
1 c. à s. de Dubonnet rouge
1 c. à s. de marasquin
1 cerise marasque pour décorer

cajun
7,5 cl de vodka au poivre
1 c. à s. de vermouth blanc
1 piment Jalapeño pour décorer

vesper
3,5 cl de gin
3,5 cl de vodka
1 c. à s. de Lillet blanc
1 demi-tranche de citron pour décorer

naked
9 cl de gin
1 olive verte pour décorer

bloodhound
6 cl de gin
1 c. à s. de vermouth blanc
1 c. à s. de vermouth rouge
2 c. à c. de coulis de fraise
1 fraise pour décorer

corpse reviver
4,5 cl de triple sec
3 cl de vermouth blanc
2 traits d'absinthe
1 demi-tranche de citron pour décorer

orange blossom
7,5 cl de gin
3 cl de jus d'orange
1,5 c. à c. de sirop de sucre
1 demi-tranche d'orange pour décorer

gibson
9 cl de gin
1 c. à s. de vermouth blanc
1 petit oignon blanc pour décorer

cooperstown
3 c. à s. de gin
1 c. à s. de vermouth rouge
1 c. à s. de vermouth blanc
1 feuille de menthe pour décorer

tequilatini
7,5 cl de tequila
1,5 c. à c. de vermouth rouge
1 cerise marasque pour décorer

sakétini
7,5 cl de gin
1,5 c. à c. de saké
1 olive verte pour décorer

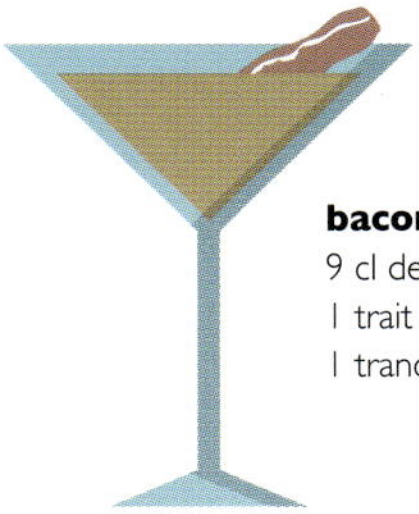

bacontini
9 cl de vodka
1 trait de vermouth
1 tranche de bacon pour décorer

bermuda rose
6 cl de gin
1 c. à s. de liqueur d'abricot
1 trait de grenadine
1 morceau d'abricot pour décorer

chocolat
6 cl de vodka
3 cl de crème de cacao
1 chocolat pour décorer

banane rhum
6 cl de rhum brun
1 c. à s. de crème de banane
1 rondelle de banane pour décorer

Secouez. Faites rouler. Mixez.

441 Cuba libre

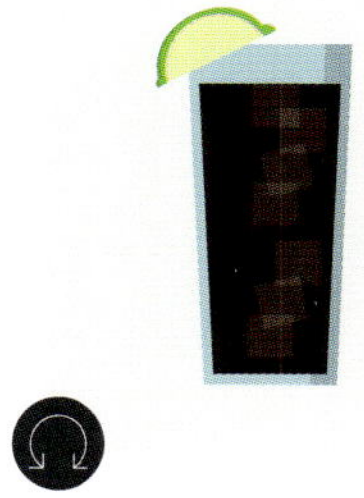

7,5 cl de rhum léger + 3 cl de jus de citron vert + 18 cl de cola + 1 demi-tranche de citron vert pour décorer

442 Piña colada

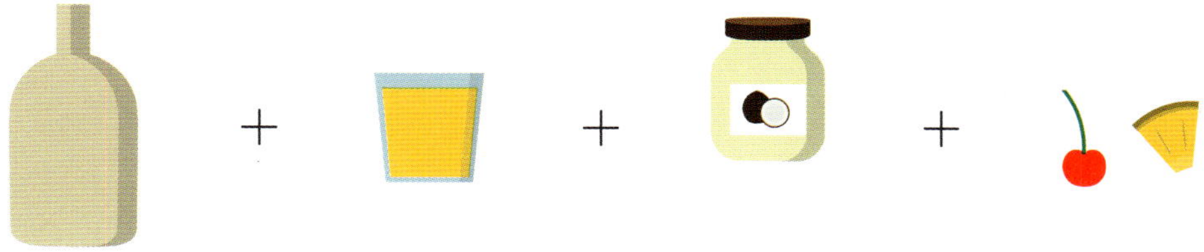

6 cl de rhum léger + 18 cl de jus d'ananas + 6 cl de crème de coco + 1 morceau d'ananas pour décorer, 1 cerise marasque pour décorer

443 Margarita fraise

6 cl de tequila blanche + 3 cl de jus de citron vert + 8 fraises + sel pour le bord du verre

444 Manhattan

6 cl de whisky + 3 cl de vermouth rouge + 2 traits d'amer + 1 cerise marasque pour décorer

445 Mojito

- 6 feuilles de menthe, pilées
- 1 c. à s. de sirop de sucre
- 6 cl d'eau gazeuse
- 6 cl de rhum léger
- 2 demi-tranches de citron vert pour décorer
- 1 c. à s. de jus de citron vert

446 Caïpirinha

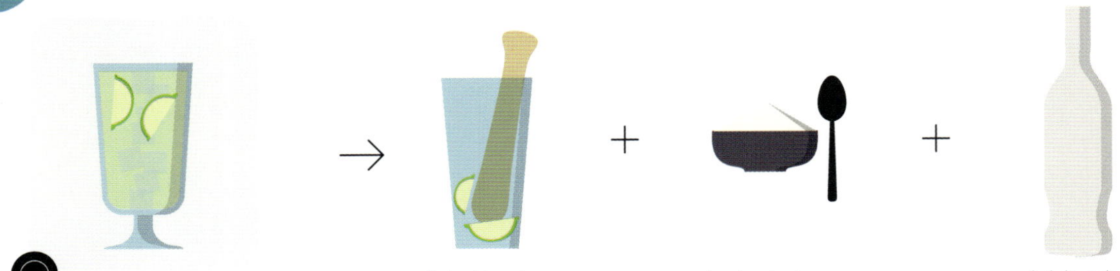

- 2 demi-tranches de citron vert, pilées
- 1 c. à s. de sirop de sucre
- 6 cl de cachaça

447 Russe blanc

- 6 cl de vodka
- 3 cl de liqueur de café
- 30 g de crème fraîche liquide

448 Tequila sunrise

- 7,5 cl de tequila blanche
- 12 cl de jus d'orange
- 1,5 c. à c. de grenadine
- 1 morceau d'ananas pour décorer

449 Tom Collins

6 cl de gin
+ 1 c. à s. de jus de citron
+ 1 c. à s. de sirop de sucre
+ 15 cl d'eau gazeuse
+ 1 demi-tranche de citron, 1 cerise marasque pour décorer

450 Cape Cod

glaçons

7,5 cl de vodka
+ 12 cl de jus de canneberge
+ 1 demi-tranche de citron vert pour décorer

451 Side-car

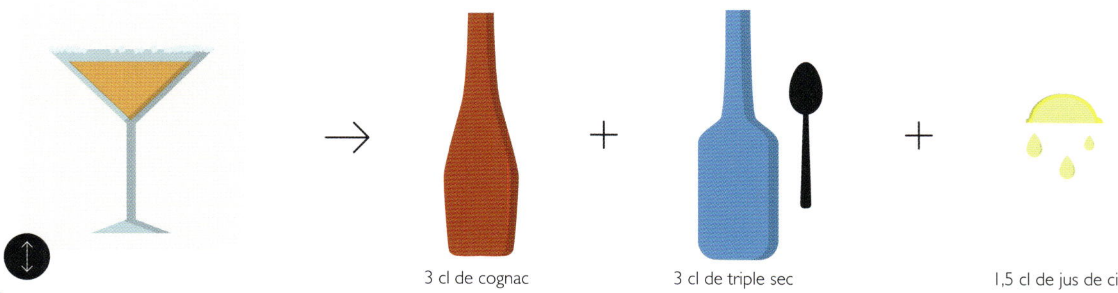

3 cl de cognac
+ 3 cl de triple sec
+ 1,5 cl de jus de citron

452 Negroni

3 cl de gin
+ 3 cl de vermouth rouge
+ 3 cl de campari
+ 1 demi-tranche d'orange, 1 cerise marasque pour décorer

453 Thé glacé Long Island

- 1 c. à s. de gin
- 1 c. à s. de rhum léger
- 1 c. à s. de tequila blanche
- 1 c. à s. de vodka
- 1 c. à s. de curaçao
- 3 cl de jus de citron
- 1 c. à s. de sirop de sucre
- 15 cl de cola
- 1 demi-tranche de citron pour décorer

454 Blue Blazer

- 1 c. à c. de cassonade
- 4 c. à c. de zeste de citron
- 12 cl d'eau bouillante
- 15 cl de whisky single malt

059 Prélever un zeste de citron

1. Mettez le zeste et le sucre dans un verre.
2. Versez l'eau bouillante dans une chope.
3. Ajoutez rapidement le whisky. Faites flamber avec une allumette longue.
4. Versez dans une deuxième chope. Transvasez de plus en plus haut.
   Répéter l'opération d'un air blasé.
5. Versez dans le verre. Éteignez avant de servir !

455 Remèdes à la gueule de bois

456 Infusion revivifiante

*

calme la nervosité	aide à la digestion	décongestionne	calme les règles douloureuses	stimule la circulation
fleur de camomille	verveine citronnelle	thym	agripaume	romarin
sauge	menthe	achillée millefeuille	feuille de framboisier	fleur de citronnier vert
scutellaria	feuille de fraisier	fleur de sureau	feuille de pissenlit	aubépine
feuille de mélisse	fleur de souci	écorce de cannelle	millepertuis perforé	ortie

457 Thé à l'anglaise

Mettez le thé puis l'eau dans la théière.

Laissez infuser.

Filtrez.

Ajoutez du lait et du sucre à votre guise.

458 Thé russe au samovar

Utilisez les pommes de pin comme combustible pour faire bouillir l'eau. Mettez du thé noir indien dans la théière. Ajoutez l'eau bouillante.

Laissez infuser en haut du samovar.

Versez dans un *podstakannik*.

459 Thé glacé à la thaïlandaise

Mettez le thé dans la théière. Ajoutez l'eau bouillante.

Laissez infuser jusqu'à ce que le liquide soit orange vif.

Passez dans un filtre en tissu. Sucrez et mettez au frais.

Ajoutez les glaçons et le lait concentré.

460 Café frappé à la grecque

Mettez dans un shaker.

Agitez très fort pour obtenir une mousse.

Versez la mousse par-dessus un verre d'eau glacée.

Boire à la paille.

461 Café glacé Nouvelle-Orléans

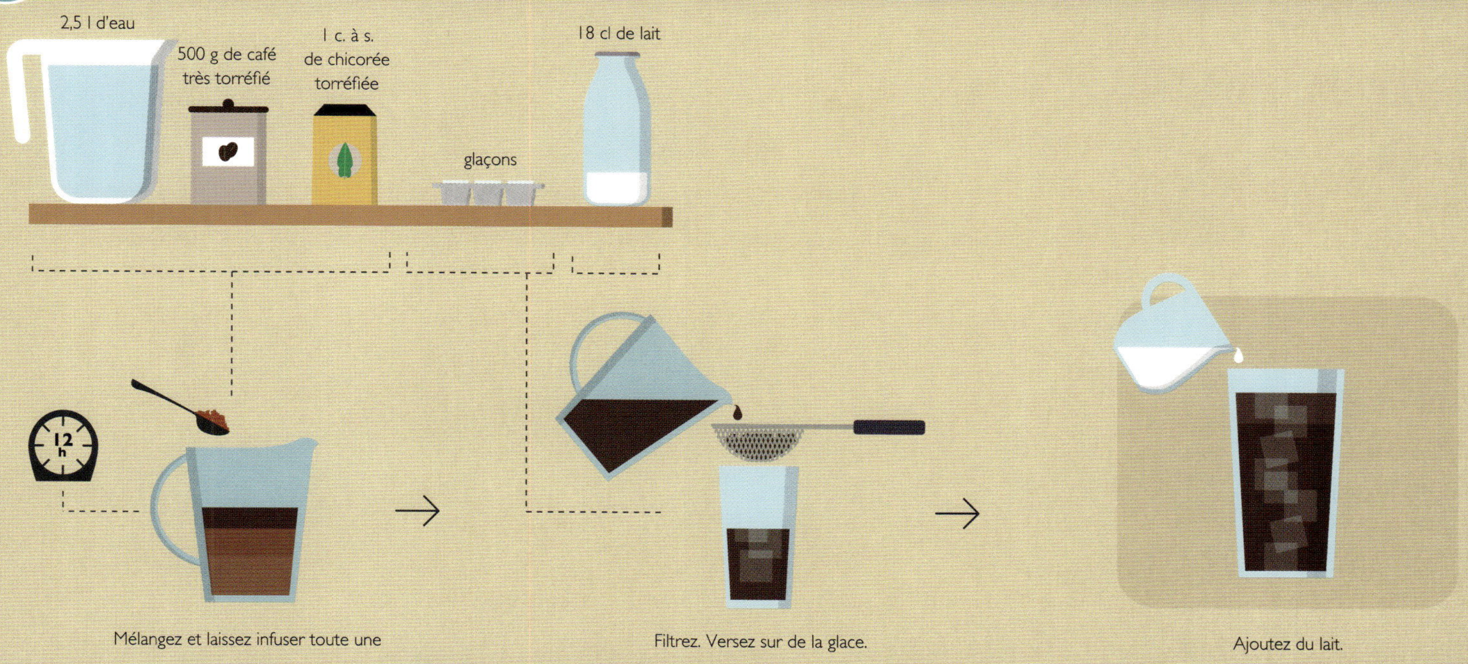

462 Café à la turque

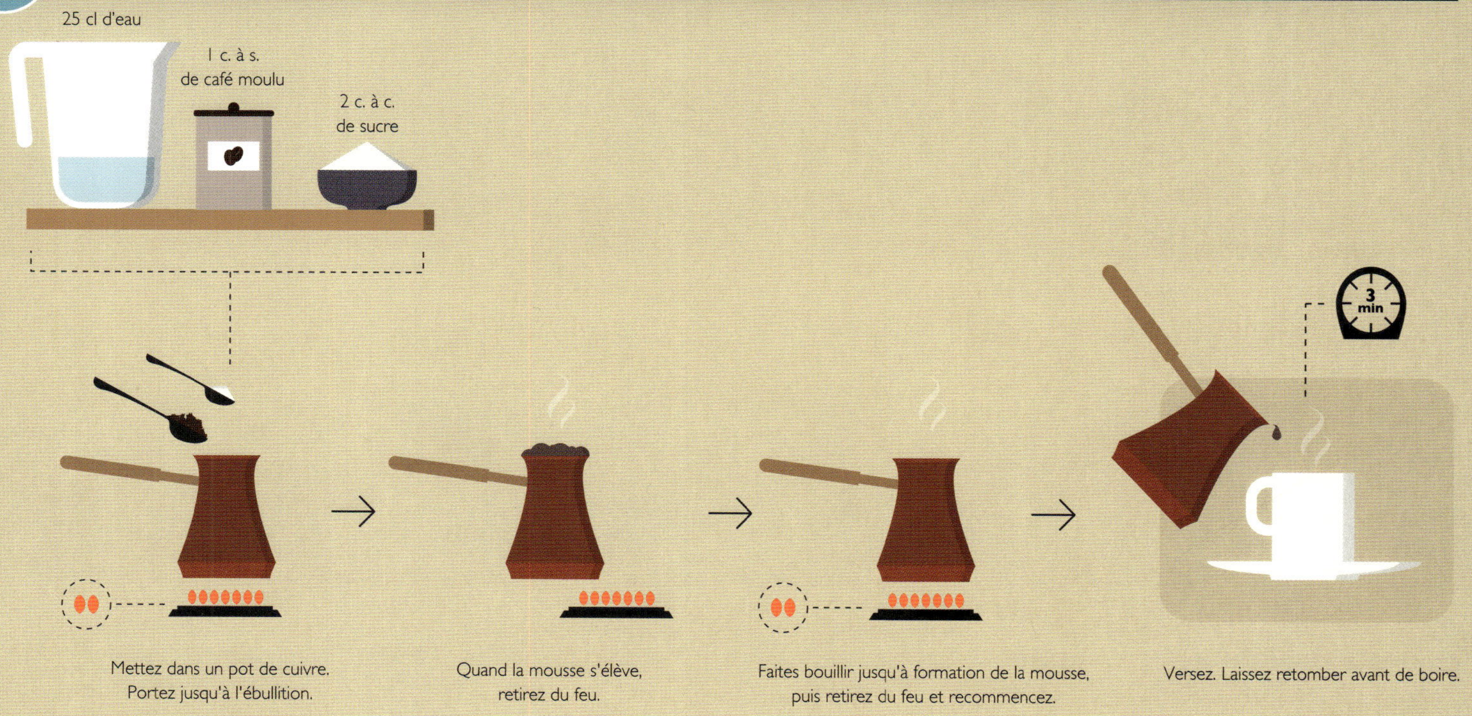

463 Expresso parfait

Remplissez de café fraîchement moulu.

Enlevez l'excès.

Tassez bien.

Placez la tasse sous la buse.

Faites couler.

464 Café latte

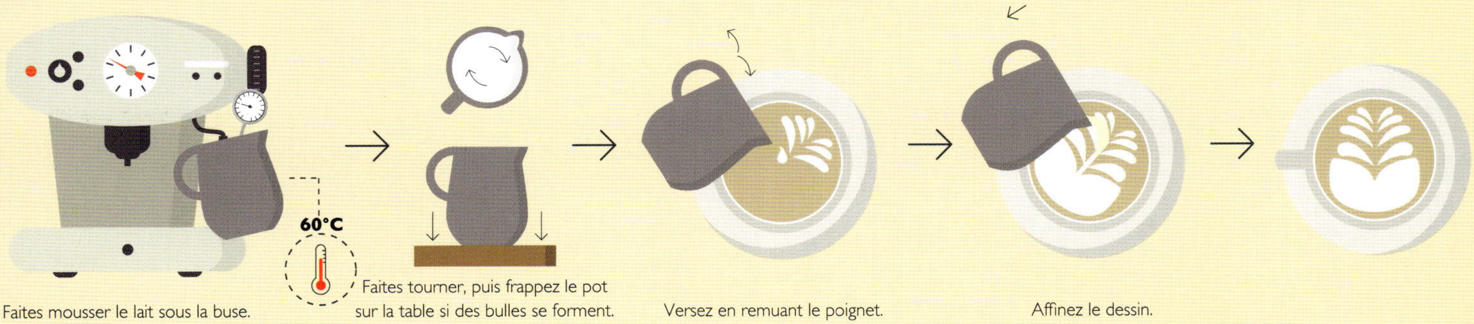

Faites mousser le lait sous la buse.

Faites tourner, puis frappez le pot sur la table si des bulles se forment.

Versez en remuant le poignet.

Affinez le dessin.

465 Irish coffee

Réchauffez une chope avec de l'eau bouillante.

Ajoutez le whisky et le sucre.

Remplissez presque jusqu'en haut.

Faites délicatement flotter la crème sur le dessus.

466 Smoothie aux fruits

467 Smoothie aux légumes

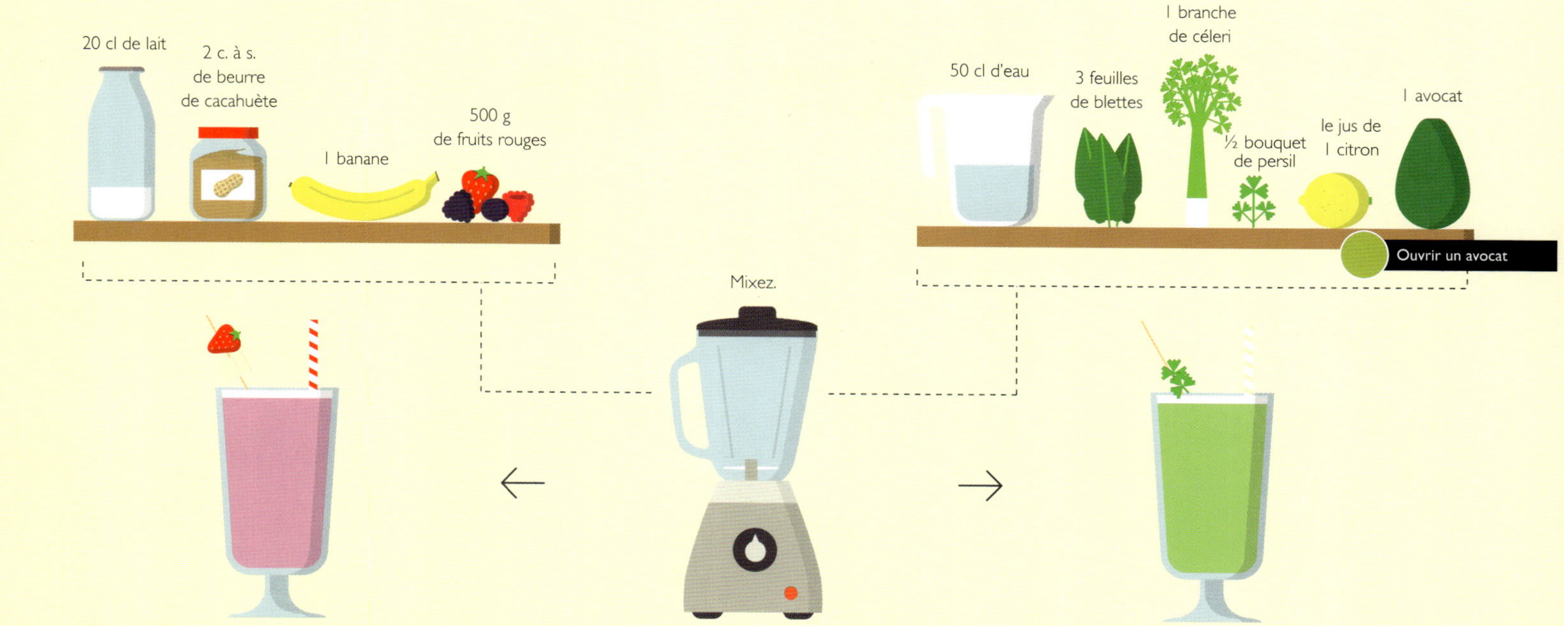

468 Coupe glacée pétillante

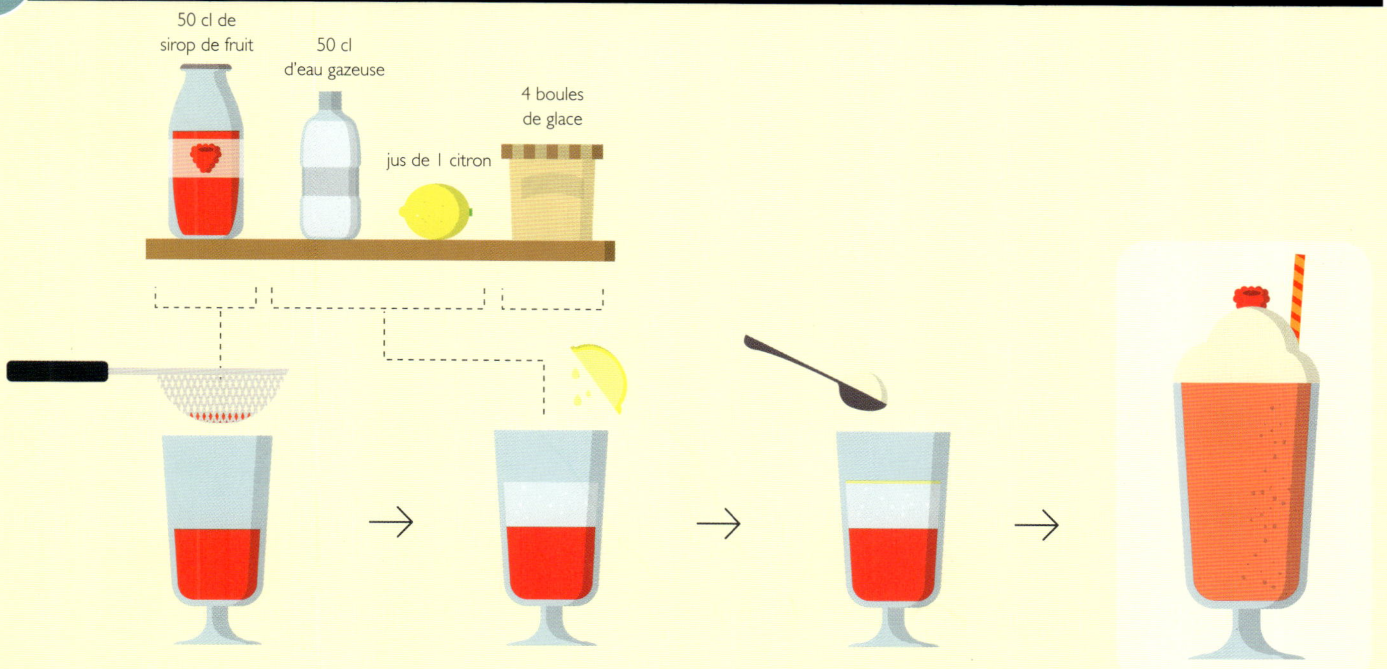

Ajoutez du jus de citron à sa guise.
Versez l'eau gazeuse et remuez.

Ajoutez la glace.

Décorez et servez.

Index

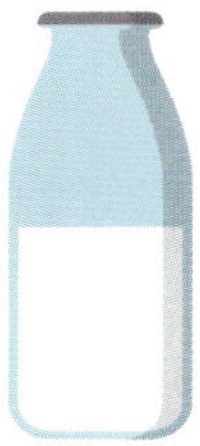

D

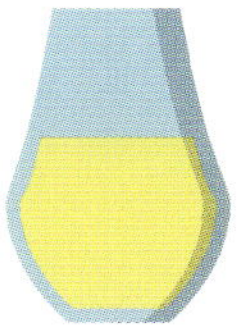
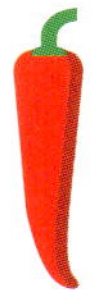

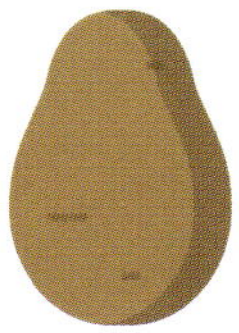

M

N

O

P

T

U

V

Z

Publié pour la première fois en 2014 aux États-Unis par Weldon Owen, une maison du groupe Bonnier,
sous le titre *Eat ! The Quick-Look Cookbook*.

Auteur : Gabriela Scolik

Infographies : no.parking, www.noparking.it.

Éditeur : Bettina Dietrich

Équipe : Anna Hübinger, Daniela Schmid, Nathalie Soursos

58, rue Jean Bleuzen – CS 70007 – 92178 Vanves Cedex

Traduction : Marie Joncquez

Correction : Nord Compo, Villeneuve-d'Ascq

Dépôt légal : janvier 2016
26-5024-9 / 01
ISBN : 978-2-01-17-1402-2
Imprimé en Chine

www.hachette-pratique.com

facebook.com/hachettecuisine

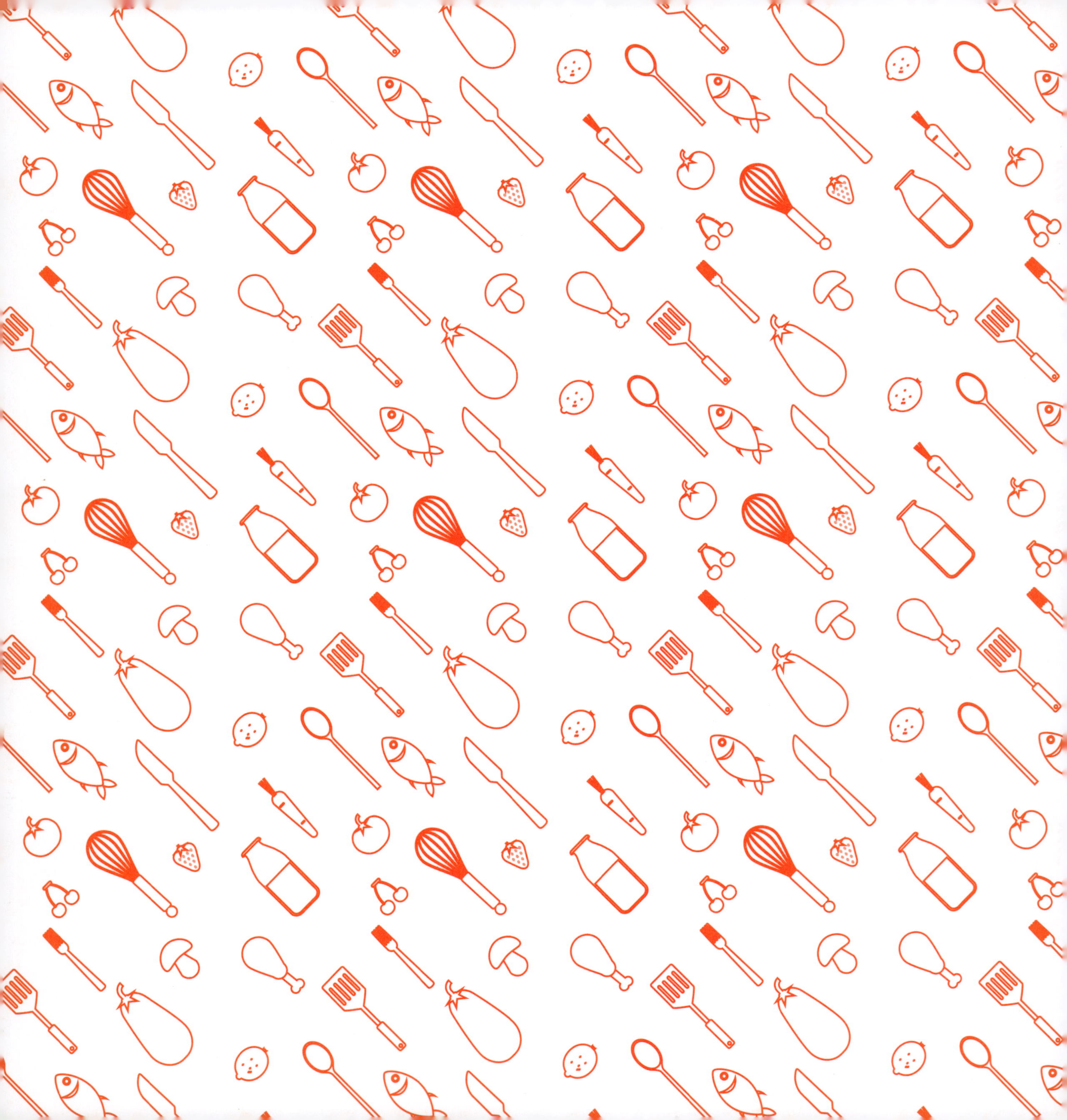